U0603283

小学语文学习任务群
课例设计丛书

跨学科
学习

总主编

吴忠豪　薛法根

主编

李竹平

上海教育出版社
SHANGHAI EDUCATIONAL
PUBLISHING HOUSE

编 委 名 单

总 主 编：吴忠豪　薛法根

主　　编：李竹平

编写人员（按姓氏笔画排序）

王一雪　王文娟　王志杰　亓顺芳　冯会娜

朱守芬　刘　婕　许慧清　孙　静　李竹平

李　杰　杨瑞霞　陈诗涛　贺润黎　蒲乐洋

前　言

　　这套读物是依据现行统编小学语文教材,按照《义务教育语文课程标准(2022年版)》(以下简称"新课标")提出的六种学习任务群设计的教学课例,旨在帮助教师在与"新课标"配套的语文教材没有出台的背景下,利用现行语文教材先行一步实施语文学习任务群。由于统编教材采用"双线组元"的方式编写,编选的课文及辅助习题聚焦单元"人文主题"和"语文要素",与"新课标"提出的以"学习任务群"呈现语文课程内容,是两种不同的课程理念,有着很大的差异。因此,要将两种不同的课程理念统一到学习任务群的设计上,并且要尽可能使设计的学习情境任务与统编教材提供的教学资源结合得自然、有机,实在是一件要求极高、难度极大的事。对中小学语文教师而言,学习任务群是一个全新的课程与教学理念,当下又缺乏成功的实践案例支持,因此要编好这套学习任务群课例设计丛书,其难度是可想而知的。

　　为方便一线教师使用,整套丛书按照"新课标"提出的六种学习任务群编写,每个任务群对应一本书,每本包括小学任务群课例15～23篇。最多的《跨学科学习》有23篇设计课例,《整本书阅读》有19篇设计课例,《语言文字积累与梳理》《文学阅读与创意表达》《实用性阅读与交流》均有16篇设计课例,最少的《思辨性阅读与表达》有15篇设计课例。这些课例覆盖低、中、高三个年段,"语言文字积累与梳理"学习任务群从低年段到高年段逐步减少,"文学阅读与创意表达"从低年段到高年段逐渐增加,课例分布比较合理,符合各年段学生的语文学习规律和心理特点。

　　"新课标"指出:"设计语文学习任务,要围绕特定学习主题,确定具有内在逻辑关联的语文实践活动。语文学习任务群由相互关联的系列学习任务组成,共同指向学生的核心素养发展,具有情境性、实践性、综合性。""以生活为基础,以语文实践活动为主线,以学习主题为引领,以学习任务为载体,整合学习内容、情境、方法和资源等要素,设计语文学习任务群。"这两段话简要阐述了学习任务群设计的依据、条件和主要特点。参与高中语文课程标准制定的王宁教授认为"学习任务群不是单篇文章的简单相加",她强调"真实学习情境"和"融合阅读、表达、探究的学生实践活动"是评价学习任务群设计是否成功的两个主要标志。"新课标"修订组编写的《义务教育语文课程标准(2022年版)解读》中列举的六种学习任务群20多个课例,基本是按大单元教学资源进行整体设计的,比较充分地诠释了学习任务群"情境性、实践性、综合性"的特点。这些课例是学习任务群设计的范例,有一定的权威性。

六本书中提供的课例大多依托统编教材中的单元进行整体设计。然而要将统编教材中各单元提供的教学资源转换成与"新课标"相匹配的学习任务群,并且设计出以学生学习为主线展开的语文实践活动,着实不容易。特别是"语言文字积累与梳理""整本书阅读""跨学科学习"等学习任务群的设计,很难从现行教材中寻找到合适的单元资源。为此,丛书中的课例很难做到全部依据现行教材中的单元进行设计,有些课例采用的是灵活变通的设计思路,主要有以下几种:

1. 依据单篇课文设计学习任务群。比如,《跨学科学习》六年级上册第七单元"京剧专题分享会",是依据《京剧趣谈》这篇课文设计的。核心任务是举行班级"京剧专题分享会",设计了三个子任务:一是入戏,学习《京剧趣谈》,观看京剧演出,了解京剧剧种;二是知戏,查阅资料,探究与京剧有关的一个(或几个)方面的知识,用小报、研究报告、记录等多种方式梳理自己的研究成果;三是开展"京剧大讲堂"。依据单篇课文设计学习任务群,其实是当下语文教师实施学习任务群最为流行的做法。

2. 选择单元部分课文设计学习任务群。一年级上册"我是小小采购员",选择该单元《大小多少》《小书包》两篇课文设计学习任务群。这个识字单元还有《画》《日月明》《升国旗》三篇课文。因为识字教材编写考虑的是学生识字的规律,基本不按内容主题编写课文,因此很难整合出涵盖全部课文的学习主题及情境任务。因此编者选择其中两篇课文,设计出"当小小采购员"这样一个贴近学生生活的学习任务。经过这样的变通处理,学习任务群的设计就变得相对容易。

3. 整合不同单元相同类型的课文设计学习任务群。《文学阅读与创意表达》针对五年级下册编排了一个特殊的文言文学习任务群。这个课例将统编教材三至六年级的 14 篇文言课文进行梳理分类,统整成不同主题设计学习任务群。该学习任务群围绕"洞察古代儿童的智慧"这个主题,将三年级上册《司马光》、四年级上册《王戎不取道旁李》、五年级下册《杨氏之子》和六年级下册《两小儿辩日》四篇文言文,以及四年级上册第八单元《口语交际:讲历史人物故事》等内容,统整为一个文言文学习任务群,编排在五年级第二学期。这样设计学习任务群,拓展了文言文学习资源,提高了文言文学习的有效性。其实这种学习任务群设计思路还可以运用到古诗、寓言、童话、小说等按文章体裁分类的学习任务群设计之中,可以有效提高学生的学习效率。

4. 精选教材部分习题设计学习任务群。《整本书阅读》大多结合教材中的"快乐读书吧"栏目设计学习任务群,与单元教材资源若即若离。《跨学科学习》二年级的"建立班级迷你图书馆"也是借用二年级下册第五单元《口语交际:图书借阅公约》,将其放大设计成一个跨学科学习任务群。围绕建立班级图书馆这个任务,引导学生实地参观图书馆,了解书籍摆放的秘密;给班级图书馆中的图书分类、编号;再制订班级图书借阅公约,让学生享受班级阅读时光。学习任务群紧密结合儿童生活创设情境,能有效激发学生的学习兴趣。

5. 结合生活情景设计学习任务群。依据课程标准提出的课程内容另行设计学习任务群,其实是学习任务群设计的最佳做法。比如,《跨学科学习》中的六年级学习活动:大地在心——我是低碳环保行动者。教师依据"新课标"中"跨学科学习"学习任务群建议的内容,自行寻找学习资源,组织学生综合运用语文、道德与法治、科学、数学、劳动、美术等多学科的知识和技能,开展跨学科学习活动。当然,撇开教材,教师另行设计学习任务群,意味着教师要自己选择组合学习资源,对教师的要求更高,难度更大。

以上列举的几种不完全拘泥于单元教材资源设计学习任务群的思路,或许不是"新课标"提倡的学习任务群设计的最佳方法,但却是当下语文教师实施"新课标"教学理念的新尝试。仔细分析这些课例,每个学习任务群都有具体的学习情境和学习任务,并且都是以学生实践活动为主线展开教学,体现出语文学习任务群的基本特点。特别是突破了单元教材资源的束缚,可以极大拓展教师设计学习任务群的思路,降低设计的难度。可以这样认为,在与"新课标"配套的教材正式出版之前,这样变通设计学习任务群,不失为一种简便可行的方式。

统编教材确定的人文主题和语文要素,为学习任务群设计提供了丰富的学习资源,但是依托单元学习资源设计的学习任务群,具体可以归属于六种学习任务群的哪一种,还须根据创设的情境任务和学习目标确定。由于课例设计者对每个单元的人文主题以及学习资源理解和设计的角度不同,同一单元有时可以设计出两种甚至两种以上的学习任务群,而且基本符合各种不同学习任务群的价值目标。

比如,统编教材五年级上册第三单元"民间故事"选编了《猎人海力布》《牛郎织女》两篇中国民间故事,"快乐读书吧"中还选入了《田螺姑娘》的片段,推荐了《梁山伯与祝英台》《八仙过海》及国外的民间故事。将这个单元设计成"文学阅读与创意表达"学习任务群毫无疑义,然而依据民间故事设计的学习任务群同时还出现在《思辨性阅读与表达》和《跨学科学习》两本书中。当然所设计的学习情境任务、学习目标和具体学习活动,在三个学习任务群中各不相同。

在《文学阅读与创意表达》一书中,设计的核心任务是"举行一次民间故事展演",具体的学习活动是"民间故事我来读""民间故事我来讲""民间故事我来写""民间故事我来演"。在《思辨性阅读与表达》一书中,侧重于阅读民间故事,感受其中的智慧,设计的学习任务是"探索故事里的善恶因果,再结合时代背景,借助民间故事结构创编民间故事"。在《跨学科学习》一书中,设计的核心任务是"学生自主选择自己喜欢的民间故事,采用团队合作形式,自主选择表达方式,例如皮影戏、戏剧、电影等多种形式,为周边社区幼儿进行展演,传播优秀传统文化"。

依托同一个单元的教材资源设计的三种学习任务群,其学习活动不可避免会产生交叉重合。比如,都有阅读教材中的民间故事,配合学习任务开展整本书阅读等。但三者学习目标和开展学习活动的侧重点有明显的区别。《文学阅读与创意表达》侧重于民间故事的阅读和展演;《思辨性阅读与表达》侧重于学习思维方法,提高逻辑思维能力;《跨学科学习》则以民间故事为载体,通过社区讲演传播中华优秀传统文化,侧重于不同学科的技能的综合运用。

依托同一个单元教材资源同时设计出两种学习任务群的至少还有以下这些单元——

二年级下册第五单元,借助《口语交际:图书借阅公约》这一内容设计学习任务,《思辨性阅读与表达》中的主题是"遇到问题怎么办",《跨学科学习》中的主题是"建立班级迷你图书馆"。

三年级下册第二单元(寓言单元),《文学阅读与创意表达》中的主题是"掀起'寓言'的盖头来",通过阅读和讲述寓言,重在把握寓言的文体知识,分享阅读与讲述寓言故事的快乐;《思辨性阅读与表达》中的主题是"小故事大道理",侧重从故事中读出道理,并编写、讲述寓言故事。

五年级下册第七单元,《实用性阅读与交流》中的主题是"感受异域风情,爱我大美中华",搜集整理中国的世界文化遗产资料,编写世界风光手册并举办主题展览;《跨学科学习》中的主题是"我为中国的世界文化遗产"代言,要求学生自主选择自己喜欢的世界文化遗产,采用团队合作形式,自主选择表达方式,通过书面、口头等多种形式为世界文化遗产代言。

六年级上册第八单元,《思辨性阅读与表达》中的主题是"遇见鲁迅",全方位介绍我们眼中的鲁迅先生;《跨学科学习》中的主题是举办"鲁迅印象展",并用演讲、戏剧等多种表达方式,向同学介绍自己的展品;等等。

如果教师能一组一组认真阅读并深入比较这些案例设计的异同,那么对不同种类学习任务群的学习目标、情境任务以及学习活动的设计,一定会获得诸多启示。

这套丛书由全国知名的名师领衔担任各分册主编。他们发动工作室骨干成员,经过近半年的不懈努力,克服种种困难,终于按时完成了这项艰巨的编写工作。其实丛书作者对学习任务群的学习研究与广大一线语文教师基本处于同一起跑线,只不过这些作者对"新课标"精神的学习研究更加深入,对学习任务群的探索投入的精力更多。当下语文学界对学习任务群的研究探索尚处于初级阶段,在理论与实践方面有诸多问题亟须研究,有些甚至还存在不少争议。在大部分教师的语文课堂教学实践中,学习任务群其实尚未真正实施。因此这几位名师和工作室团队成员能够按照六种学习任务群的不同特点和内容编写出这么多的课例,真是了不起。

参与这套丛书编写的大多是享誉全国的名师以及工作室骨干教师,丛书中的每个案例都经过名师团队集体打磨、反复修改,有些甚至改了五六稿,然而学习任务群毕竟是语文课程改革中的全新事物,我们走的是一条前人没有走过的路,因此需要有一段相当长的时间去探索研究,最好还能有一个教学实践验证的过程。因此丛书中设计的案例不可避免地存在这样那样的问题,无论是学习情境创设、学习任务设计,还是阶段目标、活动内容、学习方法以及评价工具的设计与制作等,都需要在教学实践中检验。广大教师在阅读或使用这些案例时须根据班级学生的实际情况进行必要的修改调整,不能照抄照搬,更不能照本宣科。

最后我想说明的是,学习任务群是体现语文课程实践性特点的有效教学样态,但可能不是唯一。我很赞同温儒敏教授的观点,语文课"并不意味着全部教学一刀切,都要采取任务驱动方法"。学生语文核心素养的培养应该是一个系统工程,应该有多元的教学样态。语文教师在贯彻"新课标"精神时,一方面要以积极的态度尝试进行学习任务群教学,另一方面需要总结过往语文课程改革的成功经验,包括传统语文教学和国外中小学母语教学的成功经验,尝试探索更多更加有效的体现语文课程实践性特点的教学样态。

对语文学习任务群的探索才刚刚开始,实施的路程很长很艰难。语文课程改革不可能毕其功于一役,还有很长的路要走。

吴忠豪

2023 年 11 月

目　录

一年级

第1讲　四季的问候

　　金秋九月，一年级的孩子开启了小学学习生活。"四季的问候"跨学科学习也随即在真实情境中展开。

　　统编教材一年级上册第四单元人文主题是"自然"。该单元编排了四篇课文，分别是《秋天》《小小的船》《江南》《四季》。四篇课文篇幅短小、内容简单，每一篇字里行间都充满了童趣和自然的气息，贴近儿童的生活认知背景。细读细品还会发现，每篇课文的节奏都简单明快，契合儿童的审美趣味。

　　《秋天》描写了象征秋天到了的三种典型事物：树叶、天空、大雁。树叶是眼前的事物、身边的事物、近处的事物，走到户外就能看见；目光由落叶望向树梢，树梢上面就是"那么蓝，那么高"的天空，天空是高处的、远处的事物；大雁飞在高高的天空中，给天空带来了活泼的生命气息。课文描写这些事物形象，语言富有画面感，节奏简单明快，读来朗朗上口，符合儿童的审美趣味，会让学生感到亲切。《小小的船》简简单单四行中，用了四个不同的叠词（"弯弯""小小""闪闪""蓝蓝"），加上形象的比喻、奇妙的想象，让月亮和星星变得那么可亲可爱，充满了童趣。《江南》中的田田莲叶、莲叶间嬉戏的鱼儿，原本就活泼动人，再用上比喻、反复的修辞手法，读来更有活泼的游戏感，童趣盎然。《四季》的语言亲切、生动、形象，用上了拟人和排比，仿佛诗中的草芽、荷叶、谷穗、雪人都成了儿童的化身。

　　《秋天》《江南》《四季》三篇课文，内容都与季节有关，反映了不同季节的特点;只有《小小的船》的季节特点不明显,但写的也是自然景象。一年级学生对季节特点已经有一些感性体验,这是学生亲近文本内容的经验基础,也是创设学习情境的有利条件。

从文体形式来看,四篇课文有散文、有儿童诗、有古诗。不同的文体形式,不同的内容,却同样富有浓郁的生活气息,都能带来活泼、生动、充满童趣的阅读感受,读来都朗朗上口、富有韵味,让学生体会到母语的美妙。

从课程内容角度看,这个单元可归入《义务教育语文课程标准(2022年版)》中的"文学阅读与创意表达"学习任务群。该学习任务群第一学段"学习内容"要求:"诵读表现自然之美的短小诗文,感受大自然的美景与变化。""教学提示"中又指出:"可以根据学段学习要求,围绕多样的学习主题创设阅读情境。比如,第一学段'春夏秋冬''多彩世界'……在主题情境中,开展文学阅读和创意表达活动,引导学生感受文学之美、表达自己的独特感受,促进学生的精神成长。"这个单元,正好可以引导学生阅读以"四季"为主题的儿歌、短小诗文等,感受文学阅读的乐趣,初步体会联想和想象的奇妙,联系文本语境和生活情境学习、积累字词。

二、目标与评价

(一)目标设定

这是统编教材小学阶段的第一个课文单元,除了在语境中学习识字,还要学习运用普通话正确、流利地朗读课文;感受语言的音韵和节奏美,积累语言并模仿课文中简单的短语和句式说话,借助提供的词语说一说自己喜欢的季节,通过朗读、想象和联结学生生活体验,在具体语境中帮助学生建构与季节体验有关的语言经验。一年级学生刚刚入学,课文学习以识字为基础,这就需要将识字与写字、阅读与鉴赏、表达与交流、梳理与探究等语文实践活动在统一的语境中进行整合。

"四季的问候"跨学科学习,需要综合运用语文、科学、道德与法治、美术、音

乐等学科的知识和技能,完成如下学习目标:

1. 认识四季,知道每个季节会给人带来不同的体验。

2. 在阅读中丰富语言积累,增进对四季的认识。

3. 观察体验秋天的特点,通过图文结合的方式,表达秋天里自己的发现和感受。

(二) 评价设计

创设真实的学习情境,设计真实的学习任务,能够帮助学生理解概念、掌握技能。基于季节的学习情境,紧扣单元学习目标,可进行如下评价设计。

1. 学习任务与学习过程的成功标准。

"四季的问候"中的学习任务设计基于学生对生活情景的发现与感知。学习任务指引学生从对生活中的季节感知走向深入探究,并尝试创意表达。

各项学习任务的具体成功标准见下:

学习任务	成功标准
多彩的秋天	1. 了解秋天的季节特征,积累描写秋天的词句。 2. 收集能体现秋天特征的事物,为制作明信片做准备。
神奇的四季	1. 初步了解四个季节的关系及其不同的特点。 2. 借助语言文字表达对四季的了解,为制作明信片积累素材。
南北的我们	探究发现季节与地理的关系,进一步了解同一季节中不同地域的景象,初步感知祖国的辽阔。

2. 学习结果与明信片评价量规。

收集能体现季节特征的事物或描绘季节风景的画面,体会课文的语言文字是怎样描写和表现季节特点的,试着描述自己眼中的四季,并为广东一年级的同学们制作反映北京四季特点的明信片。

评价项目	评价标准	自我评价 ★★★★★	同伴评价 ★★★★★	教师评价 ★★★★★
参与态度	积极发现和收集体现四季特征的事物。			

评价项目	评价标准	自我评价 ★★★★★	同伴评价 ★★★★★	教师评价 ★★★★★
完成质量	明信片配图合理，能体现北京四季的特点。			
	运用简单的词句，介绍北京四季的特点。			
	图文关联、相互呼应，展现四季风貌。			

→ 三、情境与任务

（一）任务情境

一年级学生在生活中对季节的变化已有所了解，但缺乏细致的观察，也不太能表达出自己的见闻感受。

以学生的生活境遇为进入课程的引子，引导学生思考：现在是什么季节？你是怎么知道的？人们是怎样观察秋天的？北京的秋天是什么样子？最后要求为广东的小朋友送去祝福，将语言文字学习与认识季节结合起来。利用有关文本及视频，引导学生初步了解：同一个季节里，不同地域的自然景象有明显区别，具体感受祖国的幅员辽阔。

发布核心学习任务，探讨如何为相隔千里的广东一年级同学制作北京的四季明信片。精心选择合适的诗文和图片、视频，从不同角度反映北京四季的特点。学生对四季特点有了基本认识后，再制作反映北京四季特点的明信片。还可以仿照课文，在明信片上用自己的语言对北京的四季进行简单描述。

(二) 学习任务

1. 任务框架。

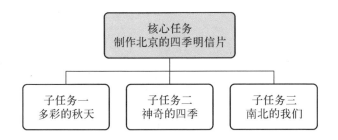

2. 任务说明。

（1）核心任务。

师生一起为广东一年级的同学制作反映北京四季特点的明信片，结合单元学习内容，分享对四季的认识。

（2）子任务。

子任务一：多彩的秋天。

利用有关文本及视频，引导学生初步了解在同一个季节里，幅员辽阔的祖国不同地域的自然景象是有区别的。然后，顺势发布核心学习任务，探讨如何为相隔千里的广东一年级的同学制作反映北京四季特点的明信片。诵读有关秋天的诗文，联系对生活中秋天景象的观察了解，认识秋天的季节特征，体会诗文中是怎样运用语言文字描写和表现秋天的，并收集体现秋天特征的事物或描绘秋天风景的画面，为制作明信片做准备。

子任务二：神奇的四季。

激活学生对春、夏、冬三个季节的印象感受，阅读有关诗文，初步了解四个季节的特点及其关系，尝试用语言文字表达四季的特点，为制作四季明信片积累素材。

子任务三：南北的我们。

借由《江南》等文本，启发学生发现季节与地理的关系，结合不同地域的季节特点，进一步感受季节变化的神奇，了解祖国的幅员辽阔。

（一）活动历程

子任务一　多彩的秋天

板块一：走进秋天

1. 感知秋天。

（1）谈话导入：现在是什么季节？你是怎么判断的？

（2）趣味识字：我们看到了秋天，感觉到了秋天，一起来认识"秋"这个字。

（3）走近《秋天》：运用多种方法识记生字，收集与秋天有关的事物，感受秋天的美丽。

2. 寻觅秋天。

读文感受：正确朗读《秋天》，读好"一"字的变调。了解秋天的特征，感受秋天的美好。

3. 分享秋天。

分享你眼中的秋天：（　　）了，啊！秋天来了！

板块二：微观秋天

1. 发现秋天的颜色。

观察秋天的颜色：

（1）熟读诗歌《秋天的颜色》，尝试仿写创编。

（2）到大自然中收集秋天不同颜色的事物，制作"秋日拾英"作品。

2. 感受秋天的变化。

（1）感受生活中秋天带来的变化。

（2）观察落叶，共读绘本《落叶跳舞》。

（3）尝试制作落叶画明信片。

板块三：赞美秋天

1. 拓展阅读与秋天有关的儿童诗。

2. 观察生活,展开想象,表达对秋天的印象感受。

子任务二　神奇的四季

板块一：认识四季

1. 学习儿童诗《四季》,认识四季。

(1) 借助图片理解诗意,感受四季特征。

(2) 熟读成诵,感受季节之美。

(3) 仿照课文句式,尝试仿写创编,说说自己喜欢的季节。

2. 拓展阅读,感受自然变化。

(1) 朗读《语文园地四》"字词句运用"板块中的词语,展开想象,说说自己喜欢的季节。

(2) 阅读绘本故事《小牛的春天》,感受春天带来的变化。

(3) 阅读儿童诗《柳树醒了》,仿写创编。

3. 欣赏音乐《四季的问候》。

板块二：感受自然

1. 读《小小的船》,感受月夜之美。

(1) 听读课文,感受夜空之美。

(2) 结合插图,想象夜晚画面。

(3) 积累语言,模仿运用,表达感受。

例如：

月儿——弯弯的月儿

船儿——小小的船儿

星星——闪闪的星星

2. 读科学童话《小松鼠找花生》。

(1) 驱动问题：小松鼠为什么找不到花生了？

(2) 了解花生生长规律和四季变化的关系。

子任务三　南北的我们

板块一：感受南北差异

1. 学习《江南》，想象情景，读懂诗句。

(1) 初读古诗：这是学生第一次学习古诗，在朗读中感受古诗韵律。

(2) 情景理解：借助插图等资料，帮助学生理解"采莲"活动。

(3) 边读边演：感受鱼戏莲叶间的欢快。

2. 拓展阅读，开阔视野。

(1) 拓展阅读儿歌《祖国多么广大》，感受祖国幅员辽阔，同一季节不同地域存在差异。

(2) 结合道德与法治《美丽的冬天》一课，进一步理解季节的南北差异。

板块二：寄送四季祝福

基于落叶明信片，结合所学所思，制作体现北京四季特点的明信片。

成功标准：

1. 将新积累的语言运用在明信片设计中，表达对四季的感受。

2. 用图文结合的形式展现北京四季的特点。

(二) 活动建议

1. 激发学生的好奇心和求知欲。

生活中，学生对四季的变化已有感性经验，对季节的变化有探讨的兴趣。跨学科设计基于学生的生活发现和感受，多层次、多角度调动学生的好奇心和求知欲，推动学生探索求知。

2. 引导学生观察生活、热爱自然。

跨学科学习是引导学生走进自然、探索四季变化的有效途径。以秋天为例，可以引导学生发现生活中的细节变化（草木衰败、候鸟迁徙、天气转凉等），培养学生有目的地观察、自由地表达的兴趣与能力。

3. 学习活动设计尊重儿童天性。

一年级学生的好奇心、求知欲旺盛，但有意注意时间较短。为激发学生的学习热情，尊重学生的主体地位，需将游戏融入学习活动，引导学生在游戏活动中体验学习的快乐,增强自主探究的动力。比如,可以组织学生在校园中收集不同颜色、不同形状的落叶,帮助学生在细节观察中感知秋天的美好。

五、资源与运用

为了帮助学生对四季有更深入的了解,教师需要准备丰富的学习资源,包括:

1. 与四季有关的古诗,如《咏柳》《小池》等。
2. 与四季有关的儿歌,如《秋天的颜色》《秋姑娘》《枫叶》等。
3. 与四季有关的绘本,如《遇见春天》《春天什么时候来?》《落叶跳舞》等。
4. 与四季有关的音乐资料,如《四季的问候》等。
5. 与四季有关的影视资料。

(编写人:北京亦庄实验小学　王志杰)

第2讲　探访神奇的动物王国

一年级学生在逐步探索了解世界的过程中,对大自然中的动物充满好奇,对有意思的动物故事充满期待。

统编教材一年级下册有很多有趣的动物主题故事,第六单元的《要下雨了》、第八单元的《棉花姑娘》和《小壁虎借尾巴》三篇课文都是动物主题的科普童话故事。《要下雨了》介绍雨前动物的活动特点及原因。《棉花姑娘》告诉孩子们不同的动物能消灭不同的害虫。《小壁虎借尾巴》则讲解动物尾巴的不同作用和壁虎尾巴能再生的科学知识。这些故事内容浅显易懂,充满童真童趣。阅读过程中,识字及猜字方法能为孩子理解文章助力。同时,故事中用拟人化的方式展示动物的多样生活,在阅读过程中可以引导学生关注角色对话,体会角色的心情、语气等。

"探访神奇的动物王国"跨学科学习,以完成《神奇的动物王国》原创戏剧展演为核心任务。学生运用阅读方法,阅读理解4500多字的原创剧本,并基于对角色的理解,登上舞台,在戏剧表演中调动多感官参与,展现对动物的探索认识,表达对大自然的热爱,体会戏剧表演的快乐。

《义务教育语文课程标准(2022年版)》在"课程目标"中要求,第一学段在阅读方面应"喜欢阅读,感受阅读的乐趣。……阅读浅近的童话、寓言、故事,向往美好的情境,关心自然和生命,对感兴趣的人物和事件有自己的感受和想法,并乐于与人交流";在口语交际方面"能认真听别人讲话,努力了解讲话的主要内容。……能较完整地讲述小故事,能简要讲述自己感兴趣的见闻"。本次跨学科主题学习,关注学生阅读兴趣和阅读能力培养,注重激发学生思维和情感,引导学生体会阅读的快乐,树立关爱动物的自然观。

（一）目标设定

一年级学生在家庭和学校生活中，都有过听故事、读故事的体验。学生对有意思的故事充满期待。在动物主题阅读活动中，学生可以进一步认识神奇美妙的动物王国，在戏剧展演中激发想象力，促进思维和情感的发展，提升语言文字运用能力。

为完成跨学科学习核心任务，需要综合运用语文、科学、道德与法治、美术、音乐、戏剧等学科的知识和技能。所有学科学习任务设计均遵循"观察—模仿—创造"的学习路径，引领着学生探索动物世界。

学习目标确定如下：

1. 学习多角度（包括动物的生活环境、饮食习惯、活动规律、生长繁殖等）观察动物的方法，完成动物观察自然笔记和《神奇的动物王国》研学手册。

2. 阅读动物科普童话，学习借助图画阅读等阅读策略。

3. 阅读动物主题绘本，将了解到的内容在"动物小讲堂"上与同伴进行分享。

4. 阅读剧本并理解剧本内容，根据自己的优势竞选角色。

5. 学习戏剧表达方式，有创意地表达对动物角色的理解。

6. 设计制作戏剧展演邀请函。

（二）评价设计

目标导向的学习评价伴随着整个学习进程。学习评价是对学习过程和学习结果的反馈，需要运用评价量规进行评价以促进教学。下面的完成标准和评价量规是针对具体学习任务和核心任务设计的。成功标准要在任务实施前就让学生了解，评价量规要在戏剧展演前提供给学生。

1. 学习任务与学习过程的成功标准。

"探访神奇的动物王国"中的学习任务设计遵循"观察—模仿—创造"的学习路径。每项学习任务都需引导学生通过学习体验来促进知识和能力的增长。

各项学习任务的具体成功标准如下：

学习任务	成功标准
学习——探访动物王国	多角度观察动物,能描述动物的特征及功能,知道模仿动物是设计发明的一种方式。
迁移——揭秘动物世界	1. 能运用适宜的阅读策略(如借助插图、联系情境推断等)了解不同动物的特点,理解剧本内容。 2. 通过多种途径了解动物知识,对感兴趣的动物有自己的观察和记录,乐于与他人交流。
创造——变身神奇动物	1. 根据自己的优势竞选角色,积极面对竞选结果。在排剧过程中,能用适当的方式与他人清晰地沟通,注意积极倾听,在他人需要时提供帮助,在自己遇到困难时积极寻求他人的帮助,等等,以应对表演中遇到的问题,与同伴友好合作。 2. 在戏剧表演中,调动多感官参与,体会角色的心情,读好不同角色的对话(读出祈使、疑问等语气)。以个性化的方式展现自己对动物的了解和认识,表达出对大自然的热爱。 3. 邀请函中呈现活动内容、时间、地点、邀请人等基本要素,合理搭配图案与色彩,能用七巧板拼摆出动物图形。

2. 学习结果与《神奇的动物王国》戏剧展演评价量规。

戏剧演出对一年级学生而言是陌生又新奇的,学生将基于对剧本角色的理解,与同伴协作进行戏剧表演,并邀请家长、老师等作为观众参与活动,共同感受戏剧表演的乐趣。

评价项目	评价标准	自我评价 ★★★★★	同伴评价 ★★★★★	教师评价 ★★★★★
参与态度	在戏剧排演过程中,积极主动地承担具体任务;与同伴友好协商,共同完成戏剧展演。			
完成质量	能够自主运用识字方法,理解剧本故事内容。			
	能够完成角色表演任务(大声清楚地说台词,有创意地展现出对动物的理解和认识)。			
	遵守舞台表演礼仪,表演文明有序。			

(一) 任务情境

孩子们对动物世界充满好奇,生活中对动物也有一些了解。科学能够激发学生对动物世界的探索兴趣,跨学科学习之旅由科学开启。孩子们学习多角度观察动物,通过观察引发思考。为了便于学生深入观察、定期观察,我们选择适合在教室饲养的小动物金鱼和蜗牛,设置好观察箱和喂食器等必备物品,引导学生多角度了解感兴趣的动物。

另外,通过实地参观北京海洋馆和动物园,听专业解说,积累关于动物习性的更多知识。完成研学手册的梳理,从动物外形、习性等方面进一步了解动物。在生动直观的情境中,激发学生对动物习性和特点的好奇心,对动物王国中还有哪些有趣的动物以及动物的生活状态产生兴趣。

(二) 学习任务

1. 任务框架。

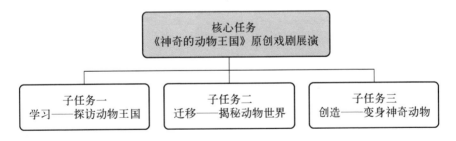

2. 任务说明。

(1) 核心任务。

一年级学生好奇心强,表达能力逐步提高,有信心参与表演,完成挑战性任务。"原创戏剧展演"这一核心学习任务需要综合运用语文、科学、道德与法治、美术、音乐、戏剧等学科的知识和技能,符合学生的年龄特征和认知特点。学生需要基于对动物的观察和理解,在戏剧展演中进行模仿和创造。

《神奇的动物王国》原创剧本共计 4500 多字,由森林里、池塘边、大海里、森林广场四个场景串联四幕戏。剧本涉及 21 个角色,源于课文文本角色以及学生参观动物园、海洋馆时见到的动物。剧本表演是学生从共读到共创的过程。学生基于共读理解初始剧本,进而为剧本增添个性化元素。剧本中所有插图由学生绘制,由此让他们的创造力得到充分发挥。剧本内容由专业团队基于课文内容进行改编,符合学生认知水平,体现核心素养发展目标。

(2) 子任务。

子任务一:学习——探访动物王国。

观察是了解事物的第一步。学生运用科学方法学习多角度观察动物,并通过观察引发思考,将问题记录下来,进一步探究动物的身体结构与功能。开展校内外活动,引导学生通过社会实践、阅读科普读物、饲养观察小动物等,以多种方式多维度了解感兴趣的动物。

教师提前准备相关资源,鼓励学生选择自己感兴趣的动物,先梳理已知相关信息,再通过多种渠道深入了解更多信息,形成关于某一动物的调查报告,并与大家分享交流。

子任务二:迁移——揭秘动物世界。

学生以课文为基础学习相关材料,提升阅读理解能力。在《要下雨了》一课中,借助插图梳理情节,了解雨前动物的特殊活动;读好对话(注意疑问、感叹语气)是本课的学习难点。在《棉花姑娘》一课中,学生需要借助插图了解不同动物能消灭不同害虫的常识;读好对话,特别注意祈使句的请求语气。《小壁虎借尾巴》是部分注音的课文,学生需综合多种方法识字,借助课文连环画式的编排特点,了解动物尾巴的不同用途;读好对话,体会人物心情。

引导学生在初步掌握阅读方法的基础上,迁移运用阅读技能,阅读有关动物的有趣故事,加深对自然界的了解。共读"如果你有……"系列绘本,想象自己身体某一部位被动物的对应器官替代后发生的事情,站在动物的角度观察世界,加深对动物的了解。学生广泛阅读课内外相关文本材料,运用多种方法读懂文本内容。通过"动物小讲堂"活动,教师鼓励学生对感兴趣的动物进行观察和记录,与他人分享交流发现或疑问,进一步增进对动物的了解。教师应注重对学生阅读方法的指引,引导学生在倾听和交流中提升思维。

子任务三：创造——变身神奇动物。

通过前两项子任务,学生对动物的了解认识和喜爱之情逐渐加深,对剧本内容深度理解。在此基础上,学生根据自己的优势竞选角色。戏剧展演之前,学生制作邀请函,呈现基本的演出信息,邀请观众观看演出。在戏剧表演中,学生调动多感官参与,体会角色的心情,读好角色台词(读出祈使、疑问等语气),以个性化的方式展现自己对动物的理解认识。

四、活动与建议

(一) 活动历程

子任务一　学习——探访动物王国

板块一：观察记录,走进动物世界

1. 多角度观察动物,记录观察发现。

(1) 学习观察方法：从多个角度观察动物标本。

(2) 展现观察细节：记录下动物的主要特点,用橡皮泥制作动物模型。

(3) 引发思考：比如,通过对兔子标本的多角度观察,学生可以提出"为什么兔子的嘴巴有三瓣? 兔子为什么有胡子? 为什么兔子的前腿细、后腿粗?"等问题。

2. 读古诗《画鸡》,了解动物习性。

(1) 读古诗《画鸡》,读通读熟,试着说说从中知道了些什么。教师引导学生发现公鸡的外形特征和打鸣司晨的习性。

(2) 复习古诗《咏鹅》,拓展阅读《蜂》,尝试描述动物的外形特征或习性特点。

(3) 拓展分享：与大家分享自己知道的动物的外形特征或习性特点。

板块二：观察发现,揭秘动物世界

1. 饲养小动物。

选择适合在教室饲养的小动物(如体形较小、方便饲养、生命力强的金鱼、乌龟、蜗牛、蚕宝宝等),设置好观察箱和喂食器等必备物品,妥善安置小动物。

2. 做观察记录。

引导学生定期观察,对小动物的生活习性或关键事件(如蚕宝宝吐丝做茧)做好观察记录,用写画结合的方式制作观察日志。

3. 了解小动物。

整理观察记录,分析小动物的习性特点,增进对小动物的了解(如金鱼用鳍游动,喂食要定时定量,对水质要求比较高,等等)。

板块三:调查研究,探访动物世界

1. 信息收集。

根据学生的兴趣,播放学生喜欢的动物的视频资料,让学生说说这些视频从哪些方面向我们介绍了这种动物。

2. 主题讨论。

(1)你最期待探秘的动物是什么?

(2)要了解某一种动物,需要知道它的哪些基本信息?

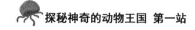

探秘神奇的动物王国 第一站

你最期待探秘的动物是什么?和同学们说说为什么。

3. 社会实践。

（1）参观当地的动物园和海洋馆,听动物养护人员的专业解说,了解关于动物的更多知识。

（2）运用观察技能,对某一种动物进行观察,进行思考和猜想。

（3）梳理自己了解到的某种动物的信息资料,完成题为"我最喜欢的动物——动物名片"的调查报告。

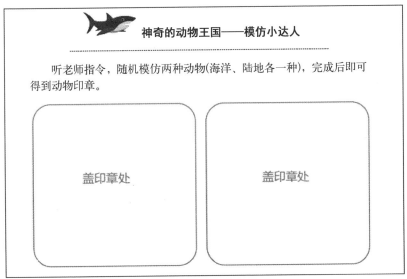

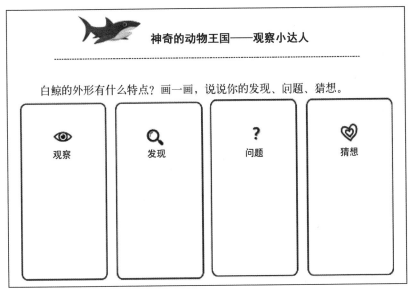

子任务二 迁移——揭秘动物世界

板块一：成语中的动物世界

1. 教师谈话，激发学生参与交流。

你知道吗？有很多流传至今的成语与动物有关。人与自然界中的动物密切接触，对动物了解得越来越深刻，有时候就用动物的某些特征婉转地表达想告诉他人的信息。聪明的古人就创造出了许多与动物有关的成语。接下来，我们将开展"动物成语我推荐"活动，欢迎同学们与大家分享自己熟悉或喜欢的动物成语。

2. "动物成语我推荐"活动。

鼓励学生每人选择一个与动物有关的成语，阅读了解有关动物的更多知识。通过成语故事的分享，扩充学生的语言积累；通过简单复述故事，培养学生语言表达能力。

交流准备：绘制动物成语主题画作，将画作粘贴在海报展板上作为学习材料。

成语示例：亡羊补牢、守株待兔、狐假虎威、九牛一毛、画蛇添足、杯弓蛇影、兔死狐悲、虎头蛇尾……

板块二：故事中的动物世界

1. 读《要下雨了》，了解动物习性。

(1) 提取信息，了解下雨前小动物活动特点及其原因。

① 初读课文，圈画文中小动物的名称。

② 提取信息，了解下雨前小动物的活动。

(2) 走进故事情境，理解动物习性。

① 再读课文，分角色读好对话。

② 抓关键词，理解动物习性（燕子低飞、鱼游水面、蚂蚁搬东西）。

(3) 游戏：帮小白兔回家。

复习课文中需要认读的词语"山坡、阴沉沉、潮湿、有空、连忙、消息、搬东西、雷声"，配合"小白兔回家"线路图，复现词语，趣味巩固。

2. 读《棉花姑娘》，了解生物常识。

(1) 读题识字，了解故事起因。

① 认读"棉花姑娘"，补充资料，认识棉花。

② 补充资料，认识蚜虫，理解棉花姑娘生病的原因。

(2) 初读文章，提取关键信息。

① 自读预习，提取关键信息，理解核心问题：棉花姑娘请求哪几个小动物为自己治病？

② 分角色朗读练习，读出祈使语气，读好对话。

(3) 再读文章，了解不同动物能消灭不同害虫的科学常识。

① 借助课文插图，适当补充资料，了解益虫和害虫。

② 再读对话，提取信息，了解动物们不同的捉虫本领。

(4) 课外延展，增进对益虫益鸟(如喜鹊、蜻蜓、螳螂等)的了解。

3. 读《小壁虎借尾巴》，了解动物尾巴的不同作用。

(1) 猜读故事，随文识字。

引导学生独立运用多种方式(结合图片、结合上下文语境、运用形声字构字规律、联系生活等)猜读字音和字义，把课文读正确流利。

(2) 图文对照，整体感知。

借助课文连环画式的编排特点，出示插图，图文对照，读懂故事内容，说说故事的主要情节。

(3) 借助词语，串讲故事。

学生以词语为"脚手架"，练习串讲故事。

示例：

小河边	小鱼	摇着尾巴	游来游去	拨水
大树上	老牛	甩着尾巴	吃草	赶蝇子
房檐下	燕子	摆着尾巴	飞来飞去	掌握方向

板块三：动物小讲堂

开展"动物小讲堂"活动，通过自主阅读、班级共读、居家阅读等多种形式，鼓励学生了解更多与动物有关的知识或故事，用自己喜欢的方式分享给他人。

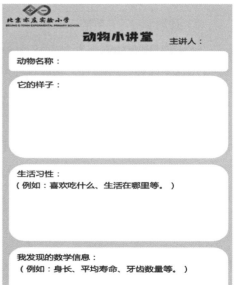

子任务三　创造——变身神奇动物

板块一：研读剧本,排演戏剧

1. 猜字读文,理解剧本。

（1）自主阅读：运用已学方法猜字理解（借助图片、联系上下文、运用形声字造字规律等）。

（2）讨论交流：说一说剧本故事中你最喜欢的角色。

（3）合作表演：读一读、演一演剧本故事中你感受最深的情景。

（4）个性创生：创造性展现对剧本故事的阅读理解（为情节绘制插图、根据语境增加角色对话提示语等）。

2. 竞选角色,排演戏剧。

（1）选择你感兴趣的角色和任务,为戏剧排演做准备（制作道具、设计邀请函等）。

（2）演一演剧本故事,邀请家长和老师观看。

板块二：戏剧展演,复盘反思

1. 师生一起回顾学习历程,结合成功标准进行自我评价。

成功标准：

（1）了解关于动物的更多知识，在阅读中运用多种方法识字学词、理解文本内容。

（2）主动了解关于动物的知识，在口语表达中积极分享与动物有关的故事。

（3）在班级戏剧排演中承担具体任务，和同学们一起创造性地完成戏剧展演。

2. 鼓励学生自主研究，进一步了解动物、关心自然。

（二）活动建议

1. 以培养学生"阅读与鉴赏"的兴趣和能力为关键目标。

语文跨学科学习中，学生带着对动物习性的初步了解，对感兴趣的动物进行深入了解，"阅读与鉴赏"的兴趣和能力也得到进一步发展。在完成跨学科学习核心任务过程中，语文处于中心地位，"阅读与鉴赏"的兴趣和能力成为学生顺利阅读原创剧本，从共读走向共创的关键。

2. 遵循从"观察—模仿—创造"的学习路径，层层递进。

语文跨学科学习中，学生循着"观察—模仿—创造"的路径，进入"神奇的动物王国"，体验深入探究的学习历程，构建自己的理解认识，形成自己"阅读与鉴赏"的思维方式。

3. 引导学生在体验中落实学习目标。

一年级学生年龄较小，有意注意时间较短。观察和饲养小动物、游学参观动物园、创意设计邀请函、阅读有意思的故事和剧本、登上舞台进行戏剧展演，这些活动都是学生十分喜爱的。兴趣是最好的老师，巨大的热情能为学生注入学习、体验的能量。

4. 创设个性化展示平台，关怀每个学生的生命成长和全面发展。

学生的个性和多元智能在跨学科学习中被突出和点亮。比如，学生基于共读理解剧本，进而为剧本增添个性化的元素。剧本中全部插图由学生绘制，学生的创造力得到尽情展现。再如，剧本中有很多人物对话都没有提示语，需要学生结合对剧本的理解进行填充。剧本的留白为学生全身心参与感受、体验阅读的快乐创造了平台。

为了帮助学生对动物的特点和习性有更多角度、更宽视野的了解,激发学生跨学科学习兴趣,在学习任务实施过程中,教师需要准备丰富的学习资源。这些资源包括:

1. 动物成语,如"画蛇添足、引蛇出洞、狡兔三窟、九牛一毛、老马识途"等。

2. 动物谜语,帮助学生加深对动物外形和习性的认知。

3. 动物儿歌,如《动物儿歌》《妞妞赶牛》《小老鼠上灯台》等。

4. 动物古诗,如《画鸡》《蜂》《咏鹅》等。

5. 动物童话故事,如《小公鸡和小鸭子》《小壁虎借尾巴》等。

6. 动物绘本资料,如《好饿的毛毛虫》《一只奇特的蛋》《长颈鹿不会跳舞》等。

7. 动物科普读物,如《儿童动物百科全书》《自然图鉴》等。

8. 动物影视资料,包括有关动物的视频、动画、纪录片、电影等,如《动物世界》《荒野间谍》《萌宠成长记》《帝企鹅日记》等。

（编写人：北京亦庄实验小学　刘　婕）

第3讲 制作送给一年级新生的"好习惯养成"系列有声绘本

→ 一、主题与内容

统编教材一年级下册第七单元的主题是"习惯",安排了四篇课文:《文具的家》《一分钟》《动物王国开大会》《小猴子下山》。这四篇课文都渗透着对责任意识和良好习惯的培养。《文具的家》是让学生学会管理自己的文具;《一分钟》是让学生严格要求自己,树立珍惜时间的意识,懂得管理好时间的重要性;《动物王国开大会》是一篇童话,让学生明白如何发通知,把重要的信息说清楚,培养把事情说完整、说清楚的能力;《小猴子下山》也属于童话,通过讲述小猴子做事三心二意,结果一无所获,只好空着手回家的故事,让学生明白做事情要有目标意识,树立做事要专心的意识。这些故事贴近学生日常生活,学生的感悟会更加深刻。

本次跨学科主题学习与课本学习相结合,以"制作送给一年级新生的'好习惯养成'系列有声绘本"为核心任务,学生通过手绘自己进入小学一年级以来养成好习惯的故事,回顾反思自己的成长过程,感受养成好习惯的重要性,并通过相互分享,进一步促进好习惯的养成。学生完成"好习惯养成"系列绘本后,将讲述绘本故事的视频链接转化成二维码印在绘本中,连同绘本送给一年级新生们,传递养成好习惯的经验和方法。

叶圣陶说过:"什么是教育?简单一句话,就是要养成良好的习惯。"《义务教育语文课程标准(2022年版)》第一学段"跨学科学习"包括三个方面内容,其中之一是:"围绕爱图书、爱文具、爱学习等主题,走进图书馆、阅览室、书店、文具店,在借用、购买、整理图书和文具的过程中,学习识字、说话、计算、设计、美化,学习与他人沟通、交流,养成爱书、爱文具的好习惯。"迈好进入小学的第一步,从培养好习惯开始。一年级下学期即将结束时,学生回顾反思自己好习惯的养成过程,制作"好习惯养成"有声绘本送给一年级新生。这样的情境任务真实而有意义,具有很强的实践价值。

"新课标"在"跨学科学习"中还指出,"本学习任务群旨在引导学生在语文实践活动中,联结课堂内外、学校内外,拓宽语文学习和运用领域"。这次跨学科主题学习,课内通过故事阅读引导学生养成学习、生活的良好习惯,把自己养成良好习惯的故事制作成绘本,通过故事分享促进自我反思;课外组织学生到首都图书馆少年儿童图书馆研学,阅读更多有关习惯养成的绘本,并邀请绘本作者为学生讲绘本故事,介绍如何创作绘本。整个跨学科学习,将个人体验与合作创编相结合,学生经历了"学习—迁移—运用"的过程,展示自己的成果,在养成良好习惯的同时,提高语言文字运用能力。

--------------- ➡ 二、目标与评价 ---------------

(一) 目标设定

一年级下学期,学生已经在学校和家庭中养成了一些良好习惯,但仍需巩固和坚持,并进一步培养更多的好习惯。学生对写绘和分享故事特别感兴趣,但缺乏对行为习惯的反思和梳理,以及创作绘本和分享故事的技巧和方法。

"制作送给一年级新生的'好习惯养成'系列有声绘本"的跨学科学习,需要综合运用语文、美术、道德与法治等学科的知识和技能,学习目标确定如下:

1. 理解良好习惯的养成可以帮助我们更好地成长。

2. 阅读有关习惯养成的故事,能借助图画梳理故事情节,读懂故事,体验角色,讲好故事。

3. 读故事时,能根据故事信息简单推断后面的情节内容。

4. 在生活中初步养成某个好习惯,写、绘一个自己好习惯养成的故事,并把故事讲给同学们听。

（二）评价设计

目标导向的学习评价是伴随着整个学习任务进程的。每一个学习活动都需要用评价来促进。成功标准既是评价量规，也是学生行为的指引，要在活动开展之前就让学生了解。本次跨学科学习活动的评价内容主要涉及三个方面：读故事、写故事、讲故事。

评价项目	满足评价标准	超出成功标准	接近成功标准
读故事	1. 读关于习惯培养的故事，能借助插图、故事情节反复的特点读懂长故事。 2. 能根据故事信息作简单推断。 3. 能分角色读好对话，读出疑问句和祈使句的语气。	除满足成功标准所列的3项外，还能做到： 1. 感知故事中的人物形象，体会人物特点。 2. 能说一说从故事中得到的启发和收获。	至少达到满足成功标准所列的2项要求。
写故事	1. 能用图文结合的形式，把自己养成某个好习惯的故事记录下来。 2. 能说清楚自己是如何养成这个好习惯的。 3. 能将读故事时积累的词句恰当地运用在自己写的故事中，语言通顺。	除满足成功标准所列的3项外，还能做到： 1. 故事有开端、发展和结果。 2. 有生动的人物描写，如动作、语言等。	至少达到满足成功标准所列的2项要求。
讲故事	1. 能用适当的语气生动地把故事讲述给同学听。 2. 能与听众互动，让同学们推测后面的内容。	除满足成功标准所列的2项外，还能做到：能借助动作、手势、表情等增强故事讲述的表现力和感染力。	至少达到满足成功标准所列的1项要求。

→ 三、情境与任务

（一）任务情境

再过不久，学校将迎来新一批一年级同学。新一年级的王老师最近一直在思考如何培养一年级新生的好习惯,帮助他们尽快适应小学生活。她想出一个好主意,让马上就要度过一年级,成为学长学姐的我们,把自己的故事记录下来,做成"好习惯养成"系列有声绘本,给一年级新生看。注意,要附上讲故事视频的二维码哟!

(二) 学习任务

1. 任务框架。

2. 任务说明。

(1) 核心任务。

这次跨学科学习的核心任务是制作送给一年级新生的"好习惯养成"系列有声绘本。学生综合运用语文、道德与法治、美术等学科的知识和技能,手绘自己进入小学一年以来养成好习惯的故事,回顾反思自己的成长经历,感受好习惯养成的重要性,并相互分享,进一步促进好习惯的养成。最后完成"好习惯养成"系列绘本,并将讲绘本故事的视频链接转化为二维码印在绘本中,送给一年级新生们,传递养成好习惯的经验和方法。

(2) 子任务。

子任务一: 听故事,发布任务通知。

根据学生的年龄特点,从他们最感兴趣的动物话题入手,以《动物王国开大会》开启活动,将课文学习与故事听读相结合,通过故事情节和动物对话生动呈现情境任务。学生在学习过程中,思考怎样发布通知才能具体、清楚、有效,进而将知识和技能迁移运用,自己发布本单元将制作送给一年级新生的"好习惯养成"系列有声绘本的任务通知,从任务发布之日起就关注自己的习惯养成问题。发布任务通知时,教师要结合学生实际情况提供学习支架,设计好通知内容基本框架,让学生填写时间、地点等关键信息。

子任务二:读故事,梳理内容,推断情节。

用不同的方法阅读欣赏《文具的家》《一分钟》《小猴子下山》这几个与习惯有关的故事,在仔细阅读文章的基础上,联系自己的生活经验,运用观察文中插图、找关键句、进行猜想等方法梳理故事内容,形成根据文章信息做出简单推断的能力,理解养成良好习惯的重要性。

学习道德与法治一年级下册第一单元《我的好习惯》,养成保持整洁、不拖拉的好习惯。

组织学生在首都图书馆少年儿童图书馆进行研学,阅读更多有关习惯养成的绘本,如《上学不再丢三落四》《承担责任》《时间管理我能行》《迟到的理由》等,并邀请绘本作者为学生讲绘本故事,介绍如何创作绘本。

子任务三:写故事,制作有声绘本。

学生手绘自己进入小学一年以来养成好习惯的故事,回顾反思自己的成长经历,感受养成好习惯的重要性,与全班分享。分享前教师可以教学生一些分享技巧,比如设置悬念,让同学猜测后续内容,讲述后针对故事中的人物或内容进行提问等。然后,评选出优秀作品,制作成"好习惯养成"系列绘本,并将讲述绘本故事的视频链接转化为二维码印在绘本中,送给一年级新生们,传递养成好习惯的经验和方法。

四、活动与建议

(一)活动历程

子任务一　听故事,发布任务通知

板块一:收到来信,发布学习任务

再过不久,学校将迎来新一批一年级同学。这不,一年级的王老师最近一直

在思考如何培养一年级新生的习惯,帮助他们尽快适应小学生活。啊,她有了一个好主意,让马上就要度过一年级,成为学长学姐的我们,把自己的故事记录下来,做成"好习惯养成"系列有声绘本,给一年级新生看。注意,要附上讲故事视频的二维码哟!你瞧,这就是王老师的来信!

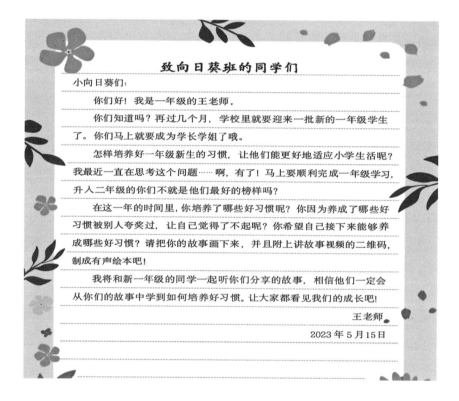

板块二:学习《动物王国开大会》

1. 听故事,推测情节。动物王国要开大会,由狗熊发通知,大会能顺利召开吗?听老师讲故事,猜猜后面会发生什么吧。(老师讲故事,学生倾听。老师在每一次狗熊发布通知后停顿,让学生猜测大会能否开起来,并说明原因。)

2. 总结发布通知需要的要素,说说狗熊为什么来来回回跑了好几趟才将通知内容说清楚。

3. 角色体验,读好疑问句和祈使句。把自己想象成故事中的动物,练习朗读课文,注意读出动物说话的语气。小组合作进行展示。

板块三：补充通知信息，发布活动通知

通知

_____，在_____将举行"制作送给一年级新生的'好习惯养成'系列有声绘本"分享会，请_____参加，提前准备好自己的作品。

_____

_____

选择关键信息填写：

时间：6月10日下午3点 　　　地点：B102教室

参加人：全体同学 　　　　　　事情：_____

通知人：向日葵班 　　　　　　通知时间：2023年5月15日

填写好通知，发布核心任务，明确完成标准。

子任务二　读故事，梳理内容，推断情节

板块一：自主识字写字，读通课文

运用学过的方法自主识字，练习写字，将另外三篇课文读熟。

1. 自主识字。

2. 找出自己觉得书写时需要注意笔画写法和位置的字，认真观察，练习书写，并与同学交流。

3. 朗读挑战过关。

板块二：学习《文具的家》《一分钟》《小猴子下山》

1.《文具的家》。

(1) 观察课文插图，联系生活经验，读好贝贝和妈妈的对话。

(2) 用"一……就……"说一说如何养成爱护文具的好习惯。

2.《一分钟》。

(1) 借助"要是……就……"句式，根据课文内容进行简单推断：元元为什么晚起了一分钟，却迟到了二十分钟？

(2) 读出元元沮丧、后悔的语气。

(3) 联系自己的生活体验，初步学习管理时间。

3.《小猴子下山》。

（1）借助插图读懂故事内容，能推断小猴子最后为什么"只好空着手回家去"。

（2）联系生活实际，说说目标明确的重要性。

4. 学习道德与法治一年级下册第一单元《我的好习惯》，在学习活动与讨论中学会怎样保持整洁、不拖拉。

5. 组织学生在首都图书馆少年儿童图书馆进行研学，阅读更多有关习惯养成的绘本，如《上学不再丢三落四》《承担责任》《时间管理我能行》《迟到的理由》《坚持到底不放弃》《牙齿大街的新鲜事》《晚安，大猩猩》等；邀请绘本作者为学生讲绘本故事，介绍如何创作绘本。

子任务三　写故事，制作有声绘本

板块一：联结经验，说说自己的好习惯养成故事

结合《文具的家》《一分钟》和拓展阅读的图画书，分享从贝贝和元元的故事中想到了自己的什么事情。先在小组内说一说，再根据小组推荐在班级中分享。教师引导学生将自己想到的事情，学着像《文具的家》《一分钟》那样讲一讲，并根据学生的分享，板书故事情节的关键信息。

板块二：确定故事，进行表达

1. 班级讨论并发布成功标准。

（1）能用图文结合的形式把自己养成某个好习惯的故事记录下来。

（2）能说清楚自己是如何养成这个好习惯的。

（3）能将在读故事时积累的词句在自己写的故事中恰当使用，语言通顺。

2. 在美术课上学习如何画人物和装饰书页。

3. 将自己的习惯养成故事进行写绘，制作绘本，并依据成功标准进行修改。

板块三：分享故事，制作有声绘本

1. 发布分享故事的成功标准。

（1）能用适当的语气生动地把故事讲述给同学听。

（2）能与听众互动，让同学们推测后面的内容。

2. 学生轮流分享故事,其他同学根据写故事和讲故事的成功标准进行评价。

3. 评选出优秀作品,做成"好习惯养成"系列绘本,并将讲绘本故事的视频链接转化为二维码印在绘本中,收入图书馆,送给一年级新生们,传递养成好习惯的经验和方法。

板块四:复盘反思

1. 回顾学习历程。

师生一起回顾学习历程,结合完成标准进行自我评价。

2. 鼓励学生在生活中培养更多的好习惯。

(二) 活动建议

"制作送给一年级新生的'好习惯养成'系列有声绘本",是一个根据课程标准中"跨学科学习"学习任务群"学习内容"提示,密切联系学生生活实际,精心设计的跨学科主题学习任务。

1. 呼应"跨学科学习"学习任务群"学习内容"的要求。

《义务教育语文课程标准(2022年版)》"跨学科学习"学习任务群第一学段"学习内容"指出:"围绕爱图书、爱文具、爱学习等主题,走进图书馆、阅览室、书店、文具店,在借用、购买、整理图书和文具的过程中,学习识字、说话、计算、设计、美化,学习与他人沟通、交流,养成爱书、爱文具的好习惯。"设计和实施"制作送给一年级新生的'好习惯养成'系列有声绘本"跨学科主题学习任务,既落实了课标要求,又契合一年级学生生活实际。学生通过手绘自己进入小学一年来养成好习惯的故事,回顾反思自己的成长过程,感受养成好习惯的重要性,分享经验体会,进一步促进好习惯的养成。在这一过程中,学生识字、说话、设计、美化方面的能力也得到锻炼和提高。做成"好习惯养成"系列绘本后,将讲绘本故事的视频链接做成二维码印在绘本中,送给一年级新生,进一步传递养成好习惯的经验和方法。

2. 让学生综合运用多学科知识解决问题。

学生面对的是多学科融合的、一体的现实生活。在真实的任务情境中,欲解决实际问题,学生需要运用多学科的知识、技能、方法、观念和思维,将其融会贯通。因此,跨学科学习任务设计需要将不同学科的内容有机融汇进去。

"制作送给一年级新生的'好习惯养成'系列有声绘本"跨学科主题学习任务，是目标导向的学习任务，具有一定的整合性。学生要综合运用多学科的知识和技能完成绘本设计和创作，从而促进综合运用多学科的知识和技能解决问题的素养形成。

3. 以提升学生语言文字运用能力为核心，语文实践活动贯穿始终。

语文跨学科学习任务有机融入了不同学科的内容，但要以语文学科概念为核心统整学习内容，以提高学生语言文字运用能力为主线，将阅读、梳理、探究、交流等语文实践活动嵌入任务完成过程中，让语文学习活动成为任务完成的重要环节，引导学生不断积淀语文素养，提升语言文字运用能力。"制作送给一年级新生的'好习惯养成'系列有声绘本"跨学科主题学习活动中，阅读故事，"能借助插图、故事情节反复的特点读懂长故事"，"能根据故事信息作简单推断"，与一年级下册第七单元语文要素相关联；讲故事，"能用适当的语气生动地把故事讲述给同学听"，与一年级下册第六、第八单元语文要素相关联；而"能将读故事时积累的词句恰当地运用在自己写的故事中，语言通顺"则正好体现了学生从积累语言到运用语言的过程。

4. 拓展跨学科学习任务群的学习资源。

课程标准"跨学科学习"学习任务群"教学提示"中指出："要引导学生在广阔的学习和生活情境中学语文、用语文……着重培养学生综合运用多学科知识解决实际问题的能力。"可见，跨学科学习要解决的真实问题领域往往比较广泛，需要综合运用多方面的知识和能力，课内有限的学习资源不足以支撑。教师要根据解决问题的实际需要，拓展丰富的、合适的学习资源，最大限度地满足学习需要。跨学科学习的过程管理和资源整合，往往要突破教室和学校空间，需要社会力量的支持。"制作送给一年级新生的'好习惯养成'系列有声绘本"跨学科主题学习活动中，组织学生到首都图书馆少年儿童图书馆进行研学，阅读更多有关习惯养成的绘本，并邀请绘本作者为学生讲绘本故事，介绍如何创作绘本，就走出了校园，为学生提供了丰富的学习资源。

为了让学生创作出自己的好习惯养成绘本,在学习任务实施过程中,教师要准备丰富的习惯养成类绘本学习资源。这些学习资源包括:《上学不再丢三落四》《承担责任》《时间管理我能行》《迟到的理由》《坚持到底不放弃》《牙齿大街的新鲜事》《晚安,大猩猩》等。

(编写人:北京亦庄实验小学　王志杰)

第4讲　制作一年级"入学锦囊"

➡️ 一、主题与内容

　　本次跨学科学习的主题是"制作一年级'入学锦囊'",请马上结束一年级生活的学生,回顾自己一年级的校园生活,给即将进入一年级的弟弟妹妹们设计"入学锦囊",帮助他们更快地适应小学生活。

　　《义务教育语文课程标准(2022年版)》有关"跨学科学习"学习任务群的板块中提到"围绕学科学习、社会生活中有意义的话题,开展阅读、梳理、探究、交流等活动"。在"实用性阅读与交流"中提到"乐于分享学校生活中的见闻和感受,热爱学习,热爱学校"。

　　制作"入学锦囊"这个跨学科学习任务是与学生学习生活紧密相关的。一年级下学期期末,考试已经结束,放假前的几天,学生照常到校。这几天学生在学校里可以做什么呢? 可以总结作为小学生一年来的学习和生活——为即将成为一年级小学生的弟弟妹妹们制作"入学锦囊"。

　　制作"入学锦囊"的任务情境是真实、真切的:小朋友们刚刚成为一年级学生,进入新的环境,接触新的老师和同学,家长和小朋友心中都有些迷茫、不知所措,也会有很多疑问。刚刚结束一年级学业的学生们是对一年级生活最熟悉的人,在梳理、探究的过程中,相信学生一定会想起很多有意思、有意义的事情,不仅能帮助弟弟妹妹们喜欢上学校,也会让自己越来越热爱自己的学校,同时也唤起了学生内心的责任感和被依赖的满足感,为弟弟妹妹们制作"入学锦囊"的学习任务也就自然而然具有了驱动力。

　　"入学锦囊"里有什么锦囊妙计呢? 学生需要梳理自己一年级的学习和生活,老师和学生一起从规则、课程学习、活动、运动、班名、同伴交往、学习环境等几个方面,总结收获和体会。教师给学生提供规则、课程等方面的回顾资源,学生借助思维导图、流程图等工具梳理思考,通过小组合作讨论决定自己的锦囊内容,最终通过海报、视频等方式呈现自己的成果。

在这个过程中,"制作一年级'入学锦囊'"的跨学科学习,需要综合运用语文、数学、劳动、美术、信息技术等学科的知识和技能,通过本次跨学科的学习,不仅在学科知识上,更重要的是在行为表现上让学生不断审视自我,实现自我提升。

➡ 二、目标与评价

(一)目标设定

最有效的学习是目标任务驱动的学习,这次跨学科学习我们制订了与学习目标相对应的成功标准。成功标准的表述,不是从学科视角进行,而是从行为表现和预期学习结果角度进行,表述如下:

1. 在老师和同学的帮助下,能够厘清从哪些方面告诉一年级新生一年级学习生活是什么样子的。

2. 合作学习,能够选择运用合适的形式(如图文、音视频等)形成多样的产品,向新一年级学生展示一年级学习生活的样子,让他们对一年级学习生活充满向往。

3. 在完成任务的过程中,积极参与讨论,提供自己的想法,和同学积极合作,共同完成"入学锦囊"的制作。

4. 在完成任务的过程中感受到自己一年级学习生活的丰富多彩,体会到成长的快乐和骄傲。

(二)评价设计

每一个学习活动,都离不开评价,都需要用评价来促进教与学。在跨学科学习中,我们引入了产品概念,产品是形成性评估的载体,在学习任务中,学习围绕需要给出的产品或表现来发生。除了产品评价,我们还重视学生的倾听、参与、合作等社会情感相关的指向性评价。

1. 产品评价,促进目标的达成,让学习真实可感。

产品指向项目开始前需要解决的问题,项目结束后对核心任务本身和学生的成长都有重大意义。在进行"制作'入学锦囊'"的跨学科学习时,学生的产品形式多样,有校园地图、音视频解说、时间表等。我们需针对主要产品和具体表现设计指向目标的成功标准,帮助学生更好地完成产品,而成功标准要在活动开展之前就让学生了解。

具体产品的成功标准如下:

(1) 校园地图的成功标准。

评价内容	超出成功标准	满足成功标准	接近成功标准
整理数据	能够根据给出的图片进行客观分析并整理,准确地把各个场所对应到它所在的楼层。	能够根据给出的图片进行客观分析并整理,准确地把大部分场所对应到它所在的楼层。	能够根据给出的图片进行客观分析并整理,尝试把部分场所对应到它所在的楼层。
相对位置	通过自主观察、研究,能准确地呈现哪个场所在哪个场所旁边,能初步感知各个场所的位置。	在他人的帮助下能准确地呈现哪个场所在哪个场所旁边,能初步感知各个场所的位置。	不能准确地呈现哪个场所在哪个场所旁边。
效果呈现	能借用图文、贴纸等绘制校园地图,地图清晰明了、美观,有一定的创意。	能借用图文、贴纸等绘制校园地图,地图清晰明了。	能借用图文、贴纸等绘制校园地图,但地图比较混乱。

(2) 与课堂规则、学校活动介绍、课程、运动、就餐等有关的音视频产品的成功标准。

评价内容	超出成功标准	满足成功标准	接近成功标准
与课堂规则、学校活动等有关的音视频产品	能借助思维导图等工具有条理地梳理出自己的内容和建议。	在他人的帮助下,借助思维导图等工具有条理地梳理出自己的内容和建议。	在他人的帮助下,借助思维导图等工具梳理出自己的部分内容和建议。

评价内容	超出成功标准	满足成功标准	接近成功标准
与课堂规则、学校活动等有关的音视频产品	能自己学习音视频的基本制作方法,并自导自演完成基本的录制。	对音视频制作感兴趣,能够进行简单的录制工作,作为最终产品的素材。	对音视频制作感兴趣,尝试进行简单的录制工作。
	能够用恰当的词语、丰富的内容表达自己的想法。	能够用比较恰当的词语表达自己的内容。	能够用常见词语和句式表达自己的内容。
	在表达的过程中声音响亮,语言流畅,自信大方。	在表达的过程中声音响亮,语言流畅。	能比较完整地表达自己,声音响亮。

（3）一日生活时间表。

成功标准:

① 回忆梳理一天的生活,能完整地说出一天的活动。

② 知道什么时候该做什么事,并能清晰地表达出来。

③ 活动时间表做得美观。

2. 关键能力评价,提高学习效率,助力学生均衡发展。

在完成任务的过程中,我们采用导师指导、同学合作的形式,学生在这个过程中除了学科知识,还需要具备哪些能力才能很好地完成任务? 这就需要给出评价量规,过程中采用自我、师生之间、生生之间的多元评价,关注学生倾听、思考、参与、合作等能力的评价,引导学生均衡发展。

评价单

我参与的工作	① 写字　② 画画　③ 讨论　④ 其他_____		
内容评价	自我评价 ★★★★★	同伴评价 ★★★★★	教师评价 ★★★★★
活动前,积极思考,认真倾听			
讨论时,积极参与,发表想法			
工作时,愿意合作,认真完成			
有问题,努力解决,寻求帮助			

（一）任务情境

制作一年级"入学锦囊"是在真实的任务情境中解决真实的问题，新一年级学生，来到陌生的校园，心中既有好奇和期待，也有忐忑和茫然，如果有哥哥姐姐们用生动活泼的方式告诉他们，一年级生活是什么样子的，他们一定会感到亲切、开心，对即将开始的一年级学习生活充满了热情。因为学生们也曾有过成为一年级新生的经历和体验，这样的任务情境对他们而言是熟悉的，而且帮助他人的内心责任感和满足感也被唤醒，赋予了学生强大的内驱力。

如何创设任务情境？在任务开始时，引入即将升入一年级小朋友的角色，或者选择学生喜欢的动画人物，对学生进行问题采访，比如：在学校里你有哪些开心的事情呢？你最喜欢校园里的哪一个地方？学校里有什么好玩的活动？能说一说你印象最深刻的一次活动吗？学生回忆一年级的生活，再次重温自己的成长轨迹。

结合学生的交流，发布学习任务，开启跨学科主题学习——制作一年级"入学锦囊"。

（二）学习任务

1. 任务框架。

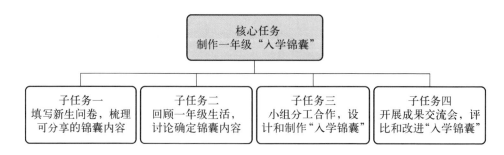

2. 任务说明。

（1）核心任务。

升入一年级是学生成长的重要一步，新的环境、新的交际圈、新的认知……学生从身体和心理上都在不断地适应着这些变化，进行着自我的探究。在这个过程中，身边人的引导和帮助是非常重要的。对刚刚结束一年级学业的小朋友来说，梳理总结自己这一年的成长轨迹和经验，对自我成长有着重要的意义，同时，又能帮到弟弟妹妹，是培养学生责任感的大好时机。在这样的时机下，"制作一年级'入学锦囊'"这个跨学科学习任务就被赋予了责任价值和成长意义，锦囊里不仅装满了学生们这一年的经验积累，还含有让自己不断前行的各种妙计。

（2）子任务。

子任务一：填写新生问卷，梳理可分享的锦囊内容。

用"图图"这个小孩子比较熟悉的动画人物，与学生展开对话。图图以一年级弟弟妹妹们的口吻向哥哥姐姐们提出对一年级生活的疑问，让学生的积极性被调动起来，填写新生问卷。老师随机展示学生的回答，组织学生进行讨论，并用思维导图梳理一年级生活，彼此启发可以从基本的规则、丰富的课程、多彩的活动、喜欢的运动、我的班名、同伴交往等几个方面进行探究，为制作"入学锦囊"做好准备。

子任务二：回顾一年级生活，讨论确定锦囊内容。

回顾一年级的生活，老师和学生分别从基本规则、课程学习、活动、运动、班名、同伴交往、学习环境等几个方面，总结收获和体会。老师需提供与学生学习和生活有关的 PPT、图片、视频等必要而合适的资源。

"入学锦囊"里有什么内容？将以怎样的形式呈现呢？学生在实施的过程中，需要借助不同的学习支架或学习工具。

接着，将全班分成各个小组，每组 4 人左右，分组可以采用互选的形式。学生进入小组合作环节，组内讨论决定自己的锦囊内容，尝试用思维导图进行总结并分享，选定表达素材和方式。

子任务三：小组分工合作，设计和制作"入学锦囊"。

在设计和制作入学锦囊的过程中，只有实现了多学科联动，才能完成这项基于真实问题的学习任务。除了发挥语言文字的实用性交流和说明的功能，发展学生的言语思维和口头表达能力,还需要数学(如整理数据、理解相对位置)、美术(如海报设计、绘本创作)、信息技术(视频拍摄和剪辑)、音乐(用歌曲的形式介绍丰富多彩的学习活动)等学科的知识和技能的协作,当然还涉及了道德与法治学科。

在完成学习任务的过程中,除了必要的学科知识和技能的支撑,还需要学生的积极倾听和思考、团队协作与沟通等能力,这样才能保证小组的任务在规定的时间内完成,并达到成功标准。

子任务四:开展成果交流会,评比和改进"入学锦囊"。

(1)在班内开展成果交流会,各个小组展示自己的成果,并进行评比;复盘反思,根据大家的建议,完善自己的产品。

(2)开学后,以小组为单位,各班带着自己的"入学锦囊",跨年级进行一对一交流,向新入学的一年级学生介绍"入学锦囊"内容并展示作品。在介绍的过程中,说明项目小组内各成员的分工,以及自己在项目中承担的任务。

(3)在宣讲的过程中可以将自己的锦囊赠送给新一年级小朋友。

(4)在成果交流中记录他人意见和观点,并进行反思。

四、活动与建议

(一)活动历程

子任务一 填写新生问卷,梳理可分享的锦囊内容

板块一:利用动画人物,开启对话

动画人物"图图"作为一年级新生,对一年级生活产生了很多疑问:大家好,我是图图。我马上要升一年级了,一年级的生活是什么样子的呢?我有好多疑问想得到你们的解答。能不能麻烦哥哥姐姐们回顾一下你们一年级的生活,回答我几个问题呢?

老师下发问卷,学生进行填写,问卷主要从入校的基本情况、一年级初入校园时的心情和感受、遇到的问题等方面展开,帮助学生回忆这一年来的生活和收获。

调查问卷

亲爱的哥哥姐姐们:

图图想问问你们,从去年九月份入学,到现在一年级马上结束,这一年里你们有什么收获呢?

1. 你喜欢自己的学校吗?　　喜欢　　不喜欢

2. 请你选择一个表情来描述一年级刚入学时的心情。😄 🙂 😐

3. 在学校里你有哪些开心的事情呢?(不会写的字,可以用拼音代替)
_____

4. 在学校里你遇到过难过的事情吗?(不会写的字,可以用拼音代替)
_____

5. 你最喜欢校园里的哪一个地方?

□游戏区　　□大操场　　□音乐教室　□戏剧教室　□食堂　　其他:_____

6.上学前,你需要准备哪些物品呢?

□铅笔　　□橡皮　　□作业本　　□课本　　□美术用品　　其他:_____

7. 请你回忆一下,你印象最深刻的一次活动?
_____

哦,图图知道了,原来上一年级的感受是这样的。图图好期待一年级的生活呀!

板块二:利用学习工具,梳理想法

老师展示班级问卷结果,学生头脑风暴,讨论交流:对于即将入学的一年级新生,他们还有哪些方面是需要帮助和了解的? 作为哥哥姐姐,关于一年级,你们想向弟弟妹妹们介绍些什么? 老师用思维导图整理学生的想法,引导学生从校园环境、丰富的课程、有趣的活动、身边的同伴等几个方面进行探究,同时,将思维导图作为一种重要的学习工具介绍给学生。

子任务二　回顾一年级生活,讨论确定锦囊内容

板块一:回顾生活,总结经验

1. 学习环境是什么样子的?

(1) 再次熟悉学校的校园环境,简单了解如何绘制校园地图。

从整体上了解校园的区域分布,教学区、运动区、餐厅等,以及对应的楼层。学生分组结伴或在老师的带领下游览校园,在回顾自己当时亲身经历的基础上,边观察边记录各场所和设施的位置。一边游览,一边记录,之后画一画路线。画一画从教室到餐厅的路线,从教室到操场的路线等,观察路线图上都有什么,按照一定的顺序记录好它们的位置,明确路线图的起点和终点,以及重要的标志物。

(2)学校的教室环境。

教室的分区设计以及它们的功能。

观察教室,总结教室的特点:一是面积很大,是一间多功能教室;二是教室进行分区设计,有学习区、休闲区等,保证学生的学习和娱乐空间。在总结交流的过程中,说一说自己喜欢的区域,经常在教室做的事情等,让一年级新生喜欢上我们宽敞、明亮、多功能的教室。

教室的每一面墙都会说话。

教室的每一面墙都有精心的设计,有的墙上贴着班级公约,有的布置成了班级榜样墙,有的布置成了作品展示墙,每一面墙都在诉说着这个班级的故事。

做自己教室的设计师。

学生是教室的主人,教室的样子我们可以说了算。作为教室的小小设计师,你们会怎么设计自己的教室呢?学生自由分享自己的创意想法,这个过程不仅能激发弟弟妹妹们对教室的向往,还培养了学生的创造力和对班级的责任感。

2. 我在学校里会做什么?

(1)回顾一——规则篇。

学生回忆并梳理一年级学生必须懂得的规则,比如:课堂规则、课间文明规则、午间就餐规则、排队放学规则等,分享学生生活学习的图片,重读儿歌《安静》(小兔关门轻轻,刺猬说话轻轻,松鼠干活轻轻,熊奶奶,在睡觉,你听四周多安静),讨论交流自己这一年的表现,传递赞美,激励成长。

(2)回顾二——课程篇。

回顾一年级经历的有意思的学习。除了课表上的课程,学生还会体验很多有趣的学习任务,比如:"我是小学生啦""萌萌的秘密""勇闯拼音国""秋天和春天""我的动物朋友"等课程。在学习的过程中积累了哪些知识?增长了哪些见闻？有哪些学习经验可以传授给弟弟妹妹们？引导学生回顾学习内容,梳理学习方法。

（3）回顾三——活动篇。

一年级生活中最吸引学生,最让大家难忘的就是形式多样、丰富多彩的活动了,比如：入学 100 天、生日会、戏剧展演、动物王国夏日聚会等。活动即课程,每一个活动背后都有它承载的意义,学生在讨论、互相启发中,发现自己在过程中的收获和成长,并把自己的所想所得分享给一年级新生,让他们对新的校园生活更加期待。

（4）回顾四——同伴篇。

选择共读与同伴交往有关的绘本故事《敌人派》《小黑鱼》《胆小鬼威利》等,回顾同学之间发生的趣事或产生的矛盾,结合自己的亲身经历,说一说当与同学发生冲突时,有什么解决办法。在与同伴交往时,友好与担当是非常宝贵的品质,借此形成自己的同伴交往秘籍。

（5）回顾五——运动篇。

对小学生来说,身体是第一位的,运动是小学生活非常重要的一部分,一年级会有哪些运动项目呢？如跳大绳、跳小绳、接力跑等。学生们现身说法,讲讲自己这一年的进步,总结经验。

（6）回顾六——我的班名。

学校的每一个班都会有自己的专属名字,班名是班级文化的核心,班名体现着班级的精神追求,同时也体现着班级的成长理念,以及班级的价值观。班名由师生共同来决定,借此机会再次了解自己的班名的由来以及班级精神,增强班级凝聚力。

板块二：组建小组,确定内容

1. 自愿组合,建立专属小组。

（1）建立小组时,坚持互选和自愿原则。首先选小组长,通过自荐或推荐的形式选出组长候选人,学生投票表决最终的组长人选。然后,组长选择小组成员,小组成员选择自己喜欢、信任的小组长。老师给出建议,从同学的擅长点、合作能力等方面考虑,保证小组的均衡分布,几轮互选后,完成小组组建。

（2）给各自小组起个名字,形成自己的特色;商讨建立小组规则,达成共识,共同遵守,增强小组的凝聚力。

2. 自主讨论,确定锦囊内容。

(1) 组内讨论决定自己的锦囊内容,学生尝试用思维导图的形式进行总结并分享。

(2) 确定内容的呈现方式。老师介绍不同的工具和方式,比如创作绘本故事、海报、校园地图、戏剧表演、录音视频等,学生可自由选择,确定自己最终的产品。老师提前将成功标准给学生,了解成功标准,更好地指导过程,在过程中不断地对照成功标准,保证目标的达成。

子任务三　小组分工合作,设计和制作"入学锦囊"

板块一:小组合理分工,发挥最大优势

1. 根据小组成员的优势,合理分工。老师提供小组分工表,组长组织小组内的分工,根据学生的特点进行合理分工:有的学生喜欢画画,可以承担美术创意的工作;有的学生擅长写作,就承担文字创作的部分。只有合理分工,才能发挥小组的最大优势,高效完成小组任务。

2. 预设分工合作可能出现的问题,减少矛盾与冲突。小组合作的过程中必然会遇到问题,学生讨论可能遇到的问题,并总结出解决问题的办法,全班达成合作公约。

板块二:利用学习工具和资源,构建锦囊内容

针对不同的产品,老师提供可用的学习工具和学习资源,构建锦囊的框架和基本内容,帮助学生获取知识和提升能力。

1. 学习资源为学生制作锦囊提供线索。

学习资源和方法指导保证校园地图绘制的准确性。

(1) 帮助学生复习相对位置的概念,学生按照各个场所的位置关系和大小关系绘制相对准确的校园地图。

(2) 老师可提供校园场所贴图、校园地图以及校园展示的作品和视频案例给学生。各小组的学生根据游览的结果和主要路线选择贴图,把它们贴到校园地图中对应的位置。在粘贴的时候,要注意各场所之间的相对位置。学生也可以选择进行创意绘制。

2. 学习工具为学生开展任务提供支撑。

引入学习工具,实现音视频和海报的多元呈现。

(1)"OK 创作法"指导学生音视频创作。

学生的"入学锦囊"可以选择用音视频的形式来呈现,这样的方式更加直观、更吸引人。在制作前,教师提供"OK 创作法"提示学生拍摄前、拍摄中、拍摄后的注意事项和方法技巧。拍摄前保证背景整洁、光线明亮、设备稳定、环境安静、距离合适等;拍摄中需要声音洪亮、吐字清晰、文本流利、眼神聚焦、表情自然;拍摄后可以借助荔枝电台、剪映、美图秀秀等软件工具剪辑。由于学生年龄较小,最后的部分需要寻求大人的帮助。音视频创作的形式能引起学生的创作兴趣,让他们认识到电子设备和软件是服务于产品和任务的,而不仅仅是娱乐工具。

(2)编乐谱、海报制作、戏剧展演等让任务产出更加多元。

"入学锦囊"除了音视频的呈现方式,还可以选定合适的旋律以及用海报的形式来呈现。音乐老师推荐了《数鸭子》《两只老虎》和《幸福拍手歌》的乐谱,这几首歌孩子们都非常熟悉,能快速地用起来。美术老师提供了绘本和海报制作的方法和示例,为学生提供了多样选择。戏剧老师可以指导喜欢表演的学生用戏剧的形式呈现某个校园生活场景。

板块三:发挥导师作用,完善锦囊制作

"制作'入学锦囊'"这个任务需要多学科联动,当然需要各学科老师的支持。

1. 老师进入不同的小组,作为小组的导师,帮助学生解决任务过程中遇到的问题。

2. 老师对负责的小组进行指导,给出修改建议,让其不断改进和完善。

3. 当小组需要不同的学科知识和学习指导时,老师可在不同的小组提供专业指导。

子任务四　开展成果交流会,评比和改进"入学锦囊"

板块一:展示分享,完成评选和改进

1. 小组派出代表按一定顺序展示分享小组的成果。

2. 每一小组展示完成后,听众给出建议。最后,进行投票,评选出"最具价值奖""最佳创意奖""最受欢迎奖"等。

板块二:复盘反思,进行自我评价

1. 师生一起回顾学习历程,复盘反思在这个过程中自己的收获,遇到的问题以及解决的办法,不断积累经验。

2. 用关键能力评价量规,进行自我评价、同伴评价、教师评价,实现多元评价。

3. 开学后,与新一年级进行跨年级的成果交流,记录他人的意见和观点,不断改进自己的设计,促进跨年级的同伴交往。

(二)活动建议

1. 要有产品意识,综合运用不同学科的知识和方法,实现学科深度融合。

产品是形成性评估的载体,形成产品的关键原则之一是指向目标,而不是拼凑在一起。教师应让学生为一个确定的对象(真实的或模拟的)开发具体的产品或作出相应的表现,并且提前告知学生评估指标和表现标准。

有了产品意识,学生慢慢就有了目标意识。为达成目标,学生需要调动多学科知识进行实际应用,在完成任务的过程中,各学科交汇融合,学生实现深度学习和能力迁移。

2. 学习资源和工具,充分保证学生的知识整合和自主合作。

教师为学生的跨学科学习提供过程性指导和支持,利用学习资源和学习工具丰富学生体验,实现知识整合与深度学习,培养学生综合运用多门学科知识解决真实问题的能力。

学生借助学习资源和学习工具深入探究后可以通过多种多样的方式创造和展示,使用 PPT、自媒体、音视频或宣传海报等。这样的活动设计更有助于尊重学生的自主性,激发学生的想象力和创造力,帮助学生突破心理障碍。每一个学生都能在学习过程找到个人的价值,发挥自己的特长,为小组合作贡献自己的力量。学生成为学习的"主人",而不是被安排者,从而真正感受到学习的意义。

在实际探究过程中,学生成为主体,教师转为幕后,教师更多的是倾听学生的思维表达,了解学生学习的收获,及时帮助学生答疑解惑并鼓励和指导,与学生形成学习共同体。

3. 实践体验,在真实的任务驱动下亲历问题解决全过程。

跨学科学习的关键特征是指向现实世界真实问题的自主学习与实践,养成在学习生活中自觉运用跨学科学习方式解决问题的积极态度和习惯。在真实任务的驱动下,目标清晰明确,运用哪些知识和技能来促成目标落实,对于学习者来说,是一种生成性的需要,学生在实践中一步步迎接挑战,解决问题,不断改进,这是一种非常宝贵的学习体验。

➡ 五、资源与运用

为了帮助一年级学生对"制作一年级'入学锦囊'"这一任务有更丰富的了解,保证探究的持续进行,同时保护和激发学生的跨学科学习兴趣,学习任务实施过程中,教师需要准备丰富的学习资源。这些学习资源包括:

1. 一年级初入校园时的调查问卷,开启学习任务。

2. 回顾一年级生活的图片、PPT 等,作为学生梳理分享内容的基本资源。

3. 学习工具,包括思维导图、流程图等思维工具,指导学生音视频创作的"OK 创作法"和《两只老虎》《数鸭子》《幸福拍手歌》音乐曲谱,学生从中选定自己喜欢的旋律,创编歌词,并最终表演。

4. 校园区域图,给学生启发和参考;校园拼图,帮助学生更快地完成校园地图的制作。

5. 视频,包括介绍学校的视频,海报制作的指导视频等。

6. 与礼貌、规则有关的《礼貌歌》《安静》。

7. 与同伴交往有关的图画书,如《胆小鬼威利》《小黑鱼》《敌人派》等。

(编写人:北京亦庄实验小学　孙　静)

二年级

第5讲　过个有意思的中秋节

➡ 一、主题与内容

　　本次跨学科主题学习围绕中国传统文化这一主题进行。《义务教育语文课程标准(2022年版)》对第一学段的"学段要求"从四个实践领域进行了描述,而后接着指出:"在落实以上要求过程中,注重引导学生关注中华优秀传统文化在日常生活中的表现,初步感受中华优秀传统文化的重要价值……""课程内容"的"跨学科学习"学习任务群的"学习内容"中指出,第一学段应"参与学校、社区举办的节日和风俗活动,留意身边的传统节日、风俗习惯等文化现象,感受和学习生活中的中华优秀传统文化"。

　　核心任务设定为"过个有意思的中秋节"。中秋节是中国传统节日之一,与春节、清明节、端午节一起被称为中国四大传统节日。中秋节有很多别名,都能让人感受到这一节日的独特和美好,如祭月节、月光诞、月夕、秋节、仲秋节、拜月节、月娘节、月亮节、团圆节等。中秋节源自对天象的崇拜,由上古时代秋夕祭月演变而来,随着历史演变和沉淀,节日内涵逐渐丰富起来。首先是由祭月逐渐演化为赏月、颂月的文化活动;又因为中秋月圆,让人们联想到了人之团圆,人们便将思念家乡、思念亲人的情感寄托于中秋圆月,表达对团圆幸福生活的期盼和祝福。如今,中秋节是一个具有丰富文化色彩的节日,相关节日文化已经沉淀在中国人的血液中、心田里。

　　二年级学生在家庭、社区和学校生活中,大多参加过赏月、吃月饼、看花灯等节日活动,对中秋节已经有了一定的感性体验,对过中秋充满了向往和热情,也对了解和体验更丰富的中秋节日文化充满了期待。

➡ 二、目标与评价

（一）目标设定

"过个有意思的中秋节"的跨学科学习,需要综合运用语文、科学、数学、劳动、美术、道德与法治等学科的知识和技能,学习目标定位如下:

1. 参与中秋节日活动,在活动中通过阅读、访问等方式积极主动地了解人们为什么开展这些活动,初步了解、梳理和分享丰富的中秋节日文化,同时认识更多与传统节日有关的字词。

2. 动手参与制作花灯、月饼等,运用口头表达方式分享制作的方法和体会到的快乐。

3. 阅读有关中秋节的图画书、古诗词,积累并运用有关中秋节的古诗词句,初步感受中秋节深厚的文化内涵,在情境中丰富语言积累。

4. 运用写日记、绘图、解说视频等方式记录和分享自己参与中秋节系列活动的故事,表达对中秋佳节的喜爱之情。

（二）评价设计

目标导向的学习评价是伴随着整个学习任务进程的。

每一个子任务下的学习活动,都离不开评价,都需要用评价来促进教与学。下面是针对具体的学习活动和评价项目设计的成功标准和评价量规。成功标准要在活动开展之前就让学生了解,评价量规要与活动同步给学生。

1. 研究了解中秋节日文化评价量规。

评价项目	评价标准	自我评价 ★★★★★	同伴评价 ★★★★★
参与态度	在小组活动中积极主动地承担具体工作。		

评价项目	评价标准	自我评价 ★★★★★	同伴评价 ★★★★★
完成质量	能够理解小组承担的具体任务,根据提示指导查阅资料、调查访问。		
	能够在诵读儿歌、阅读资料的过程中自主识字,丰富语言积累。		
	能够和小组成员一起整理资料,分享时态度大方、表达清楚。		
	在参与活动的过程中对中秋文化有了更多了解,并与同学交流自己新了解的内容。		

2. "过个有意思的中秋节"各项活动成功标准。

● 活动一——制作海报成功标准。

(1) 小组分工明确,每个人都为海报制作做出了贡献。

(2) 海报主题突出,设计美观。

(3) 海报上主要信息(活动时间、地点、主要内容安排等)清楚明白。

● 活动二——"画在中秋"成功标准。

(1) 精心设计画面内容,能有条理地说出设计想法。

(2) 画面有明显的中秋节文化元素(月亮、月饼、花灯、嫦娥等)。

(3) 配上中秋诗句,或给画作取一个美好的名字,题在合适的地方。

● 活动三——"食在中秋"成功标准。

(1) 积极参与月饼制作,注意卫生。

(2) 听懂介绍,记住要点,按指导完成至少一个月饼的制作。

(3) 愿意与同学合作,给同学需要的帮助。

(4) 能清楚地说出制作月饼的方法和过程。

● 活动四——"诵读中秋"成功标准。

(1) 积极参与活动,独立或与同学合作诵读一篇中秋诗文。

(2) 诵读时,语气、语调合适,还能配上合适的动作和表情。

（3）做文明观众，用心欣赏，能体会到中秋诗文表达的情感。

● 活动五——"团圆中秋"成功标准。

（1）积极主动地参加家庭中秋节规划和准备活动，承担具体的任务。

（2）在家人指导下或独立记录一家人过中秋的精彩片段。

（3）积极主动地和家人分享这个中秋节的感受和心情。

3. 记录和分享中秋节各项活动的成功标准。

（1）从写日记、绘图、解说视频三种方式中至少选择一种进行记录。

（2）要记录下自己觉得这个中秋节最有意思的故事或自己印象最深刻的收获。

（3）积极大方地与同学分享自己的记录，表达自己对这个中秋节的想法和感受。

➡ 三、情境与任务

（一）任务情境

一提到快要过中秋了，学生都会充满期待，做月饼、吃月饼、赏月等经历过的情景，会在记忆中突然变得鲜活起来。

创设学习情境时，可以运用教材中的儿歌《传统节日》，在了解每个传统节日在什么时间的基础上，说说马上要过什么节了，然后运用视频资源，激活学生的中秋节记忆，激发学生对过中秋的期待，讨论这个中秋节可以做什么。

结合学生的讨论，发布学习任务，开启跨学科主题学习——"过个有意思的中秋节"。

（二）学习任务

1. 任务框架。

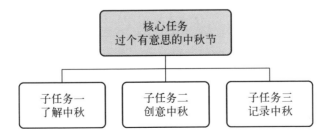

2. 任务说明。

（1）核心任务。

这一核心学习任务以符合二年级学生年龄特征和认知特点的方式，设计实践体验，让学生参与到具体的节日活动中，综合运用语文、科学、数学、劳动、美术、道德与法治等学科的知识和技能，多维度了解和感受中秋节日文化，在丰富多彩的活动中受到传统节日文化的熏陶，提升语言文字运用能力。

核心学习任务"过个有意思的中秋节"中，"有意思"不是外在的，不是被动感受的，而是学生以主体身份在多样的活动中创造出的、切身体验的"有意思"。在循序渐进地参与系列中秋节日活动，丰富节日体验的基础上，最终通过创意记录和分享，让"有意思"得到凸显和升华。

（2）子任务。

子任务一：了解中秋。

借助有关传统节日的儿歌和学生已有经验，通过诵读、交流等活动，激发学生对过一个有意思的中秋节的期待，然后引导学生从不同维度，通过阅读、访问等方式了解有关中秋节的更多知识。不同维度包括：中秋的起源、中秋的传说、中秋的活动、中秋的诗词等。每个维度可以先让学生说一说，再鼓励学生通过不同渠道，利用生活资源了解更多，选择一个维度进行梳理，与大家分享。教师要提前准备相关资源（以图画书和视频为主），随时为学生提供必要的支撑，帮助学生了解更多有关中秋节的文化。

子任务二：创意中秋。

在了解中秋文化的基础上，鼓励学生设想和讨论这个中秋怎么过最有意思，设计开展校内校外系列活动。活动包括：画在中秋、食在中秋、诵读中秋、团圆中秋等。"画在中秋"活动中，让学生在纸质盘子或花灯上创作中秋主题画作（可以配上诗句）；"食在中秋"让学生通过看视频、听方法介绍，在学校或家里体验月饼制作；"诵读中秋"活动中，主要开展浅显的中秋诗文诵读活动；"团圆中秋"是在中秋夜和家人一起赏月……活动之前，学生分组制作海报，邀请学校老师、家长参加前面三个活动。

子任务三：记录中秋。

这个子任务包括记录和分享两个实践活动。让学生用写日记、绘图、讲解视频等方式记录中秋最有意思的活动或时刻,然后组织分享,进一步深化中秋节日体验,感受节日文化。

▷ 四、活动与建议

(一) 活动历程

子任务一 了 解 中 秋

板块一:诵读儿歌,了解传统节日

1. 读《传统节日》,说传统节日。

(1) 读一读儿歌《传统节日》,圈出儿歌中写到的传统节日,自主识字学词。

① 自主读熟儿歌,识字学词。

② 展示朗读,分享自己新认识的字词。

③ 说说自己从儿歌中了解了哪些传统节日。

(2) 根据儿歌中提供的信息和自己的了解,给下面的传统节日按照一年中的时间顺序排排序。

七夕节　清明节　端午节　重阳节　春节　中秋节　元宵节

(3) 选择一个印象深刻的节日,说说自己对这一节日的了解。

2. 读中秋儿歌,聊聊中秋节。

(1) 读一读这几首儿歌,自主识字,读通读熟,再说说从儿歌中知道了些什么。

(儿歌:《中秋节》《爷爷为我打月饼》《月儿圆圆》)

(2) 跟大家分享自己知道的中秋节知识。

(3) 跟大家分享自己经历的中秋节故事。

板块二:拓展思路,丰富中秋文化

1. 观看一组关于中秋节的短片,说说这些短片从哪些方面向我们介绍了中秋文化。

2. 讨论:如果我们要向大家介绍中秋节,你想从哪些方面做介绍?

3. 分组探究,从不同角度了解中秋文化。

(1)根据讨论进行分组,明确要了解的内容和展示分享方式。

中秋起源组——查阅资料,了解中秋的起源和发展。展示分享方式:图文和短视频。

中秋食品组——查阅资料、调查访问,了解中秋传统食品。展示分享方式:图文和短视频。

中秋诗文组——查阅资料,搜集有关中秋的古诗词和文章(包括儿歌),了解表达的主要情感。展示分享方式:诵读并简单说说搜集的内容表达的意思和感情。

中秋活动组——查阅资料、调查访问,了解中秋节一般有哪些传统活动,以及为什么要开展这些活动。展示分享方式:图文和短视频。

(2)分组实践(校内校外相结合,校内借助图书馆查阅资料,访问老师;校外寻求家长帮助,利用周末时间请家长帮助查找资料、接受访问)。

(3)组织展示分享。分享前,指导学生梳理资料,制作 PPT,做好展示分享准备。展示分享时,评价激励,激发学生对接下来的"过个有意思的中秋节"的兴趣和期待。

子任务二 创 意 中 秋

板块一:畅聊创意,畅想中秋

1. 小组畅聊创意。

(1)结合前面活动中对中秋文化的了解,小组内互相说一说希望怎么让这个中秋节过得有意思——在学校里做什么,中秋夜在家做什么。说清楚自己的想法,听一听同学的想法。

(2)运用思维导图,各小组整理同学们的创意想法。

2. 分组展示创意想法。

3. 讨论班级"创意中秋"活动内容和方案。

(1)教师谈话,激发学生参与"创意中秋"活动的积极性。

谈话：以前的中秋节我们过得很快乐，但都是爸爸妈妈来安排中秋活动的。现在，我们通过前面的学习，对中秋节有了更深入的了解，对希望怎样过一个有意思的中秋节，都有了自己的创意想法。接下来，我们一起讨论确定咱们班的"创意中秋"活动怎么开展，真正过一个有意思的中秋节。

（2）组织讨论，梳理创意想法。

① 为了过一个有意思的中秋节，我们可以一起在学校里做哪些有创意的事情？

② 你准备向家人建议怎样在家过一个有意思的中秋节？

（3）根据讨论，确定活动内容和方案。

预设内容：画在中秋、食在中秋、诵读中秋、团圆中秋。

预设方案：

活动分校内和校外（家庭）两个部分。

校内活动包括："画在中秋"——在纸盘或花灯上创作庆祝中秋节的主题画作并分享展示；"食在中秋"——邀请家长志愿者一起制作特色月饼（有条件的，烤熟品尝），并向参观的师生介绍制作方法；"诵读中秋"——边品尝月饼，边开展中秋儿歌、诗词、美文诵读会。活动前，分组设计制作活动海报。

校外（家庭）活动主要是"团圆中秋"，学生向家长建议怎样过一个有意思的中秋节，并和家长一起规划设计中秋节活动，也可以形成方案，在班上分享。

板块二：活动实施，丰富体验

1. 活动一——制作活动海报。

（1）了解什么是海报，怎样制作海报。（如果学生以前制作过海报，只需要讨论、明确海报的主题和内容。）

（2）分组设计制作海报。分成"画在中秋""食在中秋""诵读中秋"三个组，制作三张海报。

2. 活动二——"画在中秋"。

（1）学生自由创作。

（2）分享：先在小组内展示自己的作品，说明自己的想法和创意，再由小组推荐至班上分享。

（3）展板展示：将纸盘主题画作粘贴在展板上进行展示。

3. 活动三——"食在中秋"。

(1) 观看月饼制作的视频,了解为什么中秋节要做月饼、吃月饼,并说说还有哪些食品与中秋节有关。

(2) 分享自己最喜欢吃的月饼和吃月饼的故事。

(3) 听制作讲解,学习制作方法。

(4) 动手制作月饼。

4. 活动四——"诵读中秋"。

(1) 分组或独立选择诵读内容,做准备。

(2) 确定主持人,进行节目编排,指导学生尝试撰写主持词。

(3) 班级开展"诵读中秋"活动。(在活动中间,穿插请同学分享自己家里的"团圆中秋"活动会做些什么。)

5. 活动五——"团圆中秋"。

(1) 按照规划和家人一起过中秋,体验中秋节的快乐。

(2) 邀请家人一起用视频等方式记录过中秋的精彩片段,在班级群分享一家人创意过中秋的图片或短视频。

子任务三　记　录　中　秋

板块一:回味中秋,记录中秋

1. 回味中秋,聊聊"有意思"。

(1) 说一说这个中秋节有哪些事情最值得回味。

(2) 说一说这个中秋节让自己觉得最有意思的一件事情是什么。

2. 记录中秋,表达"有意思"。

(1) 说一说可以用什么方法把这个中秋节的经历和收获记录下来。

(2) 选择一种方法记录这个中秋节的经历和收获,尤其是把自己觉得"有意思"的事情记录下来。

方法:写日记,绘图,解说视频。

3. 展示分享,品味"有意思"。

展示分享自己的作品,请同学说说从自己的记录中体会到了哪些"有意思"的地方。

板块二：复盘反思，促进迁移

1. 师生一起回顾学习历程，结合成功标准进行自我评价。

成功标准：

（1）了解了更多的中秋节知识，在阅读中认识了更多的字，积累了新的词语；在口语和书面表达中，能够积极运用与节日有关的字词。

（2）积极主动地参加了"画在中秋""食在中秋""诵读中秋""团圆中秋"等系列活动。

（3）在小组合作中做出了具体贡献，帮助小组有创意地完成了具体任务。

（4）运用自己喜欢的方式用心记录了这个中秋节最有意思的事情，并跟同学清楚明白地分享了收获。

（5）准备利用课外时间和小组同学一起研究了解下一个中国传统节日——重阳节。

2. 鼓励学生自主研究、了解重阳节的知识和文化。

（二）活动建议

"过个有意思的中秋节"，是一个结合课程标准中"跨学科学习"学习任务群的"学习内容"提示，同时充分利用学生学习生活中的场景，精心设计的跨学科主题学习任务。这一学习任务在实施时建议如下：

1. 重视传统节日文化的传承意义。

《义务教育语文课程标准（2022 年版）》中的"跨学科学习"学习任务群第一学段"学习内容"里指出："参与学校、社区举办的节日和风俗活动，留意身边的传统节日、风俗习惯等文化现象，感受和学习生活中的中华优秀传统文化。"中秋节是中国传统节日之一，蕴含了丰富的节日文化，这些文化传承和发展到今天，深刻地影响着中国人的文化体验和精神成长。设计和实施"过个有意思的中秋节"跨学科主题学习任务，既落实了课标要求，又契合学生的生活境遇，从多角度丰富了学生对中秋节文化的了解和体验，促进了学生对传统节日文化的亲近和热爱，种下了传承传统节日文化的种子。

2. "综合运用多学科知识"解决现实问题。

作为课程设计者，教师在选择、设计和实施跨学科学习主题任务时，对学习任务中需要综合运用到哪些学科的知识、技能和思想,要做到清楚明白。但是,对于学生来说,最有效的学习是目标任务驱动的学习,也就是说学习者心中有目标,才能行动有方向,才能积极主动地选择合适的方法和合适的资源,才能有计划、有步骤地一步步完成任务,达成目标。跨学科学习的关键特征是指向现实世界真实问题的自主学习与实践,以真实问题的研究和解决为行动目标,带动学生积极主动地发展,尤其是发展学生的创造力、批判性思维等高阶思维能力。目标清晰明确的情况下,运用哪些知识和技能来促成目标落实,对于学习者来说,不是先入为主的,而是一种生成性的需要。"过个有意思的中秋节"的学习任务,是目标导向的学习任务,是具有整合性的学习任务,任务完成过程中各项学习活动运用不同学科的知识、技能和思想,是为了问题的解决而自然生成的需要。学生要了解中秋节在农历的具体日子,就需要运用科学和数学知识;"画在中秋"活动需要运用美术的知识和技能;"团圆中秋"活动同道德与法治紧密相关……

3. 以提升学生语言文字运用能力为核心。

语文跨学科学习主题任务,无论所"跨"的学科有哪些,核心目标都是促进学生语言文字运用能力的提升。这里的语言文字运用能力指的是语文核心素养为本的综合能力。学生在学习任务中加深和丰富了对中秋节日文化的了解和体验,从多个角度增强了文化自信;无论"了解中秋","创意中秋"还是"记录中秋",都离不开多维度的语言运用;思维能力的发展和审美创造的实践、体验,在学习任务中都得到了丰富的体现……

因此,整个学习任务,从目标的定位,到实践活动的设计实施,再到学习评价的设计和运用,都以"语文"为中心,以学为中心,以学生语文核心素养的发展为中心。

🔁 五、资源与运用

为了帮助二年级学生对中秋传统文化有更多体验和更丰富的了解,同时保护和激发学生的跨学科学习兴趣,在学习任务实施过程中,教师需要准备丰富的学习资源。这些学习资源包括：

1. 传统节日儿歌，如《传统节日》《中秋节》《爷爷为我打月饼》《月儿圆圆》等。

2. 视频，有关中秋文化的视频资源，包括中秋节的起源、中秋节的食品、中秋节的仪式等。

3. 中秋诗词，如刘禹锡的《八月十五日夜玩月》、王建的《十五夜望月》、李白的《静夜思》、赵鼎的《人月圆·中秋》、白朴的《念奴娇·一轮月好》等。

4. 关于中秋节的图画书，如《绘本中华故事·传统节日：中秋节》等。

（编写人：北京亦庄实验小学　李竹平）

第6讲 建立班级迷你图书馆

➡ 一、主题与内容

本次跨学科主题学习旨在引领学生走进图书馆，学习借阅、整理图书的相关技能，并着手在班级内建立迷你图书馆，将其作为核心任务。《义务教育语文课程标准（2022 年版）》在第一学段"学段要求"的"阅读与鉴赏"部分指出："尝试阅读整本书，用自己喜欢的方式向他人介绍读过的书。养成爱护图书的习惯。"此外，"新课标"又在"跨学科学习"学习任务群的"学习内容"中指出，第一学段应"围绕爱图书、爱文具、爱学习等主题，走进图书馆、阅览室、书店、文具店，在借用、购买、整理图书和文具的过程中，学习识字、说话、计算、设计、美化，学习与他人沟通、交流，养成爱书、爱文具的好习惯"。统编教材二年级上下两册的"快乐读书吧"分别介绍了一些读书方法和爱书的好习惯，例如："每次拿到书，我都要看看书的封面，找找书名和作者。""每次读完书，我都要小心地把书收好，不把书弄脏。""我选书的时候，会关注目录，读读感兴趣的内容，看看这本书适不适合我。""根据目录，我可以做好读书计划，今天从第三页读到第五页，明天……"二年级下册《口语交际》还编排了《图书借阅公约》这一内容，《语文园地六》"展示台"中的内容是班级图书角这一内容的延续。

此次跨学科学习中，教师可以先带领学生走进图书馆、阅览室、书店等，发现图书馆图书摆放的秘密，继而在班级建立迷你图书馆，引导学生在借用、购买、整理图书的过程中学习识字、说话、计算、设计、美化，学习与他人沟通交流，养成爱书的好习惯。

(一) 目标设定

每一个班级都可以建立迷你图书馆,将班级阅读资源与学校图书馆资源整合起来,相互补充使用。与学校图书馆相比,散布在各个班级的迷你图书馆的设计更具个性化,借阅更加便捷,更能提高图书的使用率。因此,"建立班级迷你图书馆"这一任务的目标可确定为:"让学生自己动手创建班级迷你图书馆,营造爱书、爱读书的良好氛围,为建设书香教室奠基。"作为跨学科学习任务,创建图书馆在实际操作中涉及空间设计、图书分类、区域标识、图书管理等具体任务,需要综合运用语文、美术、数学、道德与法治、劳动教育等学科的知识和技能,学习目标可确定如下:

1. 通过实地参观和查阅资料,了解什么是图书馆,发现图书馆书籍摆放的秘密。

2. 亲自动手建立班级迷你图书馆,运用学到的分类知识为教室里的图书分类并编号,以便能快速找到自己想看的书。

3. 通过交流讨论,知道在图书馆借阅图书应该遵守哪些规则。

4. 能养成爱护图书的好习惯,阅读时能保持安静,享受班级阅读时光。

5. 愿意记录并分享阅读收获,尝试自己创作故事。

(二) 评价设计

在"建立班级迷你图书馆"主题情境中,过程性评价主要围绕活动目标进行设计,关注学生在学习过程中表现出的学科学习能力、阅读思辨能力、创意表达能力、合作沟通能力和解决问题能力等。评价应根据低段孩子的特点,以鼓励为主,调动学生的学习热情。根据评价目标设计清晰明确的评价量规,引导学生对照量规评价学习成果。

活动名称	成功标准
制订班级借阅公约	1. 能够根据班级迷你图书馆的实际情况制订借阅规则。 2. 能够将规则清晰地展示给大家。 3. 图文比例恰当，兼具实用性与观赏性。 4. 小组分工明确，每个人都参与活动。
制作借阅记录单	1. 能够涵盖借阅人、借阅时间、还书时间等基本信息。 2. 能够以表格的形式清晰地呈现。 3. 图文比例恰当，兼具实用性与观赏性。
制作好书推荐卡	1. 能够涵盖书名、阅读感受等基本信息。 2. 能够以表格的形式清晰地呈现。 3. 图文比例恰当，兼具实用性与观赏性。
创作我的第一本故事书	1. 能够根据一个明确的主题编排故事。 2. 能够用文字与插图相结合的方式记录故事。 3. 创作态度端正，书写态度认真。

　　跨学科主题学习任务结束后，将结合任务目标进行终结性评价，主要涉及两个方面——完成质量和参与态度。完成质量主要针对学科情境，参与态度主要针对人际情境。"新课标"强调多元评价，通过多角度的评价反馈，帮助学生处理好学科学习和个人成长的关系，发掘自身潜能，学会自我反思和自我管理。因此，在评价设计中应力求评价多元，将自主评价、同伴评价、教师评价与家长评价贯穿评价活动始终。

评价项目	评价标准	自主评价 ★★★★★	同伴评价 ★★★★★	教师评价 ★★★★★	家长评价 ★★★★★
完成质量	我知道了什么是图书馆，在图书馆应该遵守哪些规则。				
	我发现了图书馆书籍摆放的秘密，并学着为教室里的图书分类编号。				
	动手建立班级迷你图书馆，制订图书借阅公约，设计借阅卡和好书分享卡。				

评价项目	评价标准	自主评价 ★★★★★	同伴评价 ★★★★★	教师评价 ★★★★★	家长评价 ★★★★★
完成质量	能养成爱护图书的好习惯，阅读时能保持安静，享受班级阅读时光。				
参与态度	积极主动地参加系列活动，承担具体工作。				
	在小组合作时有效沟通，能倾听他人想法，遇到困难主动请教他人，也愿意帮助他人。				

▶ 三、情境与任务

（一）任务情境

4月23日是"世界读书日"，图书馆、学校每年都会开展丰富多彩的阅读活动，激发孩子们的阅读兴趣。阿根廷国家图书馆前馆长、作家博尔赫斯在《关于天赐的诗》中写道："天堂应该是图书馆的模样。"图书馆里有大量的图书，每本书里都藏着奇妙的知识、故事，都是一个丰富多彩的世界。爱读书的孩子会变得越来越聪慧，越来越有生活情趣，越来越善良而有爱心。他们读书的模样，就像一个个可爱的天使，明亮、温暖。

爱读书的孩子希望世界上到处都能遇见图书馆，走到哪里都能有书阅读。城市里有图书馆，学校里有图书馆。我们每天学习成长的教室里，能不能也有一个图书馆呢？那样，我们的教室就能成为最美妙的人间天堂。

结合学生讨论，发布学习任务，开启跨学科主题学习——用自己聪明的大脑和灵巧的双手，在教室里建造一个漂亮的迷你图书馆。

（二）学习任务

1. 任务框架。

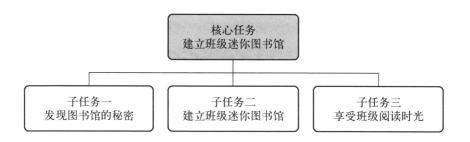

2. 任务说明。

（1）核心任务。

建立班级迷你图书馆不仅能为班中学生营造全天候阅读环境，还可以帮助学生更容易地找到符合自己阅读能力、阅读兴趣的书籍；教师也能结合课堂教学内容推荐相关书籍，帮助学生更好地理解课内知识，拓展课外知识。因此，这一核心学习任务符合二年级学生学习成长的需要。

实际操作中，涉及发现图书馆的秘密，了解书籍的分类及摆放规则、图书借阅管理要求等方面的内容，需要引导学生真正"走进图书馆"，综合运用语文、美术、数学、道德与法治、劳动教育等学科的知识和技能，在完成任务的过程中真正爱上阅读，学会借阅图书、管理图书，提高语言文字运用能力。

（2）子任务。

子任务一：发现图书馆的秘密。

在"世界读书日"这一情境中开展这个跨学科学习任务，首先要引领学生来到图书馆这一真实场景中。对于二年级的学生来说，图书馆是一个令人好奇和向往的地方，每一本书都是一座蕴藏着珍宝的神秘岛屿，而阅读正是一次次寻宝之旅。师生共读绘本《神奇飞书》，通过主人公莫里斯的经历，感悟到生命因为书籍而丰富，也因为书籍而延续，莫里斯的灵魂正是在图书馆里得到了慰藉。教师可提出"书和你有什么关系？你眼中的书是什么样的？"等问题引发学生思考，从而开启这一任务，激发学生的探究兴趣。那么，图书馆到底蕴藏着哪些秘密呢？教师让学生利用周末时间去图书馆或书店进行实地参观，感受读书的氛围，发现书籍摆放规则,激发学生进一步思考。接下来,教师还可以通过英语绘本 *The Book* 帮助学生了解每本书的结构。以上活动旨在激发学生的活动兴趣,以真实任务的形式开启学习活动。

子任务二:建立班级迷你图书馆。

学生对图书馆产生强烈兴趣后,自然会产生这样的念头——"把图书馆搬进教室!"接下来就要思考:教室里的图书从哪里来?学生先自己思考,然后大家各抒己见,交流讨论。之后,就是借鉴参观图书馆发现的书籍分类摆放的规则,建立班级迷你图书馆。为了便于学生行动操作,可先引入绘本《我喜欢书》和《一起一起分类病》,简单渗透数学中的"分类"与"统计"思想,组织学生交流讨论,然后给教室中的图书分类、标号。在学生在动手实践中,数学和劳动学科的知识和技能自然得到了运用。

子任务三:享受班级阅读时光。

班级迷你图书馆建成后,如何利用好它,充分发挥它的作用,让班级中每个学生都能享受班级阅读时光呢?可以先通过绘本《图书馆狮子》来提示学生图书馆借阅规则的重要性,继而结合统编教材二年级下册第五单元《口语交际:图书借阅公约》,根据班级迷你图书馆的实际情况制订借阅公约。这一过程中不仅要训练学生主动发表意见,还要引导学生轮流发言。最终形成的公约可以采用海报的方式展示,这也是美术学科知识的具体运用。

为了增进学生的阅读兴趣,多种多样的活动必不可少。可以鼓励学生为班级设计"借阅记录单""读书分享卡"。如果说阅读是最好的输入,那么写作就是最好的输出。教师可以引导学生阅读绘本《图书馆老鼠》,发现写作不是一件高深莫测的事,不需要太多的技巧,只要拿起笔写起来,记录自己熟悉的事,笔耕不辍,就一定能有收获!学生在这样的氛围中尽情地享受阅读时光,综合能力自然而然能得到发展。

（一）活动历程

子任务一　发现图书馆的秘密

板块一：走进书的世界

1. 跟着《神奇飞书》，走进书的世界。

（1）学生自主阅读绘本《神奇飞书》，思考如下问题：

① 用心看看，书中哪幅画面最能打动你？

② 想一想，莫里斯是怎样照顾这些书的？

③ 仔细观察，为什么有些书有脚，有些书却没有脚？

（2）观看荣获第84届奥斯卡最佳动画短片奖的《莫里斯·莱斯莫先生的神奇飞书》。

2. 联系自身，思考我们和书的关系。

（1）引导学生思考：书和你有什么关系？你眼中的书是什么样的？

（2）学生自由交流。

① 生命因为书籍而丰富，也因为书籍而延续。

② 图书馆是每个人和每本书的舞台，在这个舞台上，每个故事都一样精彩。

（3）教师总结：从现在开始，我们也将和莫里斯一样，走进书的世界，去感受书籍带来的神奇力量！

板块二：发现图书馆的秘密

1. 实地参观图书馆，了解书籍摆放的秘密。

（1）布置周末实践任务：利用周末时间，和爸爸妈妈一起到城市/社区图书馆或书店看看，发现图书馆的书籍摆放有哪些秘密。

（2）教师带领学生参观学校图书馆。

（3）学生自由交流。

① 书籍按照类型摆放：童话书放在一起,绘本放在一起……

② 书籍按照语言摆放：中文书放在一起,外文书放在一起……

③ 书籍按照内容摆放：科学类的书放在一起,故事类的书放在一起……

2. 了解书籍的结构。

（1）学生挑选一本自己喜欢的书,观察书的构成。

（2）学习英语绘本 *The Book*,了解书籍各组成部分的名称。

（3）同桌交流：向伙伴介绍自己喜欢的书是由哪几个部分构成的。

子任务二　建立班级迷你图书馆

板块一：教室里的图书从哪儿来

1. 前期准备工作。

（1）参观学校图书馆,通过每周一次的图书馆阅读课,进行实地感受。

（2）思考如何为班级迷你图书馆选择图书。

① 图书难度适宜;

② 图书主题和内容有趣;

③ 图书体裁和类型广泛。

（3）小组讨论：教室里的图书可以从哪儿来?

（4）班级讨论确定：班级迷你图书馆需要多少图书?

阅读专家建议：一个班级图书馆应该为每个学生提供至少 20 本书,涵盖不同体裁、主题和难度。因此,如果班级有 36 名学生,那么班级图书馆则需要 700 多本图书。

2. 为班级迷你图书馆寻找图书。

布置实践任务：利用阅读课时间去学校图书馆借书,每个学生利用周末时间自行准备 10 本左右的图书带到教室。

板块二：给教室里的图书分分类

1. 图书的统计。

（1）举行《我喜欢书》绘本交流会,按照以下内容梳理绘本内容：

① 故事主人公;

② 故事主题;

③ 故事细节;

④ 我喜欢的书的类型。

(2) 按照绘本中书的类型,统计班级中喜欢此类型书的人数,并做好数字记录。

2. 图书的分类。

(1) 共读绘本《一起一起分类病》,梳理如下问题:

① 故事里的小朋友得的是什么病?

② 他在帮忙分球队时,有哪些不同的分类方法?

③ 你能再举一个书中的例子,说一说他是怎么分类的吗?

(2) 参考以上内容,自行思考如何将班级迷你图书馆中的图书进行分类。

3. 给教室里的图书分分类。

(1) 小组讨论,确定最终分类方法。

(2) 发布班级任务,明确成功标准。

① 能够明确图书分类的标准;

② 能够将图书按照标准要求进行分类;

③ 能够将同一类图书放在一起。

(3) 用半天的时间,将班级迷你图书馆里的书重新分类,将其合理有序地布置在教室中,体会图书分类带来的便利。

板块三:给教室里的图书编编号

1. 编号有什么用。

(1) 图书分类完成后,如何快速在每个区域中找到自己想看的书呢? 自然是按照编号查找。

(2) 编号标在哪个地方合适呢? 通过实地参观发现,图书馆的书籍是在书脊处粘贴编号的。

2. 给教室里的图书编编号。

(1) 发布班级任务,明确成功标准:

① 能够自制编号贴纸;

② 能够给同一类型的书进行编号。

（2）学生自由分组，开始自制图书编号贴纸。

（3）小组分工合作，每个小组负责一个区域内的图书，贴上编号贴纸。

（4）班级图书的初步统计。根据编号，最终确定班级图书总量。此时，班级迷你图书馆就初步建成啦！

子任务三　享受班级阅读时光

板块一：制订班级借阅公约

1. 图书馆借阅有规则。

（1）共读绘本《图书馆狮子》，了解图书馆借阅规则。

（2）图书馆正误行为大挑战。

列出在图书馆借阅时正确或错误的行为，请学生判断。

2. 制订班级借阅公约（结合统编教材二年级下册第五单元《口语交际：图书借阅公约》）。

（1）发布任务。

① 师生交流，梳理班级借阅中出现的问题。

通过图片对比的方式，将班级迷你图书馆刚刚建立时整齐有序的样子和现在的混乱状态进行比较，引导学生发现问题：你在图中看到了什么？班级迷你图书馆前后有哪些不同？

② 发布真实任务：目前的班级借阅出现了问题，需要我们共同制订班级借阅公约，让班级迷你图书借阅更加有序。

（2）小组讨论，学会发表意见。

① 申领任务，激发交流热情。

建议每个小组讨论想要解决的"图书借阅问题"，小组代表主动发表意见、申领任务。学生从自身需要出发，寻找最想解决的问题，不但可以激发交流的欲望，更可以树立学生的班级主人翁意识。

② 提供表格，记录组员想法。

为了使学生都能发表自己的想法，帮助学生学会轮流发言，可运用"金点子收集表"，先引导组长组织好小组讨论，提醒组员主动、有序地发表想法。为了保证学生在别人发表意见时都能认真听,建议小组先讨论,再整理填写各自的意见。

第＿＿小组"金点子收集表"	
我们申领的问题:＿＿＿＿＿＿＿＿＿＿＿＿＿＿＿＿	
组员1:＿＿＿＿	
组员2:＿＿＿＿	
组员3:＿＿＿＿	
组员4:＿＿＿＿	

③ 班级展示,交流讨论结果。

请小组上台展示组内讨论的金点子,引导学生有序发言,再次明确:等一个人说完,另一个人再说。例如,组长可以带头发表意见:我们组申领的问题是"图书摆放凌乱",我想到的办法是挑选班级中能干的同学担任图书管理员,每天进行三次整理。等组长说完,组员1接着说自己想到的办法是每个人还书的时候都要有序摆放……组员依次发表自己的想法。教师引导学生评价:你觉得这样汇报交流有什么好处?肯定轮流发言的重要性。

(3) 将公约落到实处,明确成功标准。

① 班级讨论,将班级借阅公约通过具体方式呈现出来,如海报、标语等,张贴在班级中。

② 明确成功标准。

规则合理	能够根据班级迷你图书馆的实际情况制订借阅规则。
表达清楚	能够将规则清晰地展示给大家。
设计美观	图文比例恰当,兼具实用性与观赏性。
小组合作	小组分工明确,每个人都参与了制作。

板块二：图书借阅与分享

1. 图书借阅。

（1）小组讨论：同学借书回家忘了还怎么办？

（2）动手实践：为班级制作一张借阅记录单。

（3）明确成功标准。

内容合理	能够涵盖借阅人、借阅时间、还书时间等基本信息。
条理清晰	能够以表格的方式清晰地呈现。
设计美观	图文比例恰当，兼具实用性与观赏性。

2. 图书分享。

（1）小组讨论：如何把好书推荐给别人？

（2）动手实践：制作读书分享卡，向别人推荐一本好书。

（3）明确成功标准。

内容合理	能够涵盖书名、阅读感受等基本信息。
条理清晰	能够以表格的方式清晰地呈现。
设计美观	图文比例恰当，兼具实用性与观赏性。

板块三：创作我的第一本故事书

1. 从读书到写书。

（1）共读绘本《图书馆老鼠》，梳理故事内容：

① 故事结束了，你认为山姆是一只什么样的老鼠呢？

② 从小老鼠山姆身上你发现了什么写作秘诀？

（2）师生交流讨论：每个人都不是生来就会写故事、画插图的，但我相信，你们都有独一无二的珍贵的想象力。同学们，看过这本书以后，你们是不是也要拿起笔创作一个自己的故事呢？请写下文字，配上插图。

2. 我也来当小作家。

（1）明确成功标准。

主题明确	能够根据一个明确的主题编排故事。
图文并茂	能够用文字和插图相结合的方式记录故事。
态度认真	创作态度端正，书写态度认真。

（2）进行实践，创作第一本故事书。

（3）举行班级故事会，交流分享，评选班级故事大王。

（二）活动建议

1. 课堂目标关注育人价值。

跨学科语文实践教学中如何围绕一个教学中心把多门学科进行整合，以学生为中心进行思考，关注学生成长中的育人价值是首要问题。"建立班级迷你图书馆"这一任务的受众是刚刚升入二年级的孩子，他们已经熟悉了日常的校园生活，开始有了自主阅读的进一步需求，因此从二年级开始学校正式开设了阅读课。但对此时的孩子们来说，这一课程还是陌生的，因此需要一个好玩的活动、一个能激发他们兴趣的任务来帮助他们走进阅读的世界。"建立班级迷你图书馆"在内容设计上，从孩子们周末逛书店、图书馆，到学校中的阅读课，再到日常班级中的图书角，在场景空间的变换中为学生的个性化探究提供支持。教师在实践中可为学生提供三方面的支持与帮助：什么是班级迷你图书馆？我们为什么要建立班级迷你图书馆？班级迷你图书馆怎样才能建立？在师生对话实践中，孩子的自主性得到充分彰显。

2. 内容安排关注语文核心素养。

"新课标"指出，语文核心素养的内涵是"文化自信""语言应用""思维能力"和"审美创造"的综合体现，"跨学科学习"与真实的生活世界发生联系，在学科间建立关联，有利于充分发展学习者的语文学科素养，而核心素养是关于学生知识、技能、情感、态度和价值观等多方面要求的结合体。在"建立班级迷你图书馆"这一任务中，学生不仅能够在"探究图书馆的秘密"这一活动中明晰在图书馆阅读时应该遵守哪些规则，还能在"建立班级迷你图书馆"这一过程中养成爱护图书的好习惯，并在班级日常阅读中遵守阅读公约，享受班级阅读时光。

3. 活动评价关注实践价值。

就"建立班级迷你图书馆"这一跨学科学习任务来说，评价主要以学生在探究活动中的表现，以及活动过程中完成的图书借阅公约等学习成果为依据，因此教师应在不同的活动中根据孩子的实际情况设计合适的"成功标准"，以鼓励的方式引导学生自主探究，重视学习任务过程中学生的实践探究成果。而在整个任务结束后，教师应对学生的"完成质量"和"参与态度"两方面进行评价，如在最终的"创作我的第一本故事书"这一活动中，可借助项目化平台实现实时评价。鼓励学生自信展示个人作品，清楚陈述创作理念来赢得更多支持，并邀请同伴、学科教师、家长和专家等主体开展评价工作，确保评价多元化。

------------------ ▶ 五、资源与运用 ------------------

为了激发学生探索图书馆的热情，帮助二年级学生在建立班级迷你图书馆时更有"抓手"，在学习任务实施过程中，教师需要准备丰富的学习资源。这些学习资源包括：

1. 课本资源：二年级上册《快乐读书吧》，二年级下册《快乐读书吧》《口语交际：图书借阅公约》。

2. 实地参观：城市图书馆、书店，学校图书馆。

3. 链接：4 月 23 日"世界读书日"相关资料。

4. 绘本：《神奇飞书》《图书馆狮子》《图书馆老鼠》《我喜欢书》《一起一起分类病》和 The book 等。

5. 视频：荣获第 84 届奥斯卡最佳动画短片奖的《莫里斯·莱斯莫先生的神奇飞书》和世界最美图书馆的介绍。

6. 后续活动推荐：开展"亲子阅读"和"阅读马拉松"等趣味阅读活动，将阅读由一个人的事情变成一群人的事情，让阅读在家庭中展开，让阅读成为一种习惯。

（编写人：北京亦庄实验小学　王一雪）

第7讲 春的笔记

本课例的主题为"春的笔记"。《义务教育语文课程标准(2022年版)》在"跨学科学习"学习任务群的"学习内容"中要求,第一学段要"在班级、学校或家里养护一种绿植或者小动物。综合运用语文、科学、数学等多学科知识,学习日常观察和记录"。

一年之计在于春。春天,大地阳和暖气生,万物苏萌山水醒。春天让一切变得有生机、有希望。"春风送暖""万象更新""鸟语花香"等,有太多美好的语言可用来形容春天。

统编教材二年级下册第一单元以"春天"这一人文主题统领,编排了《古诗二首》《找春天》《开满鲜花的小路》《邓小平爷爷植树》四篇课文。课文描绘了春天的美景和人们的活动,尽显春天的美好,流露出古往今来人们对春天的喜爱之情。

二年级学生在生活和阅读中对四季和春天已有了初步的感知,春天的变化吸引着每一个孩子。这个春天,我们可以做些什么呢?

春天,万物复苏,植物开始生长发芽,它们在春天会有哪些变化呢?从一枚嫩芽到枝繁叶茂、百花争艳,这是一个多么奇妙的生命历程。教师引领学生走进春天,仔细观察春天里的某种植物,记录下春天的美好。学生亲手种下一粒种子,观察记录它的生长过程,形成观察手绘笔记。这样的任务更具驱动性,也更能调动学生的积极性。

（一）目标设定

"春的笔记"主题跨学科学习,需要综合运用语文、科学、数学、劳动、美术、道德与法治等学科的知识和技能,学习目标确定如下:

1. 在文本阅读中,借助插图,观察生活,积累与春天有关的词语;了解儿童诗,有感情地朗读儿童诗,并能展开想象,初步仿写儿童诗,丰富语言积累,提高语言文字运用水平。

2. 持续观察植物并进行真实准确的记录,学习记录植物从发芽到长叶、开花的生命过程,图片和文字相结合,不断提升语言文字运用能力和审美能力。

3. 在观察、记录植物生长的过程中,不断提出有趣的问题,自己尝试解决并能请教他人。

4. 在熟悉的生活情境中发现和观察植物的变化,对自然中的事物产生探究兴趣,感受春天的美好,运用写日记、绘图等方式分享自己的发现和感受。

（二）评价设计

"春的笔记"学习任务的评价分为过程性评价和终结性评价。评价设计不仅针对学习结果,更注重对学习过程的评价和指导;不仅注重学科素养评价,而且关注学生的团队协作、有效沟通等关键能力的评价。

1. 产品评价,实现学习和评价的分层设计。

学生的学习能力具有差异,评价标准也不能"一刀切"。教师和学生可以根据"超出""满足""接近"成功标准的要求进行自评、他评。成功标准让学生心中有目标,行动有方向,让不同层次的学生都能找到自己努力的方向。

2. 合作评价,助力关键能力的培养。

植物种植可以采用小组合作的形式。合作过程中如何分配角色和任务,任务完成得怎样,需要给出评价量规,关注学生团队协作、有效沟通等能力的评价,引导学生更好地进行合作。

关于自然笔记的评价设计表

评价内容	满足成功标准	超出成功标准	接近成功标准
手绘自然笔记	1. 对植物进行真实的观察和记录,记录内容能真实准确地表现观察对象的特征。 2. 语句通顺,语意清楚,能够按照一定顺序写出植物的特征。 3. 对植物进行连续观察和记录,反映植物在一定时间内的变化。 4. 手绘笔记图文结合,具有一定的美感。	在满足成功标准的基础上,还能做到: 1. 在观察中能够运用想象等方式把植物的变化表达得更清楚、更生动。 2. 手绘笔记设计新颖,描述生动。	达成"满足成功标准"的前3条,并努力做到记录时图文结合。

小组合作评价表

评价项目	评价标准	自我评价 ★★★★★	同伴评价 ★★★★★
团队协作	能够与他人合作,共同养护本组种植的植物。		
有效沟通	能够用礼貌用语与小组成员进行沟通;当发生矛盾时,能够通过交流达成自己的目的。		
任务完成	能够按时、尽责地完成小组内分配的任务。		
贡献值评价			

➡ 三、情境与任务

(一) 任务情境

春天到来,学生首先从温度上有了最直接的身体感知。花草树木的变化,告诉我们春天真的来了。但春天在哪里呢? 这就需要唤起学生对春天的关注,让学生形成对大自然和生命的敏感与敬畏。

创设学习情境,可以运用教材中的儿童诗《找春天》,在朗读和表演中,激发学生对春天的期待和找春天的热情,讨论如何找春天,找到后做些什么,聚焦春天里植物的变化。接下来,走出教室,去校园、社区、公园观察春天里植物的变化,观察时进行记录和创作,开启春的自然笔记。

学生观察后,发布学习任务,开启跨学科主题学习——春的笔记。

(二) 学习任务

1. 任务框架。

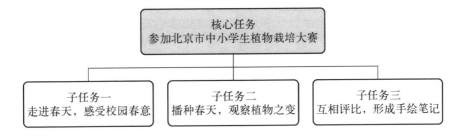

2. 任务说明。

(1) 核心任务。

统编教材二年级下册第一单元围绕"春天"这个主题编排了四篇课文,正好与季节的变化相契合。道德与法治教材二年级下册第一单元第四课编排了《试种一粒籽》,让学生尝试种植一种植物。春天种下一粒种子,观察植物的生长,符合学生的年龄特点和认知发展。

"参加北京市中小学生植物栽培大赛"这一核心任务让学生与真实的生活世界相联结,用真实任务驱动学生走进春天,种下一粒种子,用自然笔记的形式观察记录植物的生长变化,综合运用语文、数学、科学、劳动、美术、道德与法治等学科的知识和技能,多维度了解生命的奥秘。学生相互合作,相互学习,形成自己的手绘笔记作为参赛作品。整个过程遵循真实性、亲历性、科学性、美观性、连续性等原则,鼓励学生对植物进行连续观察,写下自己独特的思考和感悟,完成具有一定美感的自然笔记。

(2) 子任务。

子任务一:走进春天,感受校园春意。

阳春三月,大地会发生哪些变化?借助与春天有关的诗歌《咏柳》《找春天》等,畅游春天,认识描绘春天的美好词句;借助纪录片《大美中国·春天系列》,感受春天带给我们的文字美和画面美,激起学生对走进春天的无限向往和期待。接着,借助"寻找春天的使者"任务单,学生运用五感观察法记录自己对春天的发现,感受校园的春意,在学习和探索过程中逐步形成一定的观察能力,同时完成找春天的诗歌创作。

子任务二:播种春天,观察植物之变。

什克洛夫斯基曾说:"事物就在我们面前,我们知道这一点,但看不见它。所以,我们关于它无话可说。"我们对春天既熟悉又陌生,所幸儿童对周围的世界是敏感而好奇的,当他们走进自然环境中,会有很多发现和问题:草绿了,可枯草还有生命吗?为什么有的枯草会变绿,有的不会?它们是怎样变绿的呢?大树发新芽了,可为什么还有大树在落叶?为什么有的树叶还留在树上?……置身于自然中,仔细观察,这些奇妙的问题就会油然而生。这些问题很多都是与生命有关的,我们肉眼观察到的春天最明显的变化之一就是植物的萌芽生长。所以,观察植物,做自然笔记,就成了一个很好的选择。

北京的春天总是姗姗来迟,学生有时候要等上好长一段时间才能观察到植物明显的变化。利用这段时间,我们可以带着学生开展种植活动,做种植计划,选择适合的种子,在教室里、学校农场里、家里种下来。从选择什么样的种子、进行种子研究到后面的种植养护,都需要学生去查阅资料,教师提供建议和资源,同学互助合作。在这一过程中,对植物的生长过程进行观察记录就显得意义非凡。之前我们很注重培养学生如何表达非凡的想象,通过这次做自然笔记,他们将接受对现实世界观察描摹的系统训练。学生按照时间顺序连续观察,将植物不同生长阶段的特点记录下来,还可以写下自己的思考和感悟,配上手绘图案,让自然笔记最终成册。种植和记录让学生发现春天的点滴变化和自然界的明亮美好。

在此过程中,教师可给学生提供更多与春天、与种子生长等相关的故事、科普知识,让学生从感性到理性去感受春天里植物的变化。在学习过程中,学生既有充满诗意的文字创作,也有对植物的写实记录。

子任务三:互相评比,形成手绘笔记。

这段时间,学生经历了教师有温度的陪伴,发现了植物变化的惊喜,形成了各具特色的手绘笔记。举办自然笔记的展示和评选活动,通过交流与分享,帮助学生完善自己的作品,最终完成自己的参赛作品。

➡ **四、活动与建议**

(一) 活动历程

子任务一　走进春天,感受校园春意

板块一:诵读诗歌,激发寻春热情

1. 读一读《找春天》,注意语气和重音。

(1) 自主读熟儿歌,认读字词。

(2) 盘点重点词语,学习巩固归类识字方法。

植物、动物名称:桃花、杏花……

AABB 式词语:遮遮掩掩、躲躲藏藏、叮叮咚咚……

动宾结构短语:寻找春天、冲出家门……

(3) 挑战朗读奖章,读懂读好儿歌,并适时评价。

① 挑战正确奖章。初读课文,读准字音。在语境中,重点关注 AABB 式词语的认读。

② 挑战语气奖章。第1~2自然段,抓住重点词语"脱掉""冲出"等,抓住叹号,感受并读出孩子们迫切、兴奋的心情。第3~8自然段,师生、生生合作朗读,读出重音。师、生及时评价。

2. 仿照课文,大胆表达春天的样子。

(1) 回读课文,互相交流,发现课文描写春天的方法:春天什么样? 像什么?

(2) 仿照课文,自由练习,说给身边的人听一听。

(3) 观看纪录片《大美中国·春天系列》。

板块二：借助任务，寻找春的使者

借助"寻找春天的使者"任务单，寻找春的使者，发现春的足迹。学生借助听觉、视觉、嗅觉、味觉、触觉五种感官找春天。

1. 师生一起了解和理解任务单的内容。

"寻找春天的使者"任务单

日期：	时间：	地点：	天气：	观察人：
看到的春天				
听到的春天				
闻到的春天				
尝到的春天				
触摸到的春天				
聪明的你还有其他的发现吗？你有什么问题吗？				
写下自己创作的《找春天》	我用眼睛看到了春天，_____ 我用耳朵听到了春天，_____ 我用鼻子闻到了春天，_____ 我用嘴巴尝到了春天，_____ 我用手摸到了春天，_____			

2. 走进校园或者去社区、公园里寻找春天。

学生走进校园，寻找校园里的春天，感受校园里的春意。放学后，学生也可以去社区、公园里继续寻找。

3. 分享自己的观察发现，提出问题，讨论交流，发布核心任务。

（1）学生观察并创作后进行分享，感受春天来临，春意渐浓。

（2）学生提出自己观察时产生的问题，查阅资料，进行探究，教师引导学生在春天不仅要做一个小诗人，还要做一个小科学家。

（3）讨论：春天里，我们可以做些什么？怎样才能留住春天？教师组织学生讨论后，发布北京市中小学生植物栽培大赛的通知，鼓励学生一起参加。集体参与能更好地激发调动学生的积极性。

《找春天》创作评价量规

	★★★标准	★★标准	★标准	等级（自我评价）	等级（教师评价）
内容	1. 选择春天的景物进行仿说,选择的景物新颖。 2. 能说出景物在春天的特点。	1. 选择春天的景物进行仿说。 2. 能简单说出景物在春天的特点。	1. 选择景物进行仿说。 2. 缺少对景物特点的描述。		
语言	语言表达通顺流利,能够运用日常积累的词语和新鲜语句。	语言表达比较通顺,能够运用日常积累的词语。	语言表达不够通顺,语句简单,词汇不丰富。		
完整度	根据提示,能够写出完整的一首诗歌。	根据提示,能够写出比较完整的诗歌。	创作的诗歌不完整,只完成了一部分。		

4. 阅读与春天有关的诗歌和故事。

利用晨读时间,读一读儿童诗和古诗:《春天》(金波)、《春妈妈的三个小姑娘》(潘仲龄)、《星星和蒲公英》(金子美铃)、《江畔独步寻花·其六》(杜甫)等,选择感兴趣的诗歌进行模仿创作,练习创意表达。利用午读时间,分享春天的故事,如《花婆婆》《树懒的丛林》等,通过图画和语言再次感受春天的变化和播种的美好,为接下来的"播种春天"做准备。

子任务二 播种春天,观察植物之变

1. 了解和选取种子,探索科学世界。

(1) 提出疑问,激发期待。

用种植的方式感受春天勃发的生命力,学生提出自己的疑问,如需要做什么

准备,种植什么,如何种植、养护等,用思维导图的形式梳理自己的问题,形成"问题墙",在接下来的学习和实践过程中不断解决问题。

(2)带着问题,开启科学探索。

结合道德与法治课学习的内容,认识不同种类的植物和种子,比如柳絮是柳树的种子,花生米是花生的种子等。了解不同种类植物生长所需条件,认识适合春天生长、易在班级环境里养护的绿植,比如风信子、小菊花等花卉,小白菜、草莓等蔬菜水果。种植方式可选择土栽,也可选择水培。师生借助视频等方式直观地感受植物的生长过程,探究学习养护植物的小常识。

(3)选择种子,种下希望。

学生小组讨论,根据自己的喜好,确定本组想要养护的植物,也可以每个人选择一种植物养护。借助网络和图书搜集资料,了解想养护的植物的相关知识,为自己养护的植物做一张养护卡。随后,教师引领学生分享准备养护的植物,说说为什么做这样的选择,小组内沟通时有没有遇到困难或出现分歧,引导学生把所查的有关植物种植养护资料、观察所得及感想写下来。这样,一篇小小的日记就完成了,连续观察日记的开头部分也完成了。最后,种下自己的种子,细心养护,期待它们生长发芽。

植物养护卡

名称	
科属	
形态特征	
养护方法 (浇水、光照等)	

在植物破土而出前,学生可通过日记的形式记录自己的心情。

2. 亲近文本,学会细致观察。

(1)学习自然笔记的记录方式。

自然笔记是指有规律地观察自然界中的生物,用笔记的形式记录大自然的特点和变化,从而达到认识和感受自然的目的。它的形式不是一成不变的,可以根据个人的兴趣、背景和学识而定。引导学生利用这种相对简单的方式,反映大自然给我们留下的印象和带来的感受,与自然建立密切联系。

自然笔记的第一课是学习说明文《怎样做自然笔记》,它讲述了做自然笔记要做的准备工作和需要记录的内容。要完成自然笔记,先准备 A4 纸(因需要持续观察,可以准备一个 A4 纸大小的笔记本)、铅笔或者彩铅、一把直尺。

植物自然笔记中要有植物的图像。观察者可自选角度,在白纸上选取位置勾画出所观察的植物,也可以画植物的叶片、花、果实等不同部分的自由组合。不论画什么、怎么画,都要注意捕捉植物的特点。

自然笔记中要有文字记录。可以在植物图旁或空白处标注天气情况、姓名、植物名称、植物各种细小的变化以及个人的感受心得等。除了对植物真实准确的记录,还可以写下你的想象。这样,一份独特的自然笔记就完成了。任众的《大自然笔记》一书,记录生动有趣,配图精美,可以作为样例展示给学生,还可以作为阅读书目推荐。

(2)运用不同的观察方法。

在观察过程中,学生继续运用看、听、嗅、触、尝五种感官观察法,关注植物的颜色、形状,查看叶子的形状特点等,或者观察它在大自然中随风舞动的姿态。学生慢慢学会从整体到局部、从静态到动态多角度探寻植物的奥秘。植物开花后,不仅可以通过看和摸来观察,还可以闻一闻,进行解剖小实验,取下花瓣和花冠,留下花托,观察花朵的内部结构。这些实践都可以用图文结合的形式记录在自然笔记中。

此外,还可以一边观察一边阅读,获取关于植物更多的知识。交流、合作是重要的学习方式,学生可以从中获得更多的启发,加深理解认识;实践、体验、研究是对知识的实际运用,可以检验知识的正确性,并由此获得更多的知识,激发科学探索的兴趣。

(3)用数据让观察更加真实准确。

怎样让记录真实准确?除了用细致的文字描述,还可以用尺子等测量工具量一量,获得比较准确的数据,以更加直观地反映植物生长的速度和变化,增加观察的科学性和可信度;还可以借助放大镜等工具,帮助自己进行更加细微的观察。

（4）欣赏具有美感的设计。

自然笔记最好是用图文结合的形式,会具有一定的美感。图片和文字如何布局、如何排版看起来更美观漂亮?学生可以通过欣赏一些优秀作品,学习方法和技巧,了解"环绕式""左图右文""右图左文"等排版方式,让自己的自然笔记更具美感。

3. 持续观察,写下自然笔记。

做自然笔记很重要的一点就是持续观察,这样才能发现植物在一定时间内的变化。有七个关键节点需要特别关注:播种、发芽、长叶、开花、结果、果实裂开、枯死。要引导学生从细微处观察,对植物进行更加细致的描写,还要不断给学生及时反馈,进行方法指导,让他们的表述越来越清晰,记录越来越完整。要不断对照成功标准,让学生的记录有目标、有方法。要及时表扬学生的发现,在班级公众号等平台发布他们的过程性作品,激励他们相互学习、共同提高。此外,还可以指导学生阅读和自然笔记相关的系列书籍,从中学习图画、文字记录的方法和技巧。这一过程还能培养学生持续、专注做事的良好品质。

_____生长变化观察记录表
♡温馨提示:不需要每天记录,但一定要记录七个关键节点的时间。
七个关键节点:播种、发芽、长叶、开花、结果、果实裂开、枯死。

时间 （月日）	温度 （℃）	高度 （cm）	我为_____做的事 （浇水、松土、施肥、移栽、驱虫、除草等）
生长变化 记录 （可以文字 描述,同时 画图表示）			

子任务三　互相评比，形成手绘笔记

　　植物养护卡、观察记录、观察日记等均是养护期间形成的成果，小组或个人将自己的观察收获汇编成册，就形成了属于自己的"陪你一起长大集"或"植物图鉴"。在成果汇报展示前，师生共同围绕任务目标，讨论确定评价维度，针对自然笔记、小组合作等评价量规提出修改意见，形成全面适切的评价和反馈。

　　1. 集体展示设计。

　　环节一：班级组织展示，各小组抽签决定展示顺序，利用教室里的多媒体设备，逐一进行展示分享。

　　环节二：每一小组展示完毕后，小组成员进行自评，其他人员进行他评。

　　2. "画廊漫步"展示设计。

　　用"画廊漫步"的形式进行作品展示，给予学生更充裕的时间进行更加细致的观摩学习，使其从同伴那里获得启发，进一步修改完善自己的手绘笔记。

（二）活动建议

　　1. 在真实的任务情境中，综合运用多门学科知识解决现实的问题。

　　跨学科学习是指向现实世界真实问题的自主学习与实践，以真实问题的研究和解决为行动目标，带动学生积极主动地发展。种植植物并对其进行观察记录，参加每年一次的中小学生栽培大赛，让学生在真实的任务情境中，经历真切的学习体验，学习任务具有驱动性和发展性。此任务以目标为导向，以语文的阅读能力和写作能力为主线，以科学、数学、美术等学科学习为辅助，提炼整合各学科知识，在真实情境中进行主动学习。学生用眼睛观察，用心感悟身边的一草一木，从而更加关注生活，更加了解和热爱大自然。

　　2. 以提高学生语言文字运用能力为核心目标，实现学生核心素养的全面提升。

　　语文跨学科学习需要寻找、发现语文课程与其他课程在内容、主题、能力等方面的深度关联，建构跨学科学习立体网络，以更好地在"用语文"的实践情境中提升语文核心素养，实现整体育人目标。"春的笔记"跨学科学习超越了学科局限，指向学生跨学科素养提升，真正实现了各学科素养相辅相成、互相促进。

无论是诵读诗歌、创作诗歌，还是观察、记录植物的变化，都离不开语言运用实践，有利于提高学生语言文字运用能力这一核心目标的落实。

此外，"春的笔记"学习任务还促进了学生核心素养的全面提升。

首先，培养了学生敏锐的观察力。从整体感受到细节观察，从远观到近看，每一种植物的独特之处都可以被学生捕捉，并用文字与图片描述记录下来。

其次，培养了学生的审美创造力。图文结合的自然笔记，"环绕式""左图右文式""中心图文式"等图文排版模式，培养了学生的审美创造力；而观赏、记录植物本身就是关注美的事物，感受生命美好的过程。这样的跨学科学习本身就是一种审美教育。

再次，提升了学生的交流、合作能力。这一过程也是学生相互交流、相互合作、共同提高的过程，学生的交流、合作能力也得到了提升。

最后，培养了学生专注观察的持久力。持续观察，认真记录，培养了学生专注做事、持之以恒的能力。

➡ 五、资源与运用

为了激发和维持学生跨学科学习的兴趣，帮助学生形成更丰富、更深刻的理解感悟，在学习任务实施过程中，教师需要准备丰富的学习资源。这些学习资源包括：

1. 儿童诗：《春天》（金波）、《春妈妈的三个小姑娘》（潘仲龄）、《星星和蒲公英》（金子美铃）等。

2. 与春天相关的古诗：《村居》《咏柳》《江畔独步寻花·其六》《赋得古原草送别》等。

3. 与春天相关的故事：《开满鲜花的小路》《花婆婆》《14 只老鼠去春游》《树懒的丛林》《春天的兔子》《最美的四季科普·春》等。

这些内容大部分都要在晨诵和午读时间阅读鉴赏，丰富学生的语言积累，以便学生模仿创作，提高语言文字运用能力。

4. 纪录片《大美中国·春天系列》,在课程开启时欣赏中国的美丽春光,激发学生对春天的期待和喜爱。与植物生长相关的视频,如植物发芽、生长的顺序等,感受生命的神奇。

5.《大自然笔记》(任众著)、"自然笔记"系列图书(金波主编)等,可以作为自然笔记的样例和阅读书目推荐给学生。

6. 道德与法治课中的种植计划、种植日记,在种植记录的过程中可以借鉴。

(编写人:北京亦庄实验小学 孙 静)

第8讲 为家乡代言

《义务教育语文课程标准(2022 年版)》第一学段"跨学科学习"包括三个方面的学习内容,其中之一是"参与学校、社区举办的节日和风俗活动,留意身边的传统节日、风俗习惯等文化现象,感受和学习生活中的中华优秀传统文化"。本次跨学科主题学习旨在让学生走出教室,在探究式研学的过程中了解家乡,关注家乡,增进对家乡的热爱。了解家乡,当然就包括了解家乡的传统节日、风俗习惯等文化现象。例如,学生通过查阅资料,会发现兔儿爷是北京的一个代表,与中秋节联系紧密。这样的跨学科主题学习,能让学生增进对家乡传统文化的了解,感受到家乡传统文化的魅力。

本次跨学科主题学习以"为家乡代言"为核心任务。课堂上,学生学习为家乡代言的方法,然后根据自己选定的代言内容,选择合适的方法,或线上查阅资料,或实地考察,或采访调研等,在真实情境中综合运用语文、道德与法治、科学、美术、音乐、劳动等学科的知识和技能,尤其是语文学习中积累的语言文字,抓住家乡特点,清楚、生动地向别人介绍家乡,让更多的人更加了解家乡、爱上家乡。

在整个跨学科学习中,课内与课外相结合,体验与探究相结合,引导学生亲近家乡,拓宽学习外延,在获取信息并加以思考、提炼后,呈现自己的学习成果,提高综合运用多学科知识解决问题的能力。

（一）目标设定

低年级学生受年龄、能力所限，对家乡缺乏深入了解，对家乡的景物、风俗等知之甚少。本次主题活动聚焦家乡，引导学生关注身边景物，关心自己生活、成长的地方，从自己感兴趣的角度入手，了解家乡，增进对家乡的热爱，为厚植"家国情怀"奠定基础。

语文跨学科学习要"注重语文与生活的结合，注重听说读写的内在联系，追求语言、知识、技能和思想情感、文化修养等多方面、多层次发展的综合效应"，并在此过程中提升语言文字运用能力。此外，还要"引导学生在广阔的学习和生活情境中学语文、用语文，提高交流沟通、团队协作和实践创新能力"。

基于以上分析，"为家乡代言"跨学科学习的目标确定如下：

1. 了解中国地图，知道家乡位置，具备一定的读图能力。

2. 阅读关于家乡的诗文，积累优美词句，学习为家乡代言的方法。

3. 通过实地考察、网络查找、访问调查等方法，搜集关于家乡的资料，了解家乡的风光、物产、美食、戏剧、名人等方面的信息。

4. 围绕一个方面，试着用上积累的词语，抓住家乡特点，清楚、生动地向别人介绍家乡。

5. 进行恰当的小组分工，明确自己在小组中的角色，认真完成任务。

6. 在搜集、整理家乡资料的过程中进行有效沟通，倾听他人想法；遇到困难时主动请教他人，也愿意帮助他人。

（二）评价设计

跨学科学习评价应兼顾学习过程与学习结果，不仅注重学科素养的评价，而且关注学生在学习过程中表现出的合作沟通能力。

1. 成功标准——过程中评价。

"为家乡代言"中的活动都设计了成功标准。在活动过程中，可以对照成功标准随时进行自我评价、同伴评价、教师评价。这样,学生就能知道自己要达成什么样的目标,做到心中有数。成功标准既是评价量规,也是学生行为的指引。

评价内容	满足成功标准	超出成功标准	接近成功标准
亲人家乡小调查	1. 对于"什么是家乡"形成自己的观点。 2. 区分"城市""省份"两个概念,知道通常情况下一个省份有很多城市。 3. 能用合适的语气、恰当的话语进行提问,可以对亲人进行采访。	除满足成功标准所列的3项外,还能做到: 1. 说出5个省份的名称,并能说出相应省会的名字。 2. 与亲人就"家乡"话题进行深入的交流,思考什么是家乡。	至少达到满足成功标准所列的2项要求。
家乡资料搜集	1. 小组分工明确,每个人都能搜集到部分信息。 2. 能用恰当的方法搜集信息。 3. 搜集到足够多的关于家乡的信息,内容涉及多方面。	除满足成功标准所列的3项外,还能做到: 1. 采用多种方法、多种途径搜集资料。 2. 搜集到的资料独特,能展示家乡特色。	至少达到满足成功标准所列的2项要求。
代言小报制作	1. 积极主动参与小报制作,在小报制作中贡献力量。 2. 小报主题突出,设计合理。 3. 小报图文比例恰当,能提供足够的文字信息。	除满足成功标准所列的3项外,还能做到: 1. 小报设计美观,能吸引读者阅读。 2. 小报文字凝练,关于家乡的介绍清楚。	至少达到满足成功标准所列的2项要求。
为家乡代言	1. 特点突出。能抓住家乡的特点,选择一个方面介绍给大家。 2. 表达清楚。能运用所学的方法,条理清晰地介绍家乡某一方面的特点。 3. 讲解生动。能用上优美的词句介绍家乡,激发人们对家乡的喜爱。	除满足成功标准所列的3项外,还能做到:介绍语言具有感染力,能吸引听众。	至少达到满足成功标准所列的2项要求。

2. 跨学科学习复盘反思——终结性评价。

课程结束后,结合课程目标、单元成功标准,对照表格进行自我评价、同伴评价。这主要涉及两个方面:完成质量和参与态度。完成质量主要针对学科情境,参与态度主要针对人际情境。

二年级学生的沟通合作能力还比较弱,要格外注意培养。复盘反思中,针对参与态度进行专门的评价,就是希望学生有意识地提升这方面能力。

评价项目	评价标准	自我评价 ★★★★★	同伴评价 ★★★★★
完成质量	能看懂地图,知道家乡在地图上的位置。		
	阅读关于家乡的诗文,积累优美词句,学习到了为家乡代言的方法。		
	可以通过实地考察、网络查找、访问调查等方法,搜集关于家乡的资料,了解家乡的风光、物产、美食、戏曲、名人等方面的信息。		
	能围绕一个方面,用上积累的词语,抓住家乡特点,清楚、生动地向别人介绍家乡。		
参与态度	积极主动地参加系列活动,承担具体工作。		
	在小组合作时有效沟通,能倾听他人想法;遇到困难时主动请教他人,也愿意帮助他人。		

▶ 三、情境与任务

(一) 任务情境

提起家乡,孩子们似乎并不陌生,对自己生活的城市(乡村)的建筑、美景、美食都有一定了解。每年国庆假期,很多同学会和家人一起出游,制订出游计划。去哪里呢? 大家犹豫不定。"为家乡代言"任务中,可以将自己的家乡介绍给外地的同学,吸引他们来自己的家乡游玩,这是很好的情境任务。

从统编教材二年级上册第四单元《语文园地四》之"我爱阅读"中的《画家乡》开始,学生就开展过家乡小调研。学生和同学们一起讨论什么是家乡,自己的家乡在何处。然后教师创设任务情境,发布核心任务——为家乡代言。学生搜集关于家乡的资料,用自己喜欢的形式为家乡代言,这样的任务可以充分调动学生的积极性。

(二)学习任务

1. 任务框架。

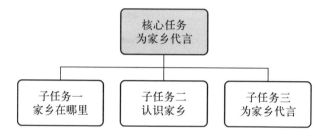

2. 任务说明。

(1)核心任务。

核心任务"为家乡代言"符合二年级学生年龄特征和认知特点,让学生在具体的任务中,综合运用语文、道德与法治、科学、美术、音乐、劳动等学科的知识和技能,认识家乡,了解家乡特色,在跨学科学习过程中培养"家国情怀"。

"为家乡代言"从学生熟悉的家乡入手,能充分调动学生的积极性。每一项活动都关注学生语言文字运用能力的提高,从收集资料到资料整理,再到代言展示,都有成功标准为学生提供指导。同时,注重学生的实践过程,给学生提供学习支架,让学生自己开展研究,走进家乡,爱上家乡。

(2)子任务。

子任务一:家乡在哪里。

什么是家乡?请学生谈一谈自己的认知。随着社会的发展、人口的流动,现在大家虽然生活在一起,但是家乡可能不同。调查家庭成员的家乡,看看大家的家乡在哪里;再从地图上找一找,看看家乡在哪个省份。之后,读读关于家乡的诗歌,感受人们对家乡的深厚感情。

子任务二:认识家乡。

家乡有独特的建筑,有美味的食品,有悠扬的戏剧,有出色的人物,等等。交流讨论家乡美在何处,一边讨论一边形成思维导图,初步了解家乡。那么,如何为家乡代言呢? 可以从学习过的文本中找到方法,《黄山奇石》《日月潭》《葡萄沟》等都可以给学生启发,从多角度、多方面进行探究。然后,学生根据自己感兴趣的内容成立研究小组,通过实地考察、网络查找、访问调查等方法,搜集关于家乡的资料,进行资料整理,形成"代言小报"。

子任务三:为家乡代言。

根据查找的资料,小组进行资料整理和展示排练,然后进行班级内部展示。小组根据同伴评价,增删内容,调整形式,锻炼自己的演说能力。之后,连线其他省份的学校,真正为家乡代言。

四、活动与建议

(一) 活动历程

子任务一　家乡在哪里

板块一:家乡小调查

1. 前置学习任务:亲人家乡小调查。

(1)交谈调查:调查亲人的家乡,看看在不在一起。如果家人的家乡都在一起,也可以再问问同学,看看他们的家乡在哪里。

亲人(填关系)	家乡地名	所属省份

亲人(填关系)	家乡地名	所属省份

访谈问题(参考)：

您的家乡在哪里？您喜欢自己的家乡吗？如果把自己的家乡介绍给别人，您会介绍什么？

(2) 地图标注：在地图上标一标家人或朋友的家乡，看看位置在哪里。

2. 家乡是什么。

(1) 朗读儿童诗《家乡》，引发学生思考。

家　乡

爸爸的家乡，

在林深草长的山中，

他的喊声里，

有山鹰鸣叫的声音。

妈妈的家乡，

在波浪翻腾的海边，

她的呼吸里，

有海风的味儿。

我爱爸爸的家乡，

我也爱妈妈的家乡。

(2) 话题讨论：家乡是什么？我的家乡又在哪里？

关于什么是家乡，孩子们可能有不同的观点。有的孩子会认为家乡是现在生活的地方，有的孩子会认为家乡是小时候长大的地方，或是祖籍地。家乡在何处原本就取决于一种心理认同，在讨论中要尊重学生的感受。可能学生一时也不知如何确定家乡,可以和家人讨论后再确定。如果学生很早就离开了故乡,已在外地长期生活,可以将目前的生活地作为第二家乡来研究。

板块二:家乡的古诗

1. 朗读关于家乡的古诗。

朗读古诗《静夜思》《九月九日忆山东兄弟》《回乡偶书二首》《渡汉江》。学生自读,对照注释,了解古诗的意思。

2. 感受古诗中的家乡。

学生围绕以下两个话题展开讨论:

(1)从古诗中感受到了什么样的情感?

(2)诗人思念的是家乡的什么? 你思念家乡时,会思念什么?

家乡一直是我们心中惦念的,是我们心灵的港湾。无论我们身在何处,都一直心系家乡。通过读古诗,学生很快能理解人们对家乡的深厚感情。开展"你思念家乡的什么"话题讨论,为后面的学习任务作了铺垫(如思念家乡的故人、美食、美景、风俗等)。

子任务二 认 识 家 乡

板块一:发现家乡美

1. 发布任务。

(1)真实任务发布:我们的家乡如此美好,马上就是国庆假期了,其他地方的小朋友想外出旅游,我们怎么把自己的家乡介绍给他们呢?

(2)小组讨论。我们为家乡代言,可以介绍家乡的哪些事物? 哪些是家乡独一无二的事物,一提起就会让人想起这里的? 在小组讨论过程中,可以使用思维导图进行梳理。

(3)班级交流。学生交流讨论时,教师可以选择一份小组作品,在其基础上进行补充,并适当将内容归类:美丽景色、代表性建筑、美食、戏剧、名人等。

2. 确定代言内容。

(1)观看短片。观看一组关于家乡的宣传短片,说说这些短片介绍了家乡的哪些事物。观看的短片应避开孩子要代言的城市。例如,北京的孩子可以观看上海、杭州、广州等的宣传片。

（2）班级交流。短片中哪些地方打动了自己，哪些地方是可以借鉴的？

（3）明确代言内容。可以根据家乡情况，选择代言内容。例如，为北京代言，学生会选择京剧、天坛、长城等具有代表性的事物。二年级学生年龄较小，代言的事物要具体。例如，为故宫代言就比为皇家建筑群代言更具体。

3. 明确成功标准。

（1）班级讨论：如何为家乡代言？

代言形式：图画、视频、演讲等。本次代言因为直接面向其他省份的小朋友，演讲的形式会更具吸引力。

（2）发布成功标准。

交流讨论什么样的代言是成功的，明确成功标准。

评价项目	成功标准
特点突出	我能找出家乡的特点，选择一个方面介绍给大家。
表达清楚	我能运用所学的方法，条理清晰地介绍家乡某一方面的特点。
讲解生动	我能用上优美的词句介绍家乡，激发人们对家乡的喜爱。

板块二：搜集家乡资料

1. 代言方法梳理。

回顾之前学过的文章，梳理代言方法。例如，喜欢美食的同学可以关注《葡萄沟》，文中介绍葡萄是从种植位置、品种、如何制成葡萄干几个方面介绍的；喜欢美景的同学可以关注《黄山奇石》《日月潭》，前者抓住黄山的一个特色"奇石"来介绍，后者通过介绍日月潭不同时间的美景让读者感受日月潭的美。

为家乡代言，既可以选择一个事物的多个方面介绍，也可以抓住一个方面进行多角度的介绍，但都要抓住事物的特点。

2. 成立代言小组。

学生依据个人兴趣加入小组、选定组长，为后续的代言活动做好准备。如果一个班级绝大多数学生的家乡一致，则可以一起研究。如果有外地的学生，则要尊重其意愿，既可以代言故乡，也可以把目前生活的地方作为第二家乡来代言。

3. 分组搜集资料。

（1）班级讨论。

搜集资料的方法大致包括：实地考察、网络查找、访问调查、图书馆查阅资料等。

（2）小组选择适合的方法。小组可以根据自己代言的内容确定方法。例如，故宫小组可以实地考察、网络查找、图书馆查阅资料，京剧小组可以网络查找、访问调查。

校内校外相结合，校内借助图书馆查阅资料，访问老师；校外寻求家长帮助，利用周末时间请家长帮助查找资料、进行访问，还可以小组同学相约一起实地考察，完成表格。

"为家乡代言"的代言内容：	
搜集方法	搜集到的信息

4. 全班游学。

班级游学，可以走进家乡，探究研究方法，拓宽研究思路。

（1）班级讨论游学地点。

小组可以根据自己代言的内容搜集信息，然后班级游学，走进家乡，了解家乡。游学地点可以经班级讨论确定，各小组也可以根据自己想游学的地点列出推荐理由，分别发表意见后投票决定。

（2）多样感知家乡。

根据游学地点，设计多样活动。例如天坛，可以设计如下活动：画笔画天坛；我给天坛拍美照；探索木结构，斗拱、卯榫；天坛我来搭等。

板块三：整理家乡资料

1. 梳理资料。

对搜集来的资料要进行梳理，合并同类信息，提取有用信息。在梳理资料过程中,逐渐明确自己如何介绍要代言的事物,是通过几个方面来介绍,还是围绕一个方面来介绍。

2. 制作"代言小报"。

小报的制作,是对资料的一次整理,也是再次梳理代言思路的过程,为代言搭好表达框架。

（1）小组合作做小报,分工明确。

（2）画廊漫步,组间交流观摩小报,用贴纸为优秀的小报点赞。

子任务三　为家乡代言

板块一：代言展示

1. 小组排练。

（1）小组合理分工,确保人人参与,人人都有任务。

（2）练习代言展示。

2. 班级展示。

（1）回顾标准,初步评价。

回顾本单元成功标准,需要做到：介绍家乡时特点突出,表达清楚,讲解生动。小组代言后,一边听其他小组介绍,一边对照成功标准用表情为同学的展示做出评价。笑脸代表优秀,平静的表情代表良好,小哭脸代表要加油了!

"为家乡代言"评价单

姓名：＿＿＿＿＿＿＿

一边听,一边对照成功标准用表情做出评价吧!

评价项目	成功标准
特点突出	我能找出北京的特点,选择一个方面介绍给大家。
表达清楚	我能按照所学的方法,条理清晰地介绍北京某一方面的特点。
讲解生动	我能用上优美的词句介绍北京,激发人们对北京的喜爱。

 优秀　　 良好　　 加油

介绍环节	介绍对象	特点突出	表达清楚	讲解生动
听京剧	京剧	☺	☺	☺
看美景	天安门	☺	☺	☺
	故宫	☺	☺	☺
	天坛	☺	☺	☺
	长城	☺	☺	☺
	胡同	☺	☺	☺
	南海子	☺	☺	☺
品美食	烤鸭	☺	☺	☺
	炸酱面	☺	☺	☺
	冰糖葫芦	☺	☺	☺

（2）学生分享。

以"为北京代言"为例，分听京剧、看美景、品美食三个环节展开。一个小组分享时，其他小组在评价表上记录。

（3）小组评价。

依据记录情况，小组评价，分享同学的优秀之处，提出改进建议，评价中互相学习。

（4）拓展介绍。

关于家乡，还有很多美景、美食、民俗，也有一些介绍家乡的绘本，以北京为例，有《兔儿爷》《铁门胡同》《跟着姥姥去遛弯儿》《北京的庙会》等。课后可以继续了解家乡，更好地为家乡代言。

3. 修改提高。

根据同学的反馈建议，修改代言方式、代言内容，再次练习，提高代言效果。

4. 校际展示。

（1）向外地学校的小朋友介绍家乡。

（2）制作家乡明信片。

两地学生建立友好关系，制作家乡明信片寄给对方，发出诚挚邀请，用另一种形式为家乡代言。

板块二：复盘反思

1. 回顾学习历程。师生一起回顾学习历程，结合成功标准进行自我评价。

2. 鼓励学生自主研究，了解家乡的其他方面。

（二）活动建议

1. 以提高学生语言文字运用能力为中心目标。

语文课程中的跨学科学习，语文处于中心地位，核心目标是帮助学生提高语言文字运用能力。跨学科学习过程中，要重视学生语言文字运用能力的培养。"为家乡代言"的任务目标之一就是"能围绕一个方面，试着用上积累的词语，抓住家乡特点，清楚、生动地向别人介绍家乡"，"试着用上积累的词语"，和二年级上册第四单元的语文要素"联系上下文和生活经验，了解词句的意思""学习课文的语言表达，积累语言"相对接，指导学生在课文学习、资料收集整理中积累词语，在实践中运用。

在整个跨学科学习过程中，都要关注学生"学语文""用语文"的情况，目标的设定也和教材中的语文要素关联，通过"为家乡代言"实践活动，切实提升学生语文素养。

2. 着力培养学生探究能力。

跨学科学习强调探究能力培养。至于如何发现问题、分析问题、解决问题，要引导学生掌握问题探究的基本步骤和方法，逐渐具备综合运用各学科知识解决实际问题的能力。

在探究过程中，教师要为学生提供一定的工具支持，例如表格、思维导图等。"为家乡代言"的资料收集就提供了表格，指导学生多途径收集资料。此外，成功标准既是评价量规，也是指导工具，告诉学生怎么做。前面提到的"亲人家乡小调查""家乡资料搜集""代言小报制作"，都有相应的成功标准。

3. 多角度、多方式评价学生学习情况。

"新课标"强调："评价主要以学生在各类探究活动中的表现，以及活动过程中完成的方案、海报、调研报告、视频资料等学习成果为依据。"由此可见，跨学科学习不仅要评价学习过程,也要评价学习成果,针对不同的评价内容,采用多种评价方式。

例如,针对"代言小报"采用"画廊漫步"的形式,观看不同小组的学习成果,用贴贴纸的形式为其点赞;最终的评价用图表的方式呈现,有利于学生安安静静思考、认认真真总结;对照评价表中的条目,全班一起讨论复盘,总结经验,以便更好地参加下一次跨学科学习活动。

"为家乡代言"展示本身也是一种评价。在展示过程中,要提醒学生不仅展示"做出了什么",也要报告"做的过程",即经过了怎样的思考和调整,这样能促进学生自我反思提升。

无论采用哪种评价方式,既要发挥它检查、诊断、反馈的功能,也要给学生充分的鼓励和肯定,让学生在展示中强化自信并不断提升。

-------------- ➡ 五、资源与运用 --------------

为了激发学生探索家乡的热情,帮助二年级学生对家乡有更多的认识,在学习任务实施过程中,教师需要准备丰富的学习资源。这些学习资源包括:

1. 关于家乡的古诗,如《静夜思》《九月九日忆山东兄弟》《回乡偶书二首》等。

2. 相关视频,如有关家乡介绍的视频。

3. 关于家乡的绘本、书籍、图片等,如《兔儿爷》《铁门胡同》《跟着姥姥去遛弯儿》《北京的庙会》等。

4. 关于家乡的其他物品,如天坛模型、京剧脸谱等。

以上资料既可以在学生探究前提供,也可以在学生探究遇到困难时再呈现。例如,向不知如何介绍家乡的学生提供视频参考,给研究胡同的小组提供绘本《铁门胡同》等。此外,还可以在学生代言后再将有关资料推荐给学生,激发学生进一步探究的兴趣。

(编写人:北京亦庄实验小学　贺润黎)

三年级

第9讲 童话盒子剧场

本次跨学科主题学习以"童话盒子剧场"为核心任务,学生在认识童话、了解童话、熟读童话故事的基础上,根据童话故事编排制作盒子戏剧并进行展演。

统编教材三年级上册第三单元以"童话"为主题,选编了《卖火柴的小女孩》《那一定会很好》《在牛肚子里旅行》《一块奶酪》四篇不同风格的中外童话。这些童话有共同的特点,就是充满了丰富而奇特的想象,在引人入胜的同时又发人深思。除了这四篇课文,"快乐读书吧"还推荐阅读《安徒生童话》《稻草人》《格林童话》等经典童话。三年级学生爱读童话,因为童话故事情节神奇曲折,内容浅显生动,对自然、事物的描写常用拟人化手法,能适应儿童的接受能力。本单元学习旨在把学生带进童话的世界,借助想象的翅膀,在奇妙的童话王国里遨游。

童话是一种儿童文学体裁,它通过丰富的想象、幻想和夸张的手法来编写适合儿童欣赏的故事,语言通俗生动,故事情节离奇曲折、引人入胜。童话常常用将事物人格化的表达方式,用拟人、夸张、象征等手法,让动物、植物、静物等披上人的外衣,故事情节跌宕起伏,特别为儿童所喜爱。童话故事善用反复的手法,通过情节或言语的不断复现,推进故事情节发展。在进行童话类文本教学时,要引导学生发现童话故事里的这些语言现象,并迁移运用到自己的童话创作中。儿童文学作家汤汤说过:"被优秀的童话滋养过的心灵,长大了以后会更善良也更有力量,更有把一生过幸福的能力。"童话作为一种传递美好情感、满足儿童内心期待的文学体裁,以其清浅鲜活的话语唤醒孩子的语言潜能,又以丰富而奇特的想象引人畅想。一到六年级的语文教材中均编排了童话,对激发儿童兴趣、启迪儿童智慧、涵养儿童德行有着重要的意义。

通过梳理单元课文及内容编排,可以判断本单元属于发展型学习任务群中的"文学阅读与创意表达"。"新课标"中这样定位该学习任务群第二学段的学习内容:"阅读富有想象力和表现力的儿童文学作品,欣赏富有童趣的语言与形象,感受纯真美好的童心,学习用口头或者图文结合的方式创编儿童诗和有趣的故事,发展想象力。""教学提示"中也指出,创设主题情境,鼓励学生在口头交流和书面创作中,运用多样的形式呈现作品,发挥自己的创造性。

联系教材"快乐读书吧"的学习内容,该单元还属于"整本书阅读"学习任务群。"新课标"在此学习任务群的"教学提示"中指出,可以引导学生了解阅读的多种策略,设计、组织多样的语文实践活动,如故事会、戏剧节等,建立读书共同体,分享阅读经验。

"新课标"在"跨学科学习"学习任务群中指出,"本学习任务群旨在引导学生在语文实践活动中,联结课堂内外、学校内外,拓宽语文学习和运用领域"。其中,第二学段要求积极参加学校、社区举办的文化主题活动,在活动中学习语文,获得多样的文化体验。本次主题学习学生除了学习课本中的童话故事,还通过盒子戏剧创作,将美术、戏剧等学科知识融入其中,拓宽了学习领域,在童话盒子戏剧展演情境中开展阅读、探究、交流、创造等学习活动,更有利于促进学生语言、思维、审美等核心素养的发展。

➡ 二、目标与评价

(一) 目标设定

"童话盒子剧场"跨学科学习需要综合运用语文、美术、劳动、戏剧等学科的知识和技能,学习目标定位如下:

1. 通过阅读童话故事,能够对童话中的角色、童话的故事内容形成自己的感知理解,欣赏富有童趣的语言与形象,感受童话丰富的想象与善良美好的追求,在脑海中建立对童话故事的整体印象。

2. 结合自身的阅读体验,梳理总结童话文体的特点,产生阅读童话的兴趣,感受阅读的快乐。

3. 学习用口头和图文结合的方式创编有趣的童话故事,发展想象力并乐于与同伴分享。

4. 借助戏剧、美术、劳动等学科的元素,创设盒子剧场情境,生动呈现所创编的童话故事,小组合作,精彩演绎。

(二)评价设计

"童话盒子剧场"评价兼顾学习过程与学习结果,不仅注重学科素养的评价,而且关注学生在整个学习过程中的合作沟通能力。

1. 成功标准——过程中评价。

"童话盒子剧场"中的活动都设计了成功标准。在活动过程中,可以对照成功标准随时进行自我评价、同伴评价、教师评价。这样,学生就能具体知道要达成怎样的目标,做到心中有数。成功标准既是评价量规,也是学生行为的指引。

活动名称	成功标准
有关童话内容的小调查	围绕童话主题,从以下角度畅聊童话,并能针对"什么是童话",形成自己的观点。 你知道的童话作家、童话故事、童话人物有哪些?为什么作家要创作童话?我们为什么要读童话?大家为什么喜欢童话?如果世界上没有童话,可以吗?童话有哪些类型?童话创作有哪些奥秘?
童话资料搜集	小组分工明确,每个人都能搜集到部分有关童话的信息。 能使用多种方法搜集信息。 搜集到足够多的关于童话的信息,内容涉及多方面。
童话小报制作	积极主动参与童话故事的小报制作,在小报制作中贡献力量。 小报主题突出,设计美观。 小报图文比例恰当,能提供足够多的文字信息。

活动名称	成功标准
童话故事创编	童话特点突出，具有丰富的想象力。 表达清楚，能运用反复手法讲述童话故事。 童话中蕴含一定的道理或劝诫。
童话盒子剧创编	盒子戏剧故事完整，内容丰富。 人物角色设置合理，表达流畅。 表演生动形象，吸引人。

2. 跨学科学习复盘反思——终结性评价。

课程结束后，结合课程目标、单元成功标准，对照表格进行自我评价、同伴评价、教师评价。这主要涉及两个方面：完成质量和参与态度。完成质量主要针对学科情境，参与态度主要针对人际情境。

对于三年级学生来说，沟通合作能力还处在初步形成阶段，要格外注意培养。在复盘反思中，针对参与态度进行专门的评价，就是希望学生有意识地去提升这方面的能力。

评价项目	评价标准	自我评价 ★★★★★	同伴评价 ★★★★★	教师评价 ★★★★★
完成质量	针对童话能表达自身的看法。			
	能结合搜集的相关资料设计童话小报。			
	能展开合理的想象，创编童话故事。			
	能根据创编的童话故事创编戏剧并进行表演。			
参与态度	积极主动地参加系列活动，承担具体工作。			
	在小组合作中有效沟通，能倾听他人想法；遇到困难时主动请教他人，也愿意帮助他人。			

（一）任务情境

童话王国多姿多彩，魅力无穷。相信你在漫游过童话王国之后，心中的童话小种子也会生根、发芽，想要破土而出，茁壮成长。现在，请展开想象，把你脑海中那些天马行空的情节和如梦如幻的故事也写出来，创作出属于你自己的童话故事。你还可以用灵巧的双手，把一个普通的盒子变成一个"迷你剧场"，把你读过的或者你所创编的童话，通过盒子剧场的形式演绎出来。期待你的精彩呈现！

本任务积极寻找语文学科与其他学科之间的交叉点，进行多维链接。立足于学生实际，从现实情境中提炼出真实问题，融合想象、预测、信息筛选与整合、动手实践等多种学习方式，让学生在"童话盒子剧场"展演任务驱动下进一步感受童话丰富的想象，试着自己编童话、写童话、演童话。

结合学生的讨论，发布学习任务，开启"童话盒子剧场"跨学科主题学习。

（二）学习任务

1. 任务框架。

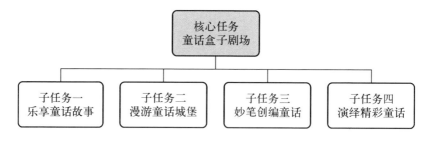

2. 任务说明。

（1）核心任务。

这一核心学习任务依据三年级学生年龄特征和认知特点，设计听、说、读、写、演等多种实践活动，让学生综合运用语文、美术、劳动、戏剧等学科的知识和技能,在发现、分析、解决实际问题的过程中,真切感受童话中蕴含的丰富想象,并试着自己编童话、写童话、演童话,促使语言、思维、审美、文化等各方面素养得到综合发展。

(2)子任务。

子任务一:乐享童话故事。

什么是童话? 你知道的童话作家、童话故事、童话人物有哪些? 为什么作家要创作童话? 我们为什么要读童话? 为什么大家喜欢童话? 如果世界上没有童话,可以吗? 童话有哪些类型? 童话创作有哪些奥秘? ……用这一系列的问题引导学生走进童话、探究童话,充分了解童话,明确童话概念,运用默读、跳读、快速阅读等方法,建构起对童话的认识,对学习和研究童话产生浓厚兴趣。

随后举行童话故事分享会,借助教师提供的阅读单走进童话故事,选择自己感兴趣的童话内容进行记录,并简单画出里面最喜欢的人物。讲述者根据自己准备的内容,从故事情节、主人公的性格特点或自身感受等角度,讲述自己阅读童话的收获。倾听者认真听同学讲述的童话故事,在故事记录单上用思维导图或漫画记录自身感受,并与大家分享。

子任务二:漫游童话城堡。

无论是人物形象的塑造、情节的安排,还是语言表达,童话都彰显着无穷的魅力。在漫游童话城堡的过程中,教师成了学生有力的支持者,为学生提供适宜的"脚手架"和辅助工具;学生则在教师指导下走向自主学习,结合课本内容自主梳理思维导图,初步感受童话故事情节丰富、结构反复等特点。

此外,还要借助教材"交流平台""快乐读书吧"等内容,展开合作探究学习,深入发现童话主人公的特点,绘制人物肖像,编写人物小传,绘制手抄报、读书海报,填写好书推荐单等,不断增强对童话故事的理解和感悟,继而在读、想、说的过程中发现童话蕴含的奥秘,形成自己童话创作的表达图式。

子任务三:妙笔创编童话。

这个子任务里包括想象和创编。当丑小鸭仍在养鸭场,当白雪公主还没咬下那口毒苹果,当灰姑娘和艾莎公主同时出现……他们又会有怎样的际遇? 一颗颗想象的种子在心中萌芽。合上书本,拿起笔,学生将自己心爱的童话人物绘于纸上,编写出关于他们的另一个精彩故事。

子任务四:演绎精彩童话。

进行了童话阅读、童话创编后,如何才能生动地呈现童话展演作品呢?同学们集思广益,决定将童话故事以剧本演绎的方式呈现出来。

为了让学生更好地演绎童话,教师可以提供一个有趣的媒介——盒子戏剧,通过童话剧创作、编排、展演,呈现优秀的童话故事。

➡ 四、活动与建议

(一) 活动历程

子任务一　乐享童话故事

该项任务是整个跨学科学习的引子,教师组织学生开展一场生动有趣的童话故事分享会,目的是让学生进入童话学习情境,发现童话故事的美妙,产生阅读童话、学习童话单元的兴趣。

板块一:畅聊童话,建构印象

1. 七嘴八舌聊童话。

(1)师生互动,教师引导学生思考:什么是童话?你知道的童话作家、童话故事、童话人物有哪些?为什么作家要创作童话?我们为什么要读童话?为什么大家喜欢童话?如果世界上没有童话,可以吗?童话有哪些类型?童话创作有哪些奥秘?假如借助一个词语或一句话来描述童话带给你的感受,你会用什么词语或哪句话?……

(2)学生积极发言,阐述自身想法,教师随时在黑板上记录下发言内容。

2. 深入思考探奥秘。

(1)教师圈画学生所用的高频词句,如:生动有趣、充满想象、不可思议、奇特、奇幻……

（2）教师对学生发言进行总结，引导学生针对"什么是童话"形成自己的观点。

（3）师生互动，教师引导学生思考和探究童话故事有什么奥秘。学生结合具体的故事情节和语言加以说明。

（4）教师小结：其实童话之所以如此具有吸引力，是因为童话故事中充满丰富的想象。这些想象创造了许多现实中不可能出现的场景和事件，寄托了人们现实中难以实现的美好心愿。

板块二：分享故事，激发兴趣

1. 发布任务，自主筹备。

在童话故事分享会召开前，教师面向全体同学发布准备任务：自主阅读童话故事，从中选择一个最喜欢的童话故事，完成阅读记录单。

童话故事阅读记录单			
记录时间		阅读故事名称	
我印象最深刻的故事情节			
我阅读该故事的方式	□自主阅读　　□和大人一起读		
我喜欢该故事的原因			
我读后的感受或想法			

2. 自主设计，经典推荐。

结合阅读记录单，选择自己最喜欢的童话故事，思考并设计一张"童话推荐卡"，涵盖内容简介、精彩片段、作者介绍、经典语句等内容。

3. 故事分享，认真倾听。

故事分享过程中，学生既是讲述者，又是倾听者。作为讲述者，应自信大方地向同伴介绍喜欢的童话故事，激起同伴的阅读欲望。作为倾听者，应认真听同伴的分享，并借助教师提供的记录单记录倾听后的感受或想法。

童话故事倾听记录单			
记录时间		记录人	
我印象深刻的故事名称(可写多个)			
我最喜欢的故事情节			
我喜欢这个(些)故事的原因			
我听后的感受或想法			

板块三:出示任务,明晰标准

出示单元学习任务和成功标准,介绍童话单元的学习内容和学习方式。

子任务二　漫游童话城堡

童话是一幅画,色彩光影调和着缤纷的趣味与美丽;童话是一首诗,字里行间寄托着人类的美好希冀。童话是一段充满幻想的奇妙旅程,让我们在童话城堡中漫游,在一个个精彩故事中感悟它的魅力。

板块一:阅读童话,交流分享

无论是人物形象设计、情节安排,还是语言表达,童话都有着无穷的魅力。这一板块,教师要借助多种形式和支架,引导学生走进童话世界,发现其中蕴含的奥秘。

1. 书读多遍。

走进《卖火柴的小女孩》《那一定会很好》《在牛肚子里旅行》三个童话故事,多次朗读,把握故事内容。

(1)一读,在课文中标注自然段、圈画生字,运用学过的方法自主识记生字。

(2)二读,把课文读熟练、通顺。先自主练习阅读,再和同学分段落、分角色朗读。

(3)三读,选择自己喜欢的故事情节反复读,了解故事主要内容。

(4)四读,展开想象,体会人物的心情变化。带着感情读,和同伴合作展示某部分的朗读。

2. 读后交流。

(1) 读完《卖火柴的小女孩》后,分组讨论:小女孩一共点燃了几次火柴? 每次擦燃火柴后看到了什么? 为什么会出现这些东西? 表达了她怎样的愿望? 她面对的现实又是怎样的? 将讨论结果填入阅读记录单中。

《卖火柴的小女孩》阅读记录单				
第几次	看到的东西	说明小女孩怎么样	她渴望得到	现实
第一次	暖和的火炉	非常冷	温暖	火炉不见了

(2) 阅读《那一定会很好》,结合前文所学的提取信息、梳理故事情节的方法,在文中画出关键词,想一想从一粒种子到阳台上的木地板经历了怎样的过程? 对照学习卡片,向同伴清晰地讲述种子变化的过程。

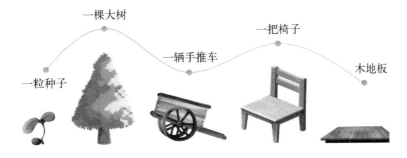

一棵大树　一把椅子
一辆手推车
一粒种子　木地板

(3) 自主阅读《在牛肚子里旅行》,圈画出表示牛吃食特点的词语和红头位置变化的词语。小组合作完成填空,并交流红头在牛肚子中旅行的经历。

红头先被牛卷进了(　　),再被吞进(　　),接着来到(　　),然后回到(　　),最后(　　)。

板块二：合作探究,感悟形象

1. 读完《卖火柴的小女孩》后,你觉得她是一个怎样的女孩? 替她制作一张名片吧!

人物肖像(自主画出小女孩的形象)	名字	
	性格特点	
	有关故事	
	想对她说的话	

2. 读完《那一定会很好》想象一下,主人公在每一次转变时都在想什么,它有什么愿望? 每次说"那一定会很好"时带着怎样的心情? 你感觉主人公性格如何?(预设:坦然乐观,充满幸福)

3. 读完《在牛肚子里旅行》后,用不同的线分别画出青头和红头说的话,体会红头和青头的性格特点。

板块三：制作海报,宣传代言

1. 明晰任务。

(1)广泛阅读童话书籍,感受故事中蕴含的丰富想象。

(2)读后选择自己最喜欢的书籍或故事,制作阅读海报,以吸引同伴阅读。

2. 广泛阅读。

结合"快乐读书吧"推荐的《安徒生童话》《格林童话》《稻草人》等阅读书目,自主制订阅读计划,在阅读过程中做好阅读记录,循序渐进自主阅读。

3. 制作海报。

(1)明确海报制作要点(文案简洁、内容恰当、色彩和谐、图文并茂)。

(2)可以借助教师提供的海报模板加以制作,也可以自主设计和制作宣传海报。

子任务三　妙笔创编童话

创编童话是非常有意思又具有挑战性的童话学习活动,本单元导语中就明确提出"试着自己编童话、写童话",它与单篇阅读、类篇阅读、整本书阅读构成一个紧密联系的整体。

板块一：创作初探

1. 思路引领。

(1) 其实有很多童话故事结局是开放性的,或者给读者留下了很多想象空间,我们可以在原有故事的基础上展开模仿,沿着作家的思路走,即根据所读童话的结构思路来写童话,为你读过的童话故事续写一段或续编一个结局。

如学完《卖火柴的小女孩》之后,了解了童话故事反复的特点,展开想象完成"小女孩又擦着了第六根火柴,这一回……"的故事续编。

(2) 有些故事想要按照自己的想法发展下去,还有一些人物想要给他设定不一样的命运,这时可以尝试改编故事。如"原作中卖火柴的小女孩在寒冷的冬天冻死在街头,如果你来创作童话的结局,你会怎么写?"

2. 自主创作。

(1) 学生积极思考,大胆想象,按照自己的想法对感兴趣的童话内容展开创作,小组内展示分享所创编的故事,简单体会想象的快乐和创作的趣味。

(2) 小组内互相评价对方的故事,交流创作的灵感,进一步感受想象的神奇。

板块二：大显身手

1. 头脑风暴。

(1) 根据单元习作提示的"国王、啄木鸟、玫瑰花、黄昏、冬天、星期天、厨房、森林、超市、小河边"等词语,学生小组交流这些词语在排列上的逻辑关系。排列组合后,试着简单说一段小故事。

(2) 通过头脑风暴,展开合理、大胆的想象,确定童话故事中的人物角色、时间和地点。

2. 细致推敲。

通过自问自答的方式,对将要创作的故事内容进行细化。如：故事的主人公是谁？其性格如何？有哪些独特的品质？故事为何发生在这里？有何独特意义？与故事主人公之间有怎样密切的联系？故事发生在什么时间？该时间对故事情节是否产生影响？除主人公之外,还有哪些人物？这些人物对推动故事情节的发展起到了怎样的作用？故事结局如何？

3. 落笔有神。

(1) 将以上内容梳理清楚后,想一个恰当的题目,开始进行童话故事创作。

(2) 完成创作后,自主阅读并修改完善。

板块三:交流展示

1. 小组分享。

完成创作修改后,小组内交流分享,小组成员给出评价。

2. 班级分享。

组织班级内分享,学生参照评价量表,进行作品评价和投票。

3. 剧本筹备。

自发组织团队将故事改编成剧本,为童话盒子剧场做准备。

子任务四　演绎精彩童话

板块一:了解盒子戏剧

1. 观看介绍盒子戏剧的视频资料,了解盒子戏剧知识。

2. 组织学生观看一些由童话改编而成的戏剧或动画,激发学生对盒子戏剧的探究欲望。

3. 完成表格。

有关盒子戏剧的表格		
已经知道的	需要知道的	下一步的计划

通过表格的填写,知晓学生对盒子戏剧的了解状况,引导学生思考。诸如:关于盒子戏剧你知道什么?你知道怎么在盒子里进行戏剧表演吗?用盒子剧场表演,你还需要做什么?

板块二：确定创编内容

1. 以小组为单位，由学生自主选择喜欢的童话，借助思维导图等记录所选定童话的关键信息，感受童话中的想象、体会人物的心情，梳理故事的情节脉络。

2. 借助教师提供的阅读工具单，再次进行深度阅读，记录童话故事中的人物、情节、冲突等关键信息。

主要人物	人物特点	关键情节	故事冲突

3. 带领学生绘制"故事山"（包含开端、过程和结尾），把握故事情节发展线索，为书中主要人物画像，进行角色设计。

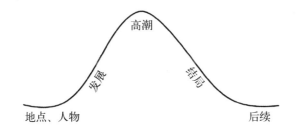

板块三：分工进行创作

学生分小组编写剧本。每个小组确定负责人，进行精细分工：台词组，负责台词的细化调整；场景制作组，选取彩泥、废旧纸壳、塑料瓶、筷子等物品，动手创作背景、中景、前景、近景；角色制作组，负责主角、配角的形象设计制作；配音组，负责角色的配音。

板块四：开展戏剧排演

剧本创编完成后，小组至少要进行三到五次排练，不断熟悉台词、修改完善。小组成员根据排练情况，调整场景、细化角色，优化台词、配音，搜索音乐，添加背景音乐,提高盒子戏剧的表演效果。

(二)活动建议

1. 成果展示,提升综合素养。

童话盒子戏剧展演完成后,教师引导学生借助思维导图、阅读记录卡、好书推荐单、宣传海报等多种形式进行单元学习成果展示。此环节不仅能让学生体会成功的喜悦,还能给学生提供欣赏优秀作品、相互学习提高的机会,也激发了学生进一步探究的欲望。

在童话创作中,有的学生进行童话续编,发挥想象,创作新的结局;有的学生小试牛刀,根据现有故事情节进行改编;有的学生大展拳脚,根据给出的话题或关键词,自创童话故事。学生将平时阅读中常用的学习支架迁移到习作中,使思维可视化。

2. 运用联结迁移策略,做到学以致用。

跨学科学习需要学生将学科知识与生活情境进行联结,迁移运用到创意表达中,能加深对学科知识的理解,体验到创编的乐趣,进一步激发童话创作的热情。在续编、改写、创作过程中,学生对童话特点体会更深,进一步增强了对语言表达、艺术创作的理解感悟。

五、资源与运用

为了帮助三年级学生对童话形成更深的体会和理解,激发学生跨学科学习兴趣,在学习任务实施过程中,教师需要准备丰富的学习资源。这些学习资源包括:

1. 童话书籍,如《安徒生童话》《格林童话》等。

2. 视频,有关童话故事的视频,包括《爱丽丝梦游仙境》《飞屋环游记》等;有关盒子戏剧介绍和展示的视频。

3. 关于童话的图画书,如《中国童话》《卡尔维诺意大利童话故事》等。

(编写人:北京亦庄实验小学　冯会娜)

第10讲　探秘二十四节气之清明

本次跨学科主题学习以"探秘二十四节气之清明"为核心任务。《义务教育语文课程标准(2022年版)》对"课程目标"中第二学段的"学段要求"从四个实践领域进行了描述,要求学生"初步认识中华优秀传统文化蕴含的思想和智慧"。"课程内容"的"跨学科学习"学习任务群部分要求第二学段"关注传统节日节气、民俗风情、民间工艺、历史和传说等"。

二十四节气是中华优秀传统文化的重要组成部分,是中国人特有的时节、气候知识体系,它融合了天文学、气候学、物候学等多方面的知识,衍生出丰富的文化内涵。在漫长的历史进程中,它不仅广泛应用于农业生产指导,深刻地影响着人们的起居、饮食、保健、仪式、风俗等方面,也在一定程度上影响着人们的思维方式和行为准则。

清明是二十四节气中的第五个节气,又称踏青节、行清节等,时间在仲春与暮春之交。此时"气清景明,万物皆显",故曰"清明"。清明时节,生机盎然,万物复苏,大地呈现春和景明之象,正是郊外踏青春游与行清墓祭的好时节。

清明节源自早期人类的祖先信仰,是中华民族最隆重盛大的祭祖大节。清明节兼具自然与人文两大内涵,既是自然节气,也是传统节日。扫墓祭祖与踏青郊游是清明节的两大礼俗主题,自古传承,至今不辍。清明节是传统的重大春祭节日,扫墓祭祀,缅怀祖先,是中华民族自古以来的优良传统,不仅有利于弘扬孝道亲情,唤醒家族共同记忆,还可促进家族成员乃至民族的凝聚力和认同感。清明节融汇自然节气与人文风俗为一体,是天时、地利、人和的统一,充分体现了中华民族先祖们追求"天、地、人"和谐合一，讲究顺应天时地利、遵循自然规律的思想。

三年级学生在家庭、社区和学校生活中，多参加过吃青团、郊外踏青、放风筝等节日活动，对清明已经有了一定的感性体验，对过清明节充满了向往和热情，也对深入了解清明节的丰富文化内涵充满了期待。"探秘二十四节气之清明"跨学科学习，通过课内与课外相结合、体验与探究相结合的方式，引导学生与清明节气对话，拓宽学习外延，在获得信息、经历思考后，形成创意表达成果，提高语言文字运用能力。

➡ 二、目标与评价

（一）目标设定

"探秘二十四节气之清明"跨学科学习，需要综合运用语文、科学、数学、劳动、美术、道德与法治等学科的知识和技能，学习目标确定如下：

1. 参与清明节气活动，通过阅读、访问等方式积极主动地了解人们为什么开展这些活动，初步了解、梳理和分享丰富的节气文化，认识更多与二十四节气有关的字词。

2. 动手参与制作青团、风筝等活动，通过口头表达分享制作方法和体会。

3. 阅读有关清明节气的图画书、古诗词，积累并运用有关清明节气的古诗词句，初步感受清明节气深厚的文化内涵，丰富语言文化积累。

4. 运用写日记、绘图、解说视频等方式记录和分享自己参与清明节气系列活动的故事，表达对清明节的喜爱之情。

5. 通过清明节手工活动，培养学生动手动脑的能力，激发学生的创新思维，让学生在美术活动中养成探究学习的态度和习惯。

（二）评价设计

目标导向的学习评价是伴随着整个学习任务进程的。

每一个子任务下的学习活动,都离不开评价,都需要用评价来促进。下面是针对具体的学习活动设计的成功标准和评价量规。成功标准要在活动开展之前就让学生了解,评价量规要与活动同步提供给学生。

1. 研究了解清明节气评价量规。

评价项目	评价标准	自我评价 ★★★★★	同伴评价 ★★★★★
参与态度	在小组活动中积极主动地承担具体工作。		
完成质量	能够理解小组承担的具体任务,根据提示查阅资料、调查访问。		
	能够在诵读诗歌、阅读资料的过程中自主识字,丰富语言积累。		
	能够和小组成员一起整理资料,分享时态度大方,表达清楚。		
	在活动中对清明节气有了更多了解,并能把自己新了解的内容与同学交流。		

2. "探秘二十四节气之清明"各项活动的成功标准。

(1) 活动一——制作海报的成功标准。

① 小组分工明确,每个人都为海报制作做出了贡献。

② 海报主题突出,设计美观。

③ 海报上主要信息清楚明白(活动时间、地点、主要内容安排等)。

(2) 活动二——制作青团的成功标准。

① 积极参与青团制作,注意卫生。

② 听懂介绍,记住要点,按指导完成至少一个青团的制作。

③ 愿意与同学合作,给同学需要的帮助。

④ 能清楚地说出制作青团的方法与过程。

(3) 活动三——画蛋活动的成功标准。

① 精心设计画面内容,能有条理地说出设计想法。

② 画面有明显的清明文化元素(垂柳、青草、风筝、踏青的人等)。

③ 画面完整,能展示自己对清明节气的理解。

(4) 活动四——绘制风筝的成功标准。

① 积极参与活动,独立或与同学一起完成至少一个风筝的绘制。

② 在绘制风筝的过程中,懂得协作。

(5) 活动五——郊野踏青的成功标准。

① 积极主动地参与家庭清明出行的规划和准备活动,承担具体的任务。

② 在家人指导下或独立记录一家人郊野踏青的精彩片段。

③ 积极主动地与家人分享过清明节的感受和心情。

3. 记录和分享清明节气的成功标准。

(1) 从写日记、绘图、解说视频三种方式中至少选择一种进行记录。

(2) 记录下自己对清明节气的理解或自己印象最深刻的收获。

(3) 积极大方地与同学分享自己的记录,表达自己对清明节气的想法和感受。

--------------- ➡ 三、情境与任务 ---------------

(一) 任务情境

清明节快到了,学生对过节充满期待。做青团、郊外踏青、放风筝等曾经经历过的情景,会在记忆中变得鲜活起来。

教师创设学习情境,可以运用教材中的《二十四节气歌》,在了解二十四节气的基础上,说说马上要到什么节气了,然后运用视频资源,激活学生的清明记忆,激发学生对清明节气的探究欲望,讨论清明假期我们可以做什么。

教师结合学生的讨论,发布学习任务,开启"探秘二十四节气之清明"跨学科主题学习活动。

(二) 学习任务

1. 任务框架。

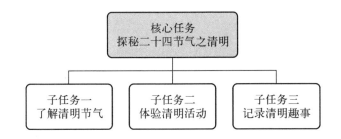

2. 任务说明。

（1）核心任务。

"探秘二十四节气之清明"这一核心学习任务根据三年级学生年龄特征和认知特点，设计实践活动，让学生综合运用语文、科学、数学、劳动、美术、道德与法治等学科的知识和技能，多维度了解和感受清明节气文化，在丰富多彩的活动中受到传统节日文化的熏陶，提高语言文字运用能力。

学生以主体身份参与一系列清明节气活动，在丰富节气体验的基础上，通过创意记录和分享，了解节气背后的文化内涵，升华自己的理解认识。

（2）子任务。

子任务一：了解清明节气。

教师借助《二十四节气歌》以及学生已有经验，通过诵读、交流等活动，激发学生探索二十四节气的期待。然后，引导学生从不同维度，通过阅读、访问等方式，了解有关清明节的更多知识。不同维度包括：清明节气由来、气候特征、清明节习俗、清明历史故事、清明时节古诗词等。每个维度可以先让学生说一说，再鼓励学生通过不同渠道，利用生活资源，了解更多，选择一个维度进行梳理，与大家分享。教师要提前准备相关资源（以图画书和视频为主），随时为学生提供必要的学习支撑。

子任务二：体验清明活动。

教师在学生了解清明节气相关知识的基础上，鼓励学生讨论怎么探索清明节气，设计校内校外系列活动。活动包括：制作青团、画蛋、郊野放风筝等。制作青团活动中，学生结合视频和教师讲授，在学校和家里制作、体验，进行美食品鉴;画蛋活动中,学生自己准备鸡蛋,并在鸡蛋上进行图画绘制;郊野放风筝活动,学生自主绘制风筝,并进行郊野踏青。活动之前,学生分组制作海报,邀请教师、家长参加。

子任务三:记录清明趣事。

这个子任务里包括记录和分享两个实践活动。学生用写日记、绘图、讲解视频等方式记录清明节气中印象深刻的活动或时刻,然后组织分享,进一步深化清明节气体验,感受传统文化。

四、活动与建议

(一)活动历程

子任务一　了解清明节气

板块一:诵读诗歌,了解二十四节气

1. 读《二十四节气歌》,说二十四节气。

(1) 读一读儿歌《二十四节气歌》,圈出儿歌中写到的二十四节气,自主识字学词。

① 自主读熟儿歌,识字学词。

② 展示朗读,分享自己新认识的字词。

③ 说说自己从儿歌中了解了哪些节气。

(2) 根据儿歌中提供的信息和自己的了解,按照时间先后顺序给下面的节气排序。

立春　惊蛰　清明　小满　立夏　冬至　处暑

(3) 选择一个印象深刻的节气,说说自己对这一节气的了解。

2. 读清明古诗,聊聊清明节气。

(1) 读一读《清明》《寒食》《清明夜》这几首古诗,自主识字,读通读熟,再说说从古诗中知道了些什么。

（2）跟大家分享自己知道的清明节气知识。

（3）跟大家分享自己经历的清明节气活动。

板块二：拓展延伸，丰富节气文化

1. 引导学生观看介绍清明节气的视频，并自主归纳总结，然后在小组内分享，说说这些视频是从哪些方面向我们介绍清明节气的。

2. 各小组自主讨论：如果我们要向大家介绍清明节气，你想从哪些方面展开？

3. 各小组开展分组探究，从不同角度了解清明节气。

（1）根据讨论内容自由分组，明确要了解的内容和展示分享方式。

清明节气由来组——通过调查询问、查阅资料等方式，了解清明节气的由来。展示分享方式：图文和短视频。

清明节气品鉴组——通过调查访谈、查阅资料等方式，了解清明节的美食。展示分享方式：图文和短视频。

清明故事分享组——通过查阅资料，搜集有关清明的古诗词和故事，了解表达的主要情感。展示分享方式：诵读、讲述故事，并简单说说资料表达的意思和感情。

清明节气活动组——通过调查访谈、查阅资料等方式，了解清明节一般有哪些传统活动，为什么要开展这些活动。展示分享方式：图文和短视频。

（2）分组实践（校内校外相结合：校内借助图书馆查阅资料或询问老师；校外寻求家长帮助或用周末时间查找资料）。

（3）组织展示分享。分享前，教师指导学生梳理资料，制作 PPT，做好展示分享准备。展示分享时，教师及时评价激励，进一步激发学生对清明节气探究的兴趣和期待。

子任务二　体验清明活动

板块一：小组讨论，聊聊清明

1. 小组合作谈创意。

（1）结合子任务一中学生对于清明节气的认识和了解，各小组开展交流讨论，如"怎么探秘清明节气，想要了解清明节气的哪些内容"等。说清楚自己的想法，听一听同学的想法。

（2）运用思维导图，各小组整理同学们的创意想法。

2. 分组展示创意想法。

3. 讨论班级"体验清明节气"活动的内容和方案。

（1）师生交流互动，激发学生参加活动的积极性。

教师引导：以前过清明，我们都是放假休息，没有深入了解和探究过清明节气。现在通过前面的学习和交流，我们了解了一些有关二十四节气的知识，对清明节的了解也更深入。接下来，大家想怎样进一步了解清明节气呢？请大家讨论一下从哪些方面对清明节气进行探秘会更好。

（2）组织讨论，梳理创意想法。

① 为了探秘清明节气，你想在学校开展哪些活动？

② 你准备向家里人建议如何度过清明？

（3）根据讨论，确定活动内容和方案。

预设内容：制作青团、画蛋、郊野放风筝。

预设方案：

活动分校内和校外（家庭）两个部分。校内活动包括："制作青团"——邀请家长志愿者一起制作青团（有条件的烤熟品尝），并向参观的师生介绍制作方法；"画蛋活动"——在鸡蛋上创作清明节气画作并分享展示；"绘制风筝"——每人一个空白风筝，让学生在风筝上绘制喜欢的图案。活动前分组设计、制作活动海报。校外（家庭）活动主要是"郊外踏青放风筝"，学生向家长提出建议，并和家长一起规划设计活动内容，也可以形成方案在班上分享。

板块二：活动实施，丰富体验

1. 活动——制作活动海报。

（1）了解什么是海报，怎样制作海报。（如果学生以前制作过海报，只需要讨论明确海报的主题和内容。）

（2）分组设计制作海报。分成"制作青团""画蛋""绘制风筝"三个组，制作三张海报。

2. 活动二——制作青团。

（1）观看制作青团的视频，了解为什么清明节气的时候要吃青团。同时，说说清明节前后还有哪些与之相关的美食。

（2）分享自己了解到的与吃青团、制作青团相关的故事。

（3）听制作讲解，学习制作方法。

（4）动手制作青团。

（5）完成制作之后，品尝青团。

3. 活动三——画蛋。

（1）学生自由创作。

（2）分享：先小组内展示自己的作品，说明自己的创意想法，再由小组推荐到班上分享。

（3）展示品鉴：将画好的鸡蛋进行集中展示，学生间相互欣赏交流。

4. 活动四——绘制风筝。

（1）教师给分发每个学生一只风筝。

（2）学生结合清明节气的特色和自身的创意，进行风筝的绘制。

（3）将风筝挂在教室，进行展示。

5. 活动五——郊野踏青。

（1）按照计划和家人一起过清明节，体验清明踏青放风筝的乐趣。

（2）邀请家人一起用照片、视频等方式记录郊野踏青放风筝的精彩片段，并在班级群分享一家人创意过清明节的图片或短视频。

子任务三　记录清明趣事

板块一：回味清明节气，记录清明趣事

1. 回味清明，各个小组交流是如何探秘清明的。

（1）说一说清明节的哪些事情最值得回味。

（2）说一说自己觉得最值得记录的一件事情是什么。

2. 记录清明，创意表达。

（1）说一说可以用什么方法把清明节的经历和收获记录下来。

（2）选择一种方法记录这个清明节的经历和收获,尤其要把自己感受最深刻的事情记录下来。

方法：写日记,绘图,解说视频。

3. 展示分享,品味清明意蕴。

展示分享自己的记录作品,请同学说说从自己的记录中了解了清明节的哪些内涵。

板块二：复盘反思,促进迁移

1. 师生一起回顾学习历程,结合成功标准进行自我评价。

成功标准：

（1）了解了更多有关清明节气的知识,在阅读中认识了更多的字,积累了新的词语；在口语和书面表达中,能积极运用与清明节气有关的字词。

（2）积极主动地参加了制作青团、画蛋、绘制风筝、郊野踏青等活动。

（3）在小组合作中做出了贡献,帮助小组有创意地完成了任务。

（4）运用自己喜欢的方式,用心记录了清明节气独特的事情,并跟同学清楚明白地分享了收获。

（5）准备利用课外时间和小组同学一起,研究了解二十四节气中的其他节气。

2. 鼓励学生自主研究、了解更多关于二十四节气的知识和文化。

（二）活动建议

"探秘二十四节气之清明"是根据《义务教育语文课程标准（2022年版）》中"跨学科学习"学习任务群"学习内容"提示创设的,是与学生的实际学习和日常生活紧密联系的跨学科主题学习活动。二十四节气的自然属性与儿童的自然本性相契合,为儿童提供了接触自然、了解人文风俗的桥梁。儿童在亲近自然、感受民俗的过程中学会探究、获得发展。

1. 与"新课标"中"跨学科学习"学习任务群的"学习内容"紧密呼应。

《义务教育语文课程标准（2022年版）》中"跨学科学习"学习任务群第二学段要求,"关注传统节日节气、民俗风情、民间工艺、历史和传说等"。二十四节气是中国古人根据节气与农耕关系的观察经验,总结出的天象变化与季节、气候、植物生长之间的变化规律,体现了人与自然和谐共处的"天人合一"的哲学思想。

清明是二十四节气中的第五个节气,清明节是中国传统节日中唯一一个以节气命名的节日。清明节也是中国人祭祀祖先、缅怀亲人的重要日子,蕴含着丰富的文化内涵。这些文化传承发展到今天,深刻地影响了中国人的文化体验和精神成长。设计与实施"探秘二十四节气之清明"跨学科主题学习,要紧扣"新课标"要求,密切联系学生的生活实际,从多角度引领学生丰富对清明节的理解和体验,促进学生对传统节日、节气文化的亲近和热爱,种下传承传统节日文化的种子。

　　2. 由已知探索未知,充分激发学生的"探秘"兴趣。

　　在"探秘二十四节气之清明"跨学科探索实践中,要从关注外在目标的设计,逐步转向关注儿童的精神成长。清明节这一传统节日对于三年级学生们来说并不陌生,但他们又对此了解不深。杜威曾说过:"教学绝不仅仅是一种简单的告诉,教学应该是一种过程的经历、一种体验、一种感悟。"只有经历主动和建设性的学习,才能实现学生学习和生活的连接,才能充分发挥教学的育人价值。所以,开展这个主题学习活动,要充分调动学生已有的生活经验,以真实的任务驱动,引导学生拓宽思路,结合自己的校内外生活,交流分享清明节的活动和经历,激发学生探秘二十四节气的热情和积极性。以制作青团、画蛋、绘制风筝、郊野踏青为活动媒介,指导学生综合运用语文、科学、美术、劳动多学科的知识和技能,由已知探索未知,充分激发学生的"探秘"兴趣,在实践中体验,在探究中感受和发现,促进学生的成长。

　　3. 关注跨学科学习宗旨,提高语言文字运用能力。

　　"探秘二十四节气之清明"这一跨学科学习任务,旨在充分发挥跨学科学习的整体育人优势,开展丰富多样的学习活动,引导学生在广阔的学习和生活情境中学习语文、运用语文,通过小组讨论、分享交流、汇报展示等方式,不断提升学生交流沟通、团队协作和实践创新的能力。在任务实施过程中,教师要着力培养学生掌握问题探究的基本步骤和方法,提高学生综合运用多学科知识解决实际问题的能力,同时帮助学生在综合运用多学科知识发现问题、分析问题、解决问题的过程中提高语言文字运用能力。

　　为了帮助三年级学生对清明文化有更多体验和更丰富的了解,保护和激发学生的跨学科学习兴趣,在任务实施过程中,教师需要准备丰富的学习资源。这些学习资源包括:

　　1. 与清明节气相关的古诗,如《清明》(杜牧)、《清明》(王禹偁)、《清明》(黄庭坚)、《寒食》(韩翃)、《清明夜》(白居易),等等。

　　2. 关于清明节气文化的视频资源,包括清明起源、清明食品、清明习俗等方面。

　　3. 关于清明节气的图画书,如《清明节》《奶奶的青团》《雨纷纷的清明节》《清明节的故事》《这就是中国:清明节》《清明去踏青》等。

　　　　　　　　　　　　　　(编写人:北京亦庄实验小学　冯会娜)

第 11 讲　探秘国宝大熊猫——撰写国宝档案

本课例的学习主题为"探秘国宝大熊猫——撰写国宝档案"。

《义务教育语文课程标准(2022 年版)》"跨学科学习"学习任务群"学习内容"中指出,第二学段要"选择自己发现和关心的日常语言、行为、校园卫生、交通安全、家庭教育等方面的问题进行调查研讨,尝试写出简单的研究报告,与同学交流"。

国宝大熊猫在海内外的生存状况一度成为社会关注的热点。以国宝大熊猫为研究对象展开跨学科学习,可以在潜移默化中锻炼学生的探究能力,增强其社会责任感;以动物为主题内容的跨学科学习活动,也更能激发学生的学习兴趣。

《义务教育语文课程标准(2022 年版)》在"跨学科学习"中提出:"本学习任务群旨在引导学生在语文实践活动中,联结课堂内外、学校内外,拓宽语文学习和运用领域……""国宝大熊猫"也是统编教材三年级下册第七单元的习作内容,本单元的习作要素要求学生初步学习整合信息,了解从不同方面把一个事物介绍清楚的方法。学生可以通过查找资料、调查采访等方式,搜集大熊猫的信息资料,进而从不同的方面了解大熊猫、介绍大熊猫,从而强化保护熊猫、保护自然的意识,增强公民责任感。

(一)目标设定

在"探秘国宝大熊猫"跨学科学习活动中,需要综合运用语文、科学、美术、信

息技术等学科的知识和技能,学习目标确定如下:

1. 在文本阅读时,能借助关键词句提取信息,并对信息进行梳理与整合。

2. 能借助网络,搜索需要的信息;学会借助表格、图画等方式记录信息,提升自己的信息检索与整理能力,并能根据信息得出研究结论。

3. 在搜集信息的过程中,能不断提出有价值的问题,并能通过请教他人或自己探索,尝试解决问题。

4. 在探究事物的过程中,能整合不同方面的信息,把事物描述清楚,提高语言文字运用能力。

(二) 评价设计

"探秘国宝大熊猫"以学习目标为导向,活动评价兼顾学习过程和学习结果,既注重对学科知识掌握的评价,也注重学生学习过程中的表现,如合作沟通能力等。

1. 产品评价——注重分层,关注差异。

"探秘国宝大熊猫"学习活动中,每一个子任务都对应一个成功标准,分"接近""满足""超出"三档给出评价标准,学生可以据此进行自评与他评。学习过程中,学生能知道自己要达成什么样的目标,怎么样才算达成了目标,做到心中有数。

2. 合作评价——关注素养。

本次跨学科学习的信息搜集需要小组协同,合作共享,以便提高学习效率。合作过程中,要关注学生协作能力、沟通能力的培养,因此需要给出量规,引导学生合理分配角色和任务,帮助学生更好地沟通合作。

关于熊猫档案的评价设计表

评价内容	接近成功标准	满足成功标准	超出成功标准
熊猫成长档案	1. 能从 3 个方面对熊猫进行描述;能准确地写清楚熊猫的特征。	1. 能从 3~4 个方面对熊猫进行描述,信息内容真实,能准确地表现熊猫的特征。	1. 能从 3~5 方面对熊猫进行描述,信息内容真实详细,能准确地表现熊猫的特征。

评价内容	接近成功标准	满足成功标准	超出成功标准
熊猫成长档案	2. 语句通顺,语意清楚,有段落。 3. 图文结合。	2. 语句通顺,语意清楚,段落层次分明,表达有条理。 3. 图文结合,描述生动,设计新颖。	2. 语句通顺,语意清楚,词汇丰富,段落层次分明,详略得当,表达清晰、有条理。 3. 图文结合,设计新颖,富有创意,描述生动。

小组合作评价表

评价项目	评价标准	自我评价 ★★★★★	同伴评价 ★★★★★
团队协作	能与他人共享信息,积极交流。		
有效沟通	能用礼貌用语与小组成员进行沟通;发生矛盾时,能通过交流达成目的。		
任务完成	能按时、尽责地完成小组内的分工。		

三、情境与任务

（一）任务情境

动物界的"活化石"——大熊猫,因其可爱的外表和重要的地位而颇受人们的关注。作为中国的国宝,大熊猫也成了中国文化的代表之一。三年级学生正值好奇心强、求知欲旺盛的年龄段,提起大熊猫会自然引发丰富的联想,脑海中的已有知识也因此鲜活起来。

学习情境的创设,可以在总结单元课文内容的基础之上,结合单元习作任务,引出对大熊猫的讨论。教师出示熊猫图片,让学生围绕问题"关于大熊猫,你知道什么?"展开讨论,并借助短片《熊猫成长记》,引起学生对探究对象的关注与兴趣,激发探究欲。在此基础上,借由问题"关于大熊猫,你还想知道什么?",让学生打开"脑洞",大胆探索,形成班级探究问题墙,借此发布学习任务,开启跨学科主题学习:"探秘国宝大熊猫——撰写国宝档案"。

(二) 学习任务

1. 任务框架。

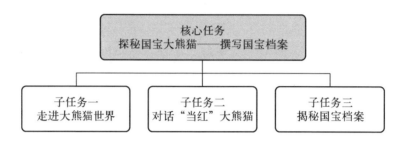

2. 任务说明。

(1) 核心任务。

统编教材三年级下册第七单元以"国宝大熊猫"为单元习作话题,建议在搜集整合资料的基础上撰写习作。教材内容与社会关注的话题联系密切,且动物主题的探究容易激发学生的学习兴趣,符合该年龄段学生的认知特点。信息技术课三年级下学期正学习"浏览网页",这也正符合当下课程学习中学生的需求,便于学生自己检索信息,获得新知。通过"提出问题—寻找答案—分享交流—反思修正—整合信息—得出结论"的探究步骤,融合语文、美术、科学、信息技术等学科的知识和技能,完成对主题的探索。原本单一的习作任务在这里进一步丰富化、趣味化。学生在探究、实践过程中既能提高语言文字运用能力、信息检索整合能力,也能陶冶个人情操,生发出对整个自然界的情感以及对生态系统的关注。

(2) 子任务。

子任务一:走进大熊猫世界。

大熊猫外形可爱,是人见人爱的动物,这样的国宝备受大家喜欢,也容易引发人们的好奇心。借助短片《熊猫成长记》,观看大熊猫的日常生活,引起学生对大熊猫的兴趣,激发探究欲望,引发话题讨论。在此基础上教师发布任务,借助问题"关于大熊猫,你还想了解什么?",让学生说出自己关于大熊猫最感兴趣的问题,形成班级"问题墙",并由此展开对大熊猫的初步探索。

子任务二:对话"当红"大熊猫。

借助班级"问题墙",在初步了解大熊猫某一方面奥秘的基础上,引导学生分别以三只备受关注的大熊猫——"和花""丫丫""冰墩墩"为研究对象,探索大熊猫生长发育的特点、在国际交流舞台上扮演的角色以及在文化传播方面的重要价值等,进而感受到大熊猫的国宝价值不仅仅体现在科学研究方面,更是中华文化的一个象征符号。在这一探究活动中,学生需要运用信息技术课所学的相关内容,借助网络搜索获取所需信息,并根据数据信息深入思考,形成初步的探究结论。

子任务三:揭秘国宝档案。

完成上述两个子任务后,学生对熊猫的了解更加深入,对熊猫的喜爱之情也进一步加深。在此基础之上,鼓励学生小组合作,撰写"国宝档案",从不同方面把熊猫介绍清楚,与大家一起分享研究成果。

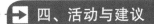

四、活动与建议

(一) 活动历程

子任务一　走进大熊猫世界

板块一:观看视频,引发兴趣,交流分享大熊猫知识

1. 观看短片《熊猫成长记》。

2. 围绕大熊猫话题进行交流与分享。

(1) 请结合自己的经验说一说大熊猫给你留下了怎样的印象,并说明理由。

(2) 生活中你见过大熊猫吗? 关于大熊猫,你都知道什么?

预设:学生自由发言,教师相机板书,将学生的发言内容按照不同板块分类,适时总结。

板块二：提出问题，合作探究

1. 思考交流，形成班级"问题墙"。

(1) 关于大熊猫，你还想知道什么？为什么？

预设：为什么大熊猫是中国的国宝？为什么它像熊，我们却叫它"猫"？大熊猫吃肉吗？为什么称大熊猫为"活化石"？大熊猫会发脾气吗？大熊猫的祖先是谁？大熊猫为什么只有黑白两色？……

(2) 借助问题，了解任务。

大家对大熊猫的世界充满了好奇与疑问，不妨开启一场大熊猫发现之旅，把你的发现撰写成"国宝档案"，让更多人了解我们的国宝大熊猫。

2. 选择问题，初步合作探究。

(1) 小组交流，选出2～3个感兴趣的问题。

(2) 分工合作，查找资料，完成探究任务单。

国宝大熊猫探究任务单	
小组名称	
小组探究问题1	
资料获取方式	① 上网检索　② 翻阅书籍　③ 询问老师　④ 询问家长　⑤ 其他_____
探究结果	
小组探究问题2	
资料获取方式	① 上网检索　② 翻阅书籍　③ 询问老师　④ 询问家长　⑤ 其他_____
探究结果	

小组探究问题3	
资料获取方式	① 上网检索　② 翻阅书籍　③ 询问老师　④ 询问家长　⑤ 其他_____
探究结果	
组员分工	
探究感受	

3. 小组分享探究结果,交流探究感受。

在初次探究中,你有哪些收获? 说说你的想法。

子任务一的评价标准:

评价项目	★★★标准	★★标准	★标准	等级（自我评价）	等级（教师评价）
内容	1. 能选择2~3个问题展开探究。 2. 能运用多种方式获取信息。 3. 探究结果内容准确、详尽、深入。	1. 能选择2~3个问题展开探究。 2. 能运用1~2种方式获取信息。 3. 探究结果内容准确、比较详细。	1. 能选择1~2个问题展开探究。 2. 能运用1种方式获取信息。 3. 探究结果内容准确、简单。		
语言	语言表达通顺流利,逻辑清晰。	语言表达通顺。	语言表达比较通顺。		
合作	成员分工明确,参与度高。	成员分工较明确,参与度较高。	成员分工不太明确,参与度不高。		

子任务二　对话"当红"大熊猫

板块一：认识"和花"，发现大熊猫成长的奥秘

1. 激趣导入，观看视频《花花成长记》……

2. 思考交流：看完视频，你有什么收获和感受？

预设：引导学生关注大熊猫出生时和长大后的身形差异，从而理解这一物种繁殖的艰难，进而理解其存在的珍贵意义。

3. 搜索信息，完善数据。

(1) 大熊猫的生长变化是一个非常神奇的过程，请打开浏览器，在搜索栏中输入搜索问题，获取信息，完善表格。

搜索问题示例：刚出生时的大熊猫有多重？

大熊猫生长变化数据记录表

	刚出生	1个月	6个月	1岁	3岁	10岁
身高(cm)						
体重(kg)						

(2) 已知一个鸡蛋的重量约为 50 g，长度约为 8 cm；一瓶矿泉水的重量约为 500 g，高度约为 25 cm；一个普通西瓜的重量约为 10 kg；一名 9 岁儿童的体重约为 28 kg，身高约为 130 cm。请你结合表格中的数据，说一说，大熊猫的生长变化过程是怎样的。

语言支架：刚出生的熊猫身高……，体重……，相当于……个鸡蛋的大小；1个月的熊猫身高……，体重……，相当于……

(3) 通过上述数据信息，你有什么疑问或是发现？

预设：分享交流问题，并引导学生自主搜索答案，得出结论。例如：刚出生时的熊猫很小，但是成年熊猫很大，生长变化较快。

板块二：对话"丫丫"，了解海外大熊猫

1. 阅读非连续性文本资料一，并完成问题。

资料一：

旅美大熊猫"乐乐"突然离世！

据中国动物园协会消息并与美国田纳西州孟菲斯动物园确认，25 岁的旅美大熊猫"乐乐"于美国当地时间 2023 年 2 月 1 日早晨被发现死亡。

美国孟菲斯动物园在官网发布了"乐乐"不幸去世的消息，称全体员工深感哀痛。通告里称"乐乐"是只个性活泼可爱的大熊猫，爱吃苹果，喜欢嬉戏，高兴起来会用新鲜竹叶遮盖身体自得其乐。

"乐乐"自抵达美国以后，20 年来给孟菲斯市民，以及数百万的游客带去了无尽欢乐。通告称，"乐乐"是代表大熊猫物种的卓越使者，是中美两国在大熊猫保护研究合作领域熠熠闪光的象征。

2003 年 4 月，雌性大熊猫"丫丫"和雄性大熊猫"乐乐"一同前往美国田纳西州孟菲斯动物园，开始 10 年的旅居生活。2013 年协议到期后，又延长了 10 年。

中国相关部门对大熊猫"乐乐"突然去世十分关切，并深表遗憾和惋惜。中方已通知美方妥善保存尸体，并及时组建专家组，尽快前往美国孟菲斯动物园，与美方专家共同开展大熊猫死亡原因调查。

(1) 去世的大熊猫叫作＿＿＿＿＿＿＿＿，它是一只＿＿＿＿＿性大熊猫。它在
＿＿＿＿＿＿＿＿＿＿(地点)生活了＿＿＿＿年，活了＿＿＿岁。

(2) 这只去世的大熊猫很重要，一方面，它给人们＿＿＿＿＿＿＿＿＿＿＿＿＿＿
＿＿＿＿＿＿＿＿＿＿＿＿＿＿＿＿＿＿＿＿＿＿＿＿；另一方面，它还是＿＿＿＿
＿＿＿＿＿＿＿＿＿＿＿＿＿＿＿＿＿＿＿＿＿＿＿＿＿＿＿＿＿＿＿＿＿＿＿＿＿
＿＿＿＿＿＿＿＿＿＿＿＿＿＿＿＿＿＿＿＿＿＿＿＿＿＿＿＿＿＿＿＿＿＿＿。

(3) 得知"乐乐"去世的消息后，中国相关部门是怎么做的？

＿＿＿＿＿＿＿＿＿＿＿＿＿＿＿＿＿＿＿＿＿＿＿＿＿＿＿＿＿＿＿＿＿＿＿。
＿＿＿＿＿＿＿＿＿＿＿＿＿＿＿＿＿＿＿＿＿＿＿＿＿＿＿＿＿＿＿＿＿＿＿。

2. 阅读资料二、资料三，说一说，你知道了什么。

资料二

刚刚，"乐乐"死因公布

  中国动物园协会 2023 年 4 月 27 日发布情况说明：旅美大熊猫"乐乐"于美国当地时间 2023 年 2 月 1 日凌晨不幸死亡。随后中方立即成立专家组赴美国孟菲斯动物园，与美方专家一起对其进行尸检。

  根据尸检结果初步判断，心脏病变可能是导致其死亡的主要原因。通过对"乐乐"70 多个样品的病理学和病原学检查，最终结果支持尸检的初步判断。下一步，其遗体经检疫查验合格并做好生物安全保障后，将用于科学研究。

资料三

"丫丫"顺利回国，下一步安排

  今天（2023 年 4 月 27 日）16 时 26 分，23 岁的旅美归国大熊猫"丫丫"抵达上海浦东国际机场，在中方兽医和工作人员的陪护下，前往封闭隔离检疫区。

  2003 年 4 月，"丫丫""乐乐"旅居美国田纳西州孟菲斯动物园。按照合作协议，于今年到期回国。今年 2 月，"乐乐"因心脏病离世，终年 25 岁，遗体同机返回国内。

  为保障"丫丫"安全顺利回国，3 月 16 日，北京动物园选派了经验丰富的饲养员和兽医赴美参与饲养护理，熟悉掌握"丫丫"的生活习性和饲养情况，开展行为训练、日常体检和健康评估等工作。

  为做好"丫丫"隔离检疫，上海动物园设立了专门的隔离检疫场所，含室内兽舍、室外运动场、饲料加工间等，室内兽舍加装空调，同时准备了丰富足量的竹子和辅食。在隔离检疫期间，北京动物园专家团队将驻场全天 24 小时陪护，针对"丫丫"高龄、生活环境变化等特殊情况，精心做好饲养护理、健康监测和诊疗诊治等，陪伴"丫丫"度过一个月的隔离期，尽快适应回国生活。

  据了解，中美开展大熊猫合作研究二十年来，在饲养管理、疾病防控、人员培训、公众教育、人文交流等多方面取得良好成效，为促进濒危物种保护研究和增进中美人民友谊发挥了积极作用。

  预设：大熊猫也会生病，我们国家已经把"丫丫"接回来，让它更好地生活。

大熊猫的生存环境很重要,全世界的人都在为保护大熊猫做出努力……

3. 读完这三则资料,对于如何保护大熊猫,你有哪些感受和想法?

预设:了解大熊猫,保护大熊猫栖息地,向更多的人尤其是海外的人进行宣传,呼吁大家保护大熊猫。

4. 承接思考,发布任务。

设计一幅平面广告,以大熊猫为主题;写一条宣传标语,呼吁大家关注大熊猫。

	★★★标准	★★标准	★标准	等级（自我评价）	等级（教师评价）
内容	1. 图画设计美观,有创意。 2. 广告语简洁、完整,语句通顺,有文采。	1. 图画设计美观。 2. 广告语简洁、完整,语句通顺。	1. 有完整图画。 2. 广告语完整。		

板块三:对话"冰墩墩",探索大熊猫背后的中华文化

1. 问题分享和讨论:除了我们介绍的"和花"和"丫丫",你还知道哪些大熊猫明星?

2. 除了出任外交使者,大熊猫的形象也常常在重要场合作为吉祥物出现,比如"冰墩墩"。阅读下面的短文,回答问题。

阅读资料:

"冰墩墩"

2019 年 9 月 17 日,由广州美术学院师生团队创作的"冰墩墩"从全球5816 件参选作品中脱颖而出,被确定为 2022 年北京冬奥会吉祥物。

"冰墩墩"怎么会是一只身披冰壳的熊猫呢?其实,冰糖葫芦是"冰墩墩"最初的创意来源。刘平云说,冰糖葫芦是他儿时对北京的记忆,而且糖葫芦外表的"冰壳"也与冰雪运动或多或少有些联系。后来,为了进一步体现中国文化特色,设计团队将"冰壳"内的包裹(guǒ)物最终确定为熊猫,因为熊猫是中国本土的珍稀动物,是我们的国宝,它代表中国。

当确定"冰壳"包裹物为熊猫后,设计团队又遇到一个新难题:熊猫在很多大型活动中都当过吉祥物,怎么才能设计出一个新颖独特,且与冬奥会紧密相关的熊猫形象呢?林存真的一句话点醒了大家:"能不能把'冰丝带'融进去?"大家立即着手去做。当象征着冰雪运动赛道的彩色光环真的出现在熊猫脸上时，这个身披冰壳的熊猫看上去酷(kù)似航天员，一下有了未来感、科技感！由此，冰外壳、中国国宝、"冰丝带"，再加上现代科技感——这样的整体创意一下子让大家的心亮了起来！

"冰墩墩"的名字又是怎么来的呢？林存真说，冰糖葫芦原来也叫糖墩儿，"墩儿"是一个特别有意思的词，有一种北方冬天的特点，也特别亲切，像邻家小孩一样特别健康、活泼、可爱。后来发现，南方人和外国人很难读出"墩儿"，因此就将名字最终改为"冰墩墩"。

(1) 仔细观察下面两幅图，你认为哪一幅是"冰墩墩"？请说明理由：

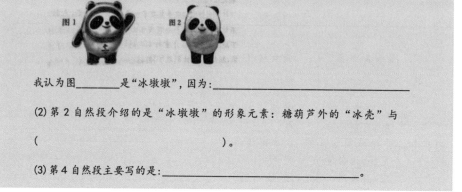

我认为图_____是"冰墩墩"，因为：_____

(2) 第2自然段介绍的是"冰墩墩"的形象元素：糖葫芦外的"冰壳"与

(   )。

(3) 第4自然段主要写的是：_____。

3. 除了"冰墩墩"，你还知道哪些知名的大熊猫吉祥物？请完成表格，并与同学分享调研结果。

"大熊猫"吉祥物收集卡	
吉祥物形象图片或手绘	
姓名	
身份	
形象元素	
给我留下的印象	

子任务三　揭秘国宝档案

1. 读文思考,梳理脉络。

(1) 阅读叶永烈的《国宝——大熊猫》,两人一组,合作完成本篇文章的思维导图。

(2) 结合思维导图,说一说,短文从哪几个方面介绍了大熊猫?

(3) 结合我们的探究经验,说一说,关于大熊猫,你还想补充介绍哪些方面的信息?

2. 完成"大熊猫档案"。

(1) 思考交流:为大熊猫撰写档案,应该包括哪些内容? 哪些是必须要写的,哪些是可选择的?

预设:名字,类别,身高,体重,社会地位,别称,外貌特征,生活地点,饮食习惯,行为习惯,文化特征……

思考交流:怎样才能让你的大熊猫档案更受关注?

预设:图文结合,语句生动,内容真实……

(2) 小组合作,设计撰写大熊猫档案。

(3) 完成档案撰写,分享研究成果。

3. 小组投票,参考标准,评选出最佳"大熊猫档案"。

(二) 活动建议

1. 任务驱动式的问题探究,助力学生自主学习实践。

"跨学科学习"学习任务群提示我们,要引导学生在广阔的学习和生活情境中学语文、用语文,提高团队合作和实践探究能力,同时要注意引导学生掌握问题探究的步骤和方法。

"探秘国宝大熊猫——撰写国宝档案"跨学科主题学习,以社会生活中的热门话题为切入点,借助驱动性学习任务,引导学生展开自主探究,通过多学科协同,帮助学生明确探究学习路径:提出问题—查找资料—分享信息—形成结论—畅谈感受。此任务以学习目标为导向,以训练阅读能力与写作能力为主线,同时融合信息技术、科学、美术等学科的知识和方法,引导学生在任务情境中主动探究,不断发现。课程学习过程中,学生用会思考的头脑去质疑、思辨,用智慧的眼睛去发现,记录大熊猫的成长奥秘,从而更加了解这一物种存在的重要意义与自然价值,生发出对自然的敬畏之心。

本次学习是在任务驱动之下基于真实情境的有意义的探究学习。这一过程中,学习成为学生交流和表达、创造和分享的过程。学生掌握运用多学科知识技能解决问题的方法,形成新的问题解决思路,产生奇妙的学习体验。

2. 关注学生语言文字运用能力的发展,促进学生核心素养的综合提升。

语文跨学科学习始终以发展学生语言文字运用能力为核心目标,其他学科的融入都是为这项核心目标服务的。要寻找语文课程与其他课程之间的联系,形成更丰满、立体的学习内容。在"探秘国宝大熊猫——撰写国宝档案"学习过程中,学科之间融会贯通,相辅相成,满足学生学习与成长需求,达成整体育人目标。

无论是"发现大熊猫生长的奥秘",还是"对话'当红'大熊猫",都离不开多维度的语言运用和大量的语言训练,"提升学生语言文字运用能力"这一核心目标在此任务中得到落实。

"探秘国宝大熊猫——撰写国宝档案"学习任务不仅提高了学生语言文字运用能力,还促进了学生核心素养的全面提升。

首先,培养了学生发现问题、分析问题、解决问题的探究能力。从起初的"问题墙",到结合文本信息的思维发散、畅谈感受,每一次话题讨论都积极调动学生的思维。学生掌握了问题探究的基本步骤和方法,学会表达、呈现学习结果,提升了问题探究能力。

其次,培养了学生的审美创造力。图文结合的保护熊猫宣传广告,以及引人注目的"国宝档案",不仅需要精准的文案,更需要一定的设计美感。在完成作品的过程中,如何设计版式,如何绘制图案,都需要学生深入思考,需要一定的审美创造。"吉祥物图案"收集活动则能进一步引导学生欣赏艺术背后的文化内涵,培养学生的审美能力。

最后,小组分工合作学习也能培养学生的合作能力,提高学生交流沟通的效率。

为了帮助三年级学生更好地达成课程目标,教师需要准备丰富的学习资源。这些资源包括:

1. 短视频:《熊猫成长记》《花花成长记》。

2. iPanda 熊猫频道(关于大熊猫的知识性资源,包括视频、图片等)。

这些视频资源可以在探究活动中用于导入话题,不断引发学生的学习兴趣,还可以在探究的过程中随时随地利用碎片化时间进行观摩,丰富学生对大熊猫的了解。

3. 非连续性文本资料:中国日报、中国新闻网、央视新闻等公众号上关于"丫丫"的新闻报道。部分资源也可在 iPanda 熊猫频道公众号上获取,以便随时随地关注熊猫的最新动态。

4. 短文《国宝——大熊猫》,作者叶永烈。短文《"冰墩墩"》,根据新闻资料改写。上述文本内容也可通过搜索相关网页、公众号文章获得。

5. 纪录片:中国珍稀物种系列纪录片《大熊猫》《熊猫之境》。

6. 社会资源:北京动物园、北京野生动物园。

7. 相关书籍:《大熊猫,国宝的百年传奇》。

(编写人:北京亦庄实验小学 李 杰)

四年级

第 12 讲　花中四君子

➡ 一、主题与内容

　　本次跨学科学习以"花中四君子"为主题。"花中四君子"是指梅、兰、竹、菊。千百年来,因清纯高雅的品质,它们一直为文人墨客所钟爱,是诗词书画常常引用的意象与题材。久而久之,"花中四君子"成为人格品性的象征,也代表着中国人的气节。因此,让学生通过自主感知、阅读理解、创意表达,感知梅、兰、竹、菊原本的特性与其象征的精神品质,并与自己建立情感链接,对培养学生的人格品质有着极其重要的作用。

　　《义务教育语文课程标准(2022 年版)》在"跨学科学习"学习任务群中提出:"本学习任务群旨在引导学生在语文实践活动中,联结课堂内外、学校内外,拓宽语文学习和运用领域;围绕学科学习、社会生活中有意义的话题,开展阅读、梳理、探究、交流等活动,在综合运用多学科知识发现问题、分析问题、解决问题的过程中,提高语言文字运用能力。"本次跨学科主题学习以统编教材中《卜算子·咏梅》《梅花》《墨梅》《竹石》等以梅、兰、竹、菊为意象的古诗词为基础。古诗词学习属于"语言文字积累与梳理"学习任务群,课程标准第二学段要求学生诵读、积累短小的古诗词,丰富自己的词汇,分类整理、交流,初步认识中华优秀传统文化蕴含的思想。围绕本次跨学科学习的主题,可以聚焦与梅、兰、竹、菊相关的古诗词,除了分类梳理、诵读、积累,还要让学生理解这四个意象的文化内涵,洞察从古至今人们选用梅、兰、竹、菊来托物言志、抒发情感的意旨,最终与自己的生活相联结,产生情感共鸣,以"四君子"精神激励自己,锤炼自己的品质与信念。跨学科学习过程中,课内知识与课外拓展相结合,体验与探究并行,引导学生透过语言文字与"花中四君子"进行精神对话,建立情感联结,并能用自己喜欢的方式展示研究成果,提高语言文字运用能力,培养良好的品质与人格。

→ 二、目标与评价

(一) 目标设定

《义务教育语文课程标准(2022 年版)》"跨学科学习"学习任务群"学习内容"中指出,第二学段要"探寻日常生活中龙凤、松竹梅兰等中华文化意象。积极参加学校、社区举办的文化主题活动,在活动中学习语文,获得多样的文化体验"。四年级学生已初步具备根据某一主题进行深入探究的能力,但缺少对与这一主题相关的文学知识的系统了解,凭借生活经验理解诗词意象背后的含义也有一定难度,需要在收集积累相关资料、深入探究过程中不断与文字对话,透过语言文字感知诗人的情感和创作意图,跟自己的生活建立联系,学会托物言志的表达方法。

课标"教学提示"中要求"注意引导学生掌握问题探究的基本步骤和方法,学会提炼、表达、呈现学习成果,着重培养学生综合运用多学科知识解决实际问题的能力"。本次跨学科学习需要综合运用语文、道德与法治、音乐、美术、戏剧等学科的知识和技能,学习目标定位如下:

1. 通过亲自养护植物,查阅相关知识,访问相关人员,了解梅、兰、竹、菊的植物特性。

2. 阅读有关梅、兰、竹、菊的文章,积累并运用与其相关的古诗词,了解它们分别代表着中国传统文化中高洁、清逸、有气节和淡泊名利的品格。

3. 运用文章、诗歌、演讲等方式记录自己与梅、兰、竹、菊的故事,表达自己与之相关的情绪感受,激发对中华传统文化的认同与热爱。

4. 举办"花中四君子"主题文化展,能够用自己喜欢的方式参与布展,呈现个人作品,进行个性化的表达。

(二)评价设计

"花中四君子"跨学科学习评价伴随着整个学习任务进程展开,具有目标导向性,不仅注重学科知识和能力的评价,而且关注学生在整个学习过程中表现出的收集资料、探究理解、合作沟通、解决问题等综合素养。下面是针对具体的学习活动设计的成功标准和评价量规。成功标准要在活动开始之前就让学生了解,评价量规要与活动同步提供给学生。

1. 过程性评价。

评价项目	满足成功标准	超出成功标准	接近成功标准
了解梅、兰、竹、菊的植物特性	1. 能够从梅、兰、竹、菊中选择自己喜欢的一种植物,悉心养护。 2. 能够使用多种搜集方法搜集有关梅、兰、竹、菊植物特性的资料。 3. 能够把搜集到的资料进行分类整理,在小组内汇总。	除满足成功标准所列的3项外,还能做到: 1. 能够在小组和班级内介绍自己喜欢的一种植物的生长规律和特性。 2. 能够用日志的方式记录自己养护植物的过程与心情变化。	至少达到满足成功标准所列的第1、2项要求。
积累与"花中四君子"梅、兰、竹、菊相关的古诗词,了解其代表的品格	1. 能够尽可能多地收集有关梅、兰、竹、菊的古诗词,诵读积累。 2. 能够结合诗人创作的背景资料和梅、兰、竹、菊的植物特性,了解"花中四君子"所表达的文化内涵以及它们所代表的精神品质。 3. 能够结合具体的诗人和诗词,向同学们讲述"花中四君子"所代表的文化内涵和品质。	除满足成功标准所列的3项外,还能做到:在当前研究的基础上,聚焦某一诗人,了解其生平和历史背景,深度探究"花中四君子"所代表的品质与人格。	至少达到满足成功标准所列的第1、2项要求。

评价项目	满足成功标准	超出成功标准	接近成功标准
记录和讲述自己与梅、兰、竹、菊的故事	1. 拓展阅读与梅、兰、竹、菊相关的文章，了解如何通过事物表达自己的情感和志向。 2. 故事主题明确，能够结合自己的生活，表达自己的真情实感。 3. 能够向他人讲述自己与"花中四君子"的故事。	除满足成功标准所列的3项外，还能做到： 1. 文章内容有深意，能够引发同学们的共鸣，并激励他人。 2. 讲述故事的方式丰富多样，可以借助多媒体等辅助方式。	至少达到满足成功标准所列的第1、2项要求。
"花中四君子"主题文化展	1. 主题明确，要点突出，能够结合自己的生活，展示"花中四君子"的相关作品，让同学们全面了解梅、兰、竹、菊的知识与文化内涵。 2. 作品有新意，布展有创意，介绍时表达清楚、声音清晰洪亮。 3. 讲解生动，能够采用多种方式介绍。	除满足成功标准所列的3项外，还能做到： 1. 能够和观众进行互动，例如设置提问、交流环节。 2. 小组内能够合理分工，均衡分担任务。	至少达到满足成功标准所列的第1项要求。

2. 终结性评价。

评价项目	评价标准	自我评价 ★★★★★	同伴评价 ★★★★★
参与态度	积极参与各项学习任务，承担具体工作。		
	在小组合作中主动参与、积极沟通；乐于倾听他人想法，帮助他人。		
完成质量	能够理解并完成自己分担的具体任务，根据要求查阅资料、调查访问。		
	能够围绕一个方面，整理汇总资料，完成自己与梅、兰、竹、菊的故事的撰写。		
	能够和小组成员一起展示介绍"花中四君子"，分享时态度大方、表达清楚。		

评价项目	评价标准	自我评价 ★★★★★	同伴评价 ★★★★★
完成质量	在活动过程中对"花中四君子"的知识有更多的了解,热爱中华传统文化,乐于在之后的学习生活中把自己新了解的内容与同学交流。		

➡ 三、情境与任务

（一）任务情境

学生在学校和日常生活中已诵读、积累过有关梅、兰、竹、菊的古诗词,所以对梅、兰、竹、菊并不陌生。创设学习情境,可以先由学生熟悉的古诗词导入。如果学生积累的诗词足够多,也可以采用飞花令的方式,让学生尽可能多地回顾与梅、兰、竹、菊相关的诗句。之后,再让学生说一说对这四种植物中哪一种更感兴趣;如果要养护一种植物,会选择哪一种;用什么样的方式照顾植物;等等。

接下来,教师从学生的实际需求出发,发布本次跨学科的学习任务——举办"花中四君子"主题文化展,开启跨学科主题学习。

（二）学习任务

1. 任务框架。

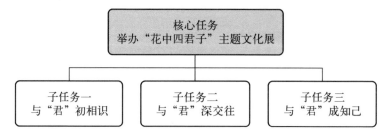

2. 任务说明。

（1）核心任务。

本次跨学科学习的核心任务是举办"花中四君子"主题文化展。这一核心任务符合四年级学生的年龄特征和认知特点,让学生综合运用语文、美术、音乐、戏剧、音乐等学科的知识和技能,了解和学习与"花中四君子"相关的知识,感知优秀中华传统文化,培养文化自信。

要完成举办"花中四君子"主题文化展这一核心任务,学生在布展前需要有一定的知识、资料积累,要根据资料形成自己的观点,再用有创意、有吸引力的方式把学习成果展示出来。每一个学习环节都需要学生以学习主体的身份去搜集信息,内化信息,再进行个性化的输出。学习活动中,不仅要关注学生的语言文字运用能力,也要关注学生的实践体验,为学生提供学习支架,在成功标准引导下自主开展研究。

(2)子任务。

子任务一:与"君"初相识。

通过猜谜的方式引出本次主题的主人公——梅、兰、竹、菊"四君子",然后以飞花令的方式进行诗词接龙,回顾积累的有关诗句,让学生进入学习情境。然后发布第一项学习任务——养护"四君子",学生可以根据自己的兴趣选择喜欢的植物,说一说自己对梅、兰、竹、菊的初印象,想养护某一植物的理由。在这一子任务下,学生需完成两项学习内容:一是养一种自己喜欢的植物,可以带到学校照顾,注意做好养护日志;二是借助网络、书籍,走访专业人员,了解有关梅、兰、竹、菊的植物特性,小组内分工搜集资料,汇总后在组内互相介绍,全面了解四种植物。

子任务二:与"君"深交往。

在了解了植物本身的知识后,学生要进入深度学习。通过大量积累与梅、兰、竹、菊相关的古诗词,在诵读中感知诗词中梅、兰、竹、菊所代表的文化内涵和精神品质是否存在相似性,通过自主探究得出结论,了解中华传统文化中梅之高洁、兰之清逸、竹之气节、菊之淡泊这四种精神品格。除此之外,学生还需要搜集、了解相关的历史背景资料和诗人生平资料,探究诗人借物喻人、托物言志的表达方式,思考人的情感与事物所象征的文化内涵之间是如何发生关联的。

子任务三:与"君"成知己。

这个子任务包括撰写"我和'四君子'的故事"、布置"花中四君子"主题文化展两个学习活动。这两个学习活动既训练语言文字运用能力,又能展现综合运用多学科的知识和技能解决问题过程中产生的创意成果。学生先独立思考,结合自己的生活体验,撰写自己的故事;之后,小组分工协作,根据前期学习积累的资料、完成的作品,确定一个布展的主题,分工筹备,富有创意地展示跨学科主题学习的成果。

→ 四、活动与建议

(一) 活动历程

子任务一　与"君"初相识

板块一:游戏比拼,认识"四君子"

1. 猜谜语,知道梅、兰、竹、菊被称为"花中四君子"。

(1)出示谜语:

① 有叶不开花,开花不见叶。花开百花前,飘香傲风雪。(打一植物)

② 花中君子艳而香,空谷佳人美名扬。风姿脱俗堪钦佩,纵使无人也自芳。(打一植物)

③ 开在九月天,不招蜂和蝶。任凭西风起,霜打不凋谢。(打一植物)

④ 空心树,实心芽。千年不结子,万年不开花。(打一植物)

(2)猜一猜上面的谜语,说出你的答案。

(3)梅花、兰花、竹子、菊花这四种植物被人们称为"花中四君子",今天我们就要跟"君子"相识相交,了解它们更多的故事。

2. 飞花令,比拼诗词积累。

飞花令之带"梅""兰""竹""菊"的诗句接龙。

梅:墙角数枝梅,凌寒独自开;来日绮窗前,寒梅著花未?……

兰:兰叶春葳蕤,桂华秋皎洁;兰生谷底人不锄,云在高山空卷舒……

竹:竹喧归浣女,莲动下渔舟;爆竹声中一岁除,春风送暖入屠苏;竹外桃花三两枝,春江水暖鸭先知……

菊:采菊东篱下,悠然见南山;待到重阳日,还来就菊花;荷尽已无擎雨盖,菊残犹有傲霜枝……

　　思考：为什么许多文人墨客争相描写梅、兰、竹、菊，而且广为传颂？

　　3. 发布任务：举办"花中四君子"主题文化展。

　　"花中四君子"是中华传统文化中最具代表意义的文化符号之一，从古至今，有许多名人大家以它们为意象托物言志。这次跨学科主题学习我们要了解梅、兰、竹、菊这四种植物的特性、蕴含的品质，最终举办一场文化展，用富有创意的方式向大家介绍自己心中的"花中四君子"。

　　板块二：亲自养育，了解"四君子"

　　1. 从梅、兰、竹、菊中选择喜欢的一种植物养护。

　　（1）交流讨论："花中四君子"中，你最喜欢哪一个？说说理由。

　　（2）小组分工，确定自己想养护的植物。（小组内四个人，尽量一人一种。）

　　（3）课后自己准备要养育的植物及用品。可以把自己准备好的植物带到班级里，便于观察和照顾。

　　2. 查阅资料，了解自己所养植物的特性。

　　（1）查阅资料，将自己查到的资料进行记录和整理。网络资料要进行甄别和筛选，书籍上的资料要摘抄下来，口头接收的信息要及时记录。

梅、兰、竹、菊特征、习性汇总表

名称	植物特征、习性	开花季节、生长周期等
梅花		
兰花		
竹子		
菊花		

　　（2）以记"我的植物日志"的方式，记录自己所养植物的生长状态、外形特征、习性等。

　　（3）小组内分享收集的资料和自己的日常观察，进一步了解梅、兰、竹、菊这四种植物。

子任务二　与“君”深交往

板块一：诵读诗词，积累素材

1. 诵读诗词，探究古诗词表达的寓意。

(1) 诵读教师提供的有关梅、兰、竹、菊的诗词。

梅：《墨梅》(王冕)、《卜算子·咏梅》(陆游)。

兰：《古风其三十八》(李白)。

竹：《竹石》(郑燮)。

菊：《菊花》(元稹)。

(2) 反复朗读，读出自己对诗词的理解。

(3) 小组合作，用自己的话说一说每首古诗词的意思，探究梅、兰、竹、菊在诗词中代表的寓意。

2. 拓展积累，了解“花中四君子”象征的精神品质。

(1) 积累与梅、兰、竹、菊相关的古诗词，分类摘抄下来。

(2) 小组内汇总整理，删去重复的诗词。可以按照对古诗词的熟悉程度进行排列。

(3) 小组合作，挖掘“花中四君子”所代表的精神品质或寓意。

描写对象	经典诗句	诗人	寓意或精神品质
梅花			
兰花			
竹子			
菊花			

板块二：深度探究，走进“四君子”的精神世界

1. 探究文人乐于写梅、兰、竹、菊诗词的原因。

(1) 查阅古诗词写作的时代背景和诗人生平，对诗人的性格和当时的社会状况有所了解。

（2）发现诗人的经历和品质与梅、兰、竹、菊的植物特性有什么关联。

（3）体会"花中四君子"对人们精神世界的支持和激励作用。

2. 拓展探究，体会中华传统文化的博大精深。

（1）梅、兰、竹、菊"四君子"，千百年来以其清雅淡泊的品质，一直为世人所钟爱，也一直被文人墨客争相赞扬，使其成为人格品性的文化象征，是中华传统文化中极富代表性的文化符号。

（2）你还知道哪些传统文化中能代表某种精神品质的意象？与同学们分享。

（3）在生活中乐于阅读、善于积累，用自己的方式传承优秀的传统文化。

子任务三　与"君"成知己

板块一：结合自身经历，讲述我与"四君子"的故事

1. 回顾学习历程，发现自己与"花中四君子"的共鸣之处。

（1）说一说在之前的学习过程中，哪些部分令自己深受触动，或者与自己产生了共鸣。

（2）说一说为什么会对某一植物有共鸣，"花中四君子"的哪一点品质打动了自己。

（3）说一说"花中四君子"所蕴含的精神品质在生活中可以给自己哪些帮助和鼓励。

2. 结合自身经历，撰写我与"花中四君子"的故事。

（1）选择一位"君子"，写一写与其相关的故事。

（2）展示分享自己的故事，请同学们说说从你的故事里体会到了哪些精神品质，哪里被你打动了。

板块二：小组协作，筹备布展

1. 确定布展主题，准备展示内容和作品。

（1）小组分工，每人确定自己想介绍的植物，选择喜欢的展示、讲解方式。分工时，确保人人参与，涵盖梅、兰、竹、菊四种植物。

（2）根据自己介绍的主题和内容，撰写解说稿。也可以根据实际情况制作PPT或其他多媒体资料。

（3）小组内制作布展作品，排练解说。

2. 班级预演。

（1）回顾单元成功标准，明确需要介绍清楚的要点（展览主题、内容和自己的观点等），表达清楚。

（2）一边听其他小组的讲解，一边对自己的展示内容进行补充完善。

（3）预演结束后，各小组评价其他小组的闪光点，也可以提出修改建议。

3. 举办"花中四君子"主题文化展。

（1）自主装饰展示区域，摆放自己小组的作品，完成布展。

（2）主动邀请观众参加，设计互动和提问环节，让观众充分体验，对"花中四君子"进行深入的了解。

（3）收集观众反馈意见，总结和完善各自的研究内容。

板块三：复盘反思，促进迁移

1. 师生一起回顾学习历程，结合成功标准进行自我评价、同伴评价。

2. 鼓励学生自主研究中华传统文化其他方面的内容，例如"岁寒三友""琴棋书画"等。

（二）活动建议

1. 以提高学生语言文字运用能力为核心。

"花中四君子"是根据课程标准要求，基于学生实际生活需要而设计的跨学科主题学习任务。无论"跨"的学科有哪些，其核心目标还是帮助学生提高语言文字运用能力。因此，在整个学习过程中，语言文字运用能力的培养应贯穿始终。子任务一中，学生在养植物的同时要记录日志，通过文字描述植物的生长变化；子任务二中，学生积累古诗词，在诵读中内化为自己的知识储备；子任务三中，学生撰写自己与梅、兰、竹、菊"四君子"的故事，用文字传递自己的志向与情感。这些任务设计都离不开语言文字运用，也能促进学生逻辑思维、审美创造、文化自信等的发展。

2. 着力培养学生运用多学科知识解决问题的能力。

跨学科学习注重培养学生综合运用多学科的知识和技能解决实际问题的能

力,教师需清楚完成学习任务要研究解决哪些问题,要用到哪些学科的知识、技能和思想。多学科的知识和技能的运用是为跨学科学习的目标服务的,无论是课程设计者还是学习者,都要清楚目标是什么,让学科知识和技能成为实现目标的工具和抓手。跨学科学习任务大多是由现实生活中的真实问题引发的,能够很好地发展学生的创造力、想象力、批判性思维。对于学习者来说,整个学习过程不应该是接收式的,而是在不断生成问题、解决问题的探索实践中学有所得。学习任务的设计要能够促进学生语言文字运用能力的提高,还要让学生学会在真实生活情境中探究问题的思路和方法,并能将所学迁移运用至其他的生活场景中,解决更多的实际问题。

3. 采用多角度、多层次的评价方式,发现每个学生的闪光点。

跨学科学习不能使用单一的评价标准去衡量活动结果,应针对不同的学习内容采用不同的评价方式,既评价学习过程,又评价学习成果,还要注重学生在学习过程中的个人表现与突出贡献。

例如,在养护植物、记录植物生长变化这一子任务中,小组内每个人选择的植物不同,呈现成果的方式也不同,评价量规就需要进行多元化处理,能评价每个学生在学习中的表现和收获,引导他们根据评价结果自我反思,在之后的学习中扬长避短。“花中四君子”主题文化展本身就是一种评价,布展的最终目的是让更多的人了解“花中四君子”这一文化符号以及它承载的文化内涵。学生在准备展览内容时,就在把之前学习的内容进行内化;在展示介绍过程中,也能体现学生前期资料收集、积累思考的程度;布展时观众的反馈,也能给学生自我反思提供启示。

无论哪种评价方式,除了发挥它诊断反馈的功能,也要给予学生充分的肯定和鼓励,让学生既意识到自己的短板,也看到自己的优势,在之后的学习中不断改进,实现自我提升。

五、资源与运用

为了帮助四年级学生对“花中四君子”这一中华传统文化元素有更丰富、更

深刻的了解和认识,在学习任务实施过程中,教师需要准备丰富的学习资源。这些资源包括:

1. 关于"花中四君子"的诗词,如《白梅》《竹里馆》《竹》《菊花》《三花斛三首右兰花》等。

2. 相关视频,如有关"花中四君子"的植物科普视频、相关诗人生平介绍视频等。

3. 关于"花中四君子"的绘画、书法作品及赏析资料。

（编写人：北京亦庄实验小学　许慧清）

第 13 讲　交通安全记心中

➡ 一、主题与内容

　　本次跨学科学习以"交通安全记心中"为主题。据统计,我国每年有超过1.85 万名 14 岁以下儿童死于道路交通事故,很多事故都是因为交通安全意识和安全常识的匮乏导致的。因此,让学生在自主调研、宣讲宣传的过程中掌握必要的交通安全常识,增强交通安全意识,养成遵守交通法规、文明出行的良好习惯,珍爱生命,对自己和他人负责显得尤为重要。

　　《义务教育语文课程标准(2022 年版)》在"跨学科学习"学习任务群中提出:"本学习任务群旨在引导学生在语文实践活动中,联结课堂内外、学校内外,拓宽语文学习和运用领域;围绕学科学习、社会生活中有意义的话题,开展阅读、梳理、探究、交流等活动,在综合运用多学科知识发现问题、分析问题、解决问题的过程中,提高语言文字运用能力。"本次主题学习对接课内口语交际"说新闻"。该口语交际要求学生通过报纸、电视、广播、网络等,把看到、听到的新闻讲清楚,还可以说说对这则新闻的看法,语言训练要素包括"准确传达信息"和"清楚、连贯地讲述"。围绕本次跨学科学习主题,可以把说新闻的内容聚焦于交通安全,让学生先就交通安全话题进行校内、校外调研,再查阅相关资料,选定一个研究角度,形成研究报告,最后再进行校内、社区等范围内的宣讲活动。整个跨学科学习中,课内知识与课外实践相结合,体验与探究并行,引导学生对"交通安全"这一学习内容进行深入了解,把交通安全知识内化为自己的规范行为,知行合一,并能用自己喜欢的方式展示研究成果,提高语言文字运用能力和行为规范意识。

（一）目标设定

《义务教育语文课程标准(2022 年版)》的"课程目标"中要求第二学段"结合语文学习,观察大自然,观察社会,积极思考,运用书面或口头方式,并可尝试用表格、图像、音频等多种媒介,呈现自己的观察与探究所得"。"跨学科学习"学习任务群"学习内容"中,第二学段要求"选择自己发现和关心的……交通安全、家庭教育等方面的问题进行调查研讨,尝试写出简单的研究报告,与同学交流"。四年级学生已具备一定的调研现状、收集资料的能力,交通安全又与学生的生活息息相关,学生对交通安全这一话题有探究的需求与兴趣。但学生对相关知识缺乏系统了解,需要在调研中掌握事实和数据,真切地感受交通安全对于小学生生命健康的重要性。这样,学生才有持续研究的动力,也更乐于把自己的研究成果分享给更多的人。

"教学提示"中要求"注意引导学生掌握问题探究的基本步骤和方法,学会提炼、表达、呈现学习成果,着重培养学生综合运用多学科知识解决实际问题的能力"。因此,跨学科学习需要综合运用语文、数学、道德与法治、美术、戏剧等学科的知识和技能,学习目标确定如下:

1. 查阅交通规则和交通安全常识资料,初步了解和梳理常用的交通规则和交通安全常识。

2. 通过采访、问卷等方式进行调研,收集整理与交通安全事故相关的数据、交通安全的典型事例,认识到交通安全的重要性和交通事故的危害。

3. 进行恰当的分组协作,将前期搜集的资料和调研结果做成研究报告,能够初步掌握发现问题、分析问题、解决问题的研究步骤,在整理和总结的过程中增强对交通安全的认识。

4. 能够运用文字、演讲、画作、视频、互动演绎等方式向他人宣讲交通安全知识,倾听他人想法,提高有效沟通的语言表达能力。

（二）评价设计

"交通安全记心中"的评价伴随着整个学习任务进程展开,具有目标导向性,不仅注重学科知识和能力的评价,而且关注学生在整个学习过程中处理信息、合作沟通、解决问题等综合能力。下面是针对具体学习活动设计的成功标准和评价量规。成功标准要在活动开始之前就让学生了解,评价量规要与活动同步提供给学生。

1. 过程性评价。

评价项目	满足成功标准	超出成功标准	接近成功标准
了解交通规则和交通安全常识	1. 搜集到足够多的关于交通规则和交通安全常识的资料。 2. 能够使用多种方法搜集信息。 3. 能够把搜集到的资料进行分类整理,便于查找和阅读。	除满足成功标准所列的3项外,还能做到: 1. 能够用自己的话把交通规则和交通安全常识进行复述和讲解。 2. 能够与他人交流搜集的信息,及时补充自己的内容。	至少达到满足成功标准所列的第1、2项要求。
交通事故事例搜集、问卷调查和数据分析	1. 能够尽可能多地搜集小学生交通事故案例。 2. 能够用合适的语气、恰当的提问方式访谈交警,了解小学生交通安全的现状,并记录访谈过程。 3. 能在同学间进行调研,设计问卷,高效地搜集所需要的数据和信息。	除满足成功标准所列的3项外,还能做到: 1. 能够根据搜集到的事例、访谈内容、调研结果进行分类整理,形成自己的观点。 2. 能够聚焦一个有关交通安全的话题,展开有针对性的调研活动,搜集信息,以丰富自己的话题内容。	至少达到满足成功标准所列的第1、2项要求。
撰写"交通安全"主题的研究报告	1. 了解研究报告包含哪些内容,小组分工撰写,每个人都承担任务。 2. 研究报告主题明确,资料和数据真实,各部分间有逻辑关联,结论合理。 3. 小组依据研究报告汇报研究成果,每个组员都能有理有据地讲述自己承担的研究内容。	除满足成功标准所列的3项外,还能做到: 1. 研究的内容具有现实意义,能够推广研究成果,对小学生提高交通安全意识有引导价值。 2. 能够使用多种研究方法。 3. 报告的呈现形式丰富多样,包含表格、图表、图片等材料。 4. 汇报时能够使用多媒体展示研究成果。	至少达到满足成功标准所列的第1、2项要求。

评价项目	满足成功标准	超出成功标准	接近成功标准
"交通安全记心中"宣讲会	1. 主题明确、要点突出，能够结合小学生生活实际，介绍交通安全的常识，宣传交通安全的重要性。 2. 表达清楚，条理清晰，声音清晰洪亮。 3. 讲解生动，能够采用多种方式宣讲。	除满足成功标准所列的 3 项外，还能做到： 1. 能够和观众进行互动，在宣讲中了解观众的接受程度，确保宣讲的效果。 2. 将宣讲内容内化为自己的日常行为。	至少达到满足成功标准所列的第 1、2 项要求。

2. 终结性评价。

评价项目	评价标准	自我评价 ★★★★★	同伴评价 ★★★★★
参与态度	积极参与各项学习活动，承担具体工作。		
	在小组分工中主动参与、积极沟通；乐于倾听他人想法，帮助他人。		
完成质量	能够理解并完成自己承担的具体任务，根据要求查阅资料、调查访问。		
	能够围绕一个方面，整理汇总资料，完成自己承担的研究报告。		
	能够和小组成员一起分享研究成果，分享时态度大方，表达清楚。		
	活动过程中对交通规则和交通安全知识有更多的了解，并乐于在之后的学习生活中把自己新了解的内容与同学交流。		

➡ 三、情境与任务

（一）任务情境

"交通安全"这一话题对于四年级学生来说并不陌生。学生每天上学、放学、出游等都与交通安全息息相关。创设学习情境,可以运用教材中的《口语交际:说新闻》,让同学们互相讲一讲近期与小学生交通事故相关的新闻,然后运用视频资源,引发学生对这一问题的思考,使学生意识到交通事故时刻威胁着我们的生命安全,学习了解交通规则,掌握一定的交通安全常识非常重要。

从学生的实际需求出发,发布学习任务——举办"交通安全记心中"宣讲会,开启跨学科主题学习。

(二) 学习任务

1. 任务框架。

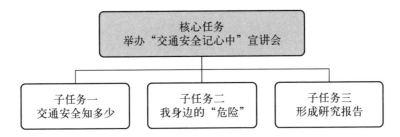

2. 任务说明。

(1) 核心任务。

这一核心学习任务符合四年级学生年龄特征和认知特点,让学生综合运用语文、道德与法治、数学、美术、音乐、戏剧、信息技术等学科的知识和技能,学习了解交通规则、交通安全常识,在跨学科学习中提高交通安全意识,懂得珍爱生命。

完成"交通安全记心中"宣讲会核心任务,需要学生分享前就有一定的知识、资料积累。学生要根据资料形成自己的观点,再用恰当的方式讲述给他人,起到宣传讲解的作用。每一个学习环节都需要学生以学习主体的身份去参与,搜集信息,内化信息,再进行个性化的输出。学习活动不仅要关注学生的语言文字运用能力,也要注重学生的实践体验,在学习过程中提供学习支架,让学生在成功标准的引导下自主开展研究。

(2) 子任务。

子任务一:交通安全知多少。

这个子任务以教材《口语交际:说新闻》作为开启课。学生互相讲一讲近期与小学生交通事故相关的新闻,教师播放与小学生交通事故相关的新闻报道和现场视频,引起学生对交通安全的重视。学生通过查找网络资料、查看相关书籍、进行道路实地考察等方式了解交通规则和交通安全常识,再将上述信息进行梳理,形成自己的"交通安全档案",与大家分享。教师可以给学生提供梳理信息的分类标准,让学生有目的地甄选资料。

子任务二：我身边的"危险"。

在了解掌握基本的交通安全知识后,学生通过查找网络信息、采访交警等方式,了解当前全国、本市、本区小学生发生交通事故的数据以及典型案例,为撰写研究报告准备真实数据,以提高研究报告的说服力。除此之外,学生还要设计问卷,调研本校学生对交通安全知识的了解程度、想要知道哪些关于交通安全的内容等,这对于确定宣讲会的主题、内容、形式有重要参考价值。

子任务三：形成研究报告。

这个子任务包括撰写报告、交流研究成果两个实践活动。学生分工协作,确定一个研究主题,根据前期搜集、调研获取的资料、数据,整理后撰写研究报告。小组内先进行汇总,进行调整和修改,再在全班展示交流研究成果。通过班级内的交流,学生对自己的研究内容进一步补充修改,然后分工准备宣讲会所需要的海报、道具、视频等,为宣讲会做准备。

▶ 四、活动与建议

（一）活动历程

子任务一　交通安全知多少

板块一：说新闻,关注交通安全

1. 讲述与交通安全相关的新闻内容,进入话题。

（1）通过报纸、电视、网络等,搜集与交通安全相关的新闻,并及时记录。

（2）从了解到的新闻中选择一则自己认为最典型的,和同学交流。

（3）说明新闻来源，把新闻内容讲清楚，再说一下对这则新闻提到的交通事故的看法。

2. 观看视频，引起对交通安全的关注。

（1）观看小学生发生交通事故的新闻视频。

（2）讲述自己身边发生过或差一点就发生的交通事故案例，谈谈自己的感受。

（3）思考：你认识哪些交通信号和交通标识？知道这些信号和标识的作用吗？能否准确理解交警的手势的意思？

（4）发布任务：举办一场交通安全宣讲会。

据统计，道路交通事故是造成 10～19 岁儿童、青少年意外死亡的首要原因。作为小学生，不仅要了解必要的交通安全知识，还要向更多的儿童、青少年宣传交通安全知识，呼吁大家珍爱生命。

板块二：查资料，了解交通知识

1. 学习查阅资料的种类、查阅资料的方法。

（1）交流讨论：小学生要了解的交通规则和交通安全知识包括哪些方面？

行走安全、骑车安全、乘车安全，交通规则、交通标志和信号灯、交警手势，遇险救援方式和自救方法等。

（2）小组探究，确定自己想研究的方面。可以选择 1～3 种进行研究。

（3）交流讨论：我们可以使用哪些查阅资料的方法？

查阅书籍，网络搜索，咨询专业人士（如交警或者从事相关领域工作的专家等）。

2. 分组探究，从不同的方面查阅资料，了解交通安全知识。

（1）分工查阅资料，将自己查找的资料进行梳理。网络上的资料要进行甄别和筛选，书籍上的资料要摘抄下来，口头接收的信息要及时记录。

（2）小组内分享自己收集的资料，删减重复的内容，最终汇总整理为"交通安全之××××安全档案"，为之后撰写研究报告做准备。

子任务二　我身边的"危险"

板块一：访谈询问，深入探究交通事故的原因

1. 设计访谈提纲。

（1）指导学生学习如何设计访谈提纲。访谈提纲要包含访谈目的、访谈方式、访谈对象、访谈内容、需准备的物品、访谈总结等几个方面。

（2）小组合作设计本组的访谈提纲，确定访谈目的，联系访谈对象，选择合适的访谈方式，并根据访谈目的设计访谈要提出的问题。

访谈提纲模板：

四年级×班　×××小组　访谈提纲	
访谈目的	了解所在区域小学生发生交通事故的数量、案例
访谈方式	面对面访谈/电话访谈
访谈对象	×××交警
访谈内容	问题1：叔叔您好，请问目前我们所在的区发生交通事故的情况多吗？（记录谈话内容） 问题2：这些交通事故中涉及小学生群体的数量占多少呢？ 问题3：……
采访前要准备的物品	相机、纸笔、录音笔（视情况而定）……
访谈总结	1. 2. 3.
备注	

（3）小组分工协作，可分为访谈提问员、记录员、拍摄员等，访谈时各司其职。

2. 现场访谈。

（1）采访所在区域的交警叔叔，听他们讲述小学生发生交通事故的案例，并了解这些事故发生的原因。

（2）从交警叔叔处获取真实数据。例如，所在市或地区近几年发生的交通事故量，其中小学生发生的交通事故占多少，用统计图或表格的形式呈现调研数据。

3. 整理分析访谈内容。

小组研讨小学生易发生交通事故的原因，结合事例和具体数据，得出结论。

板块二：问卷调研，了解在校生交通安全知识了解程度

1. 设计调查问卷。

指导学生根据自己的调研目的设计问卷，确定问卷调查的主题、调查的对象人群，设计问卷题目。问卷题目要考虑受访者的实际情况，使用通俗易懂的语言。

问卷模板：

<table>
<tr><td colspan="2" align="center">四年级×班　×××小组　关于"××××"的调查问卷</td></tr>
<tr><td colspan="2">　　您好！很抱歉占用您的宝贵时间，非常感谢您参与我们的问卷调查。此次调查是为我们进行"交通安全记心中"主题课程做准备，调研我校学生对交通安全相关知识的了解程度，不存在任何商业用途，更不会泄露您的任何隐私。问卷题目的答案没有对错之分，请您根据实际情况填写，无须署名。谢谢您的合作！</td></tr>
<tr><td>问题设计</td><td>一、基本信息
1. 你所在的年级：
2. 性别：
二、问卷内容
（可设计单选题、多选题）
例：1. 是否上过交通安全教育的相关课程？
　　　A. 是　　B. 否
　　2. 道路交通信号灯有几种颜色？
　　　A. 两种　　B. 三种
　　……</td></tr>
</table>

（1）小组内设计问卷，并进行分工，包括印刷问卷、发放问卷、回收问卷、结果统计等。

（2）将问卷发放给受访人群，可跟进答题过程，确保问卷的有效性。

（3）回收问卷，注意统计发放的数量和回收的数量。

2. 统计问卷结果，分析数据，得出结论。

（1）根据已经收回的问卷，用统计图表记录答题结果。

（2）依据问卷调查的数据，分析本校学生目前对交通安全知识的了解程度，为之后撰写研究报告积累素材，也为宣讲会选择什么主题和形式提供参考。

子任务三　形成研究报告

板块一：汇总前期资料，撰写研究报告

1. 整理汇总前期资料。

结合子任务一的"交通安全之×××安全档案"、子任务二的"访谈记录""问卷调查"，确定研究主题。

2. 小组分工撰写研究报告。

以下为研究报告模板(仅供参考，可根据实际情况调整)。

四年级×班　×××小组　关于"××××"研究报告	
问题的提出	(描述当前"小学生交通安全"的现状，提出研究问题)
调查方法	(访谈、问卷调查、查阅资料……)
研究过程	(调查经过和资料整理、数据处理……)
研究结论	(原因、结果等)
提出建议	

3. 形成最终版研究报告。

每个人完成自己负责部分的内容后，在小组内交流汇总，最后形成一份完整的研究报告。对照成功标准进行修改和调整，确保报告各部分内容前后连贯，逻辑关系合理，语言清晰、有条理，结论有意义，建议具有可操作性。

板块二：交流汇报成果，准备宣讲内容

1. 小组排练。

小组分工，每个人负责自己撰写部分的讲解，确保人人参与。

制作 PPT 或打印研究报告,排练汇报展示。

2. 班级汇报。

回顾单元成功标准,明确需要介绍清楚研究主题、过程和结论,表达清楚。

一边听,一边对照自己的研究报告进行修改补充。

分享结束后,各小组相互评价,发现闪光点,提出修改建议。

3. 确定宣讲内容,分工筹备。

各小组综合意见,完善内容,确定"交通安全记心中"宣讲会的主题、内容和采用的展示形式。

分工制作宣讲会需要的材料,例如 PPT、道具、海报、宣传单页等。

排练,准备宣讲。

板块三:复盘反思,促进迁移

师生一起回顾学习历程,结合成功标准进行自我评价、同伴评价。

鼓励学生自主研究生命健康教育等其他方面的内容,例如网络安全、饮食卫生等。

(二)活动建议

1. 以提高学生语言文字运用能力为核心。

"交通安全记心中"是根据课程标准"跨学科学习"学习任务群要求,基于学生实际生活需要而设计的跨学科主题学习任务。无论"跨"的学科有哪些,最核心的目标还是帮助学生提高语言文字运用能力。因此,在整个跨学科学习过程中,语言文字运用能力的培养应贯穿始终。学生从开启课"说新闻"中,学习如何接收外界信息,再重新组织语言,条理清晰地介绍给他人,学会表达个人观点,到子任务二设计访谈、问卷问题,整理结果,得出结论,最后汇总资料,撰写研究报告,这些活动都离不开多维度的语言运用,同时也能促进学生逻辑思维、分类、审美、创造等能力的发展。

2. 着力培养学生综合运用多学科知识解决问题的能力。

跨学科学习注重培养学生综合运用多学科知识和技能解决实际问题的能力,教师需要引导学生掌握"发现问题—分析问题—解决问题"的探究步骤和方法。在探究过程中,教师要给学生提供"脚手架",例如思维导图、统计图、问卷、访谈提纲等,让学生在使用工具的过程中,不仅能有效地进行研究,还能习得如何设计工具,在之后的学习中迁移运用。另外,成功标准不仅可以作为评价量规使用,也是学生探究过程中的行动指南。学生应根据成功标准的引导,把握研究方向,确定要实现的目标。

跨学科学习不仅要关注学生语言文字运用能力的提高,还要让学生学会在真实生活情境中探究问题的思路和方法,迁移运用到其他生活场景中,解决更多的实际问题。

3. 采用多角度、多层次的评价方式,发现每个学生的闪光点。

跨学科学习不能使用单一的评价标准去衡量结果的好坏,而应充分关注学生在各类探究活动中的过程性表现。针对不同的学习内容,要采用不同的评价方式,既评价学习过程,又评价学习成果,还要注重学生在学习过程中的个人表现及突出贡献。

例如,在访谈和问卷这一学习环节,小组内每个人的分工不同,所承担的工作也不同,评价量规就需要进行多元化处理,让每个学生都能找到适合自己的评价量规,并根据评价结果自我反思,在之后的学习中扬长避短。"交通安全记心中"宣讲会本身就是一种评价,最终目的是引导大家重视交通安全,牢记交通安全规则和常识。学生可以针对不同的内容,以丰富多样的方式进行宣讲。在展示过程中,不仅要关注当下"做了什么",也要关注学生前期搜集资料、调研访谈、撰写报告的效果,为学生反思、提高提供依据。

无论哪种评价方式,除了发挥它诊断、反馈的功能,更要给予学生充分的肯定和鼓励,让学生既意识到自己的短板,也看到自己的优势,在之后的学习中不断改进,实现自我提升。

------------------------- ▶ 五、资源与运用 -------------------------

为了帮助四年级学生对交通安全有更丰富的了解、更深刻的认识,在学习任务实施过程中,教师需要准备丰富的学习资源。这些资源包括:

1. 讲解交通安全知识的书籍,如《给孩子的安全书(交通安全)》《中小学生交通安全知识读本》等。

2. 相关视频，如有关交通安全知识的宣传片、动画作品，记录交通事故的新闻短片、纪录片等。

3. 关于交通规则和标识的道具卡片。

4.《中华人民共和国道路交通安全法》等相关的法律、法规。

（编写人：北京亦庄实验小学　许慧清）

第14讲 策划一场"十岁成长礼"

➡️ 一、主题与内容

《义务教育语文课程标准（2022年版）》"跨学科学习"部分指出，"本学习任务群旨在引导学生在语文实践活动中，联结课堂内外、学校内外，拓宽语文学习和运用领域"，学生要能够"尝试运用科学、艺术、信息技术等相关知识和技能，富有创意地设计并主动参与朗诵会、故事会、戏剧节等校园活动"。本次跨学科主题学习以"策划一场'十岁成长礼'"为核心任务，由学生自主策划并实施的成长礼恰好就是能够联结课堂内外、学校内外的有意义的校园活动。

这个主题契合统编教材四年级上册第六单元的主题"童年成长"。统编教材将"童年"主题贯穿始终，低段更多在于强调童年的美好，中段则凸显童年里的成长。正如该单元导语所说，"童年啊！是梦中的真，是真中的梦，是回忆时含泪的微笑"，童年不只有欢笑，还有眼泪和成长。总之，这是一个与学生生活密切联系的主题单元。另外，大多数孩子将在四年级迎来十岁生日。十岁是重要的成长节点，标志着孩子们正式步入两位数的年龄，也意味着他们从儿童阶段向更成熟的少年阶段过渡，这是特别值得庆祝和纪念的。

由学生亲自策划并举办一场"十岁成长礼"，会让这一刻的价值和意义非同凡响，还可以帮助学生们见证彼此的成长，在活动体验中蓄积成长的力量。

策划和参与成长礼，需要学生综合运用多学科知识，如语文、道德与法治、美术、音乐、舞蹈、戏剧、信息技术等。他们将在欢庆成长的同时，享受到学习的乐趣。学生可以模仿课本中名家大师描写童年故事的方法，学会撰写自己的成长故事，记录童年的酸甜苦辣。他们需要为成长礼活动设计和制作海报、展板、邀请函等，展示自己的创新思维和审美能力。同时，学生要排练成长礼节目，发挥自己的艺术才能。除此之外,学生还可以运用信息技术的知识和技能,对整个活动流程拍照、录制视频,并进行宣传。这个主题的学习意义在于,它不仅能让学生更好地展示自己的才能,体验成长的快乐与喜悦,还能提高他们的团队合作、计划组织、沟通协调、解决问题等综合能力,让学生在实践过程中学会如何承担责任,增强他们对未来的期待和信心。

◆ 二、目标与评价

(一) 目标设定

本次跨学科学习是让四年级学生通过自主策划和参与,综合运用不同学科的知识,理解什么是"成长",组织实施一场富有意义的"十岁成长礼"。在庆祝成长的同时,学会更好地表达自己的感受,培养学生的组织、规划和执行能力,提升团队协作和问题解决能力,在完成任务的过程中积累学习经验,发展未来学习和生活所需的基本素养。

策划一场"十岁成长礼",需要综合运用语文、道德与法治、信息技术、美术、音乐、戏剧等学科的知识和技能,学习目标可以定位如下:

1. 通过小组讨论的方式,策划并制订成长礼活动方案,确定"十岁成长礼"的环节与流程。

2. 回味自己的童年生活,学习并借鉴名家记叙童年生活的方法,撰写自己的成长故事,分享成长历程和感悟。

3. 根据自己的兴趣和意愿选择加入节目组、宣传组或后勤组,明确自己在小组中的角色,认真完成自己的任务,确保活动顺利进行。

4. 能与小组成员进行有效沟通,倾听他人的想法;遇到困难时主动请教他人,也愿意帮助他人。

5. 运用写日记、绘图、解说视频等方式记录和分享自己参与"十岁成长礼"系列活动的故事,表达自己的感受和收获。

（二）评价设计

目标导向的学习评价既关注对学习过程的评价，又注重对学习结果的评价；不仅注重学科的评价，而且关注学生在整个过程中的问题解决与合作沟通能力。每一个学习活动都离不开评价，成功标准既是评价量规，也是促进学生学习的指导工具。下面是本次活动的成功标准和评价量规。成功标准要在活动正式开展之前提供给学生，评价量规与活动同步给出。这样，学生才能在实践时做到心中有目标，行动有方向。

1. 过程中评价。

评价项目	满足成功标准	超出成功标准	接近成功标准
成长礼活动方案	1. 方案内容围绕"成长"主题，环节设置合理。 2. 方案中的时间规划清晰，有明确的活动时间表。 3. 方案内容丰富，有条理，能够满足不同学生的需求。	除满足成功标准所列的3项外，还能做到： 1. 活动方案中有富有创意的特色环节。 2. 方案中包括收集反馈的计划，以便及时改进。	至少达到满足成功标准所列的第1、2项要求。
成长故事	1. 故事主题明确，讲述的是自己体验深刻的成长经历。 2. 故事结构清晰，段落分明。 3. 故事表达了自己的感受，包含自己对成长的反思或启示。	除满足成功标准所列的3项外，还能做到： 1. 故事情感强烈，具有感染力，能够引起读者共鸣。 2. 故事文笔优美，引人入胜。	至少达到满足成功标准所列的第1、2项要求。
节目组活动	1. 节目内容创意多样，涵盖歌舞、戏剧、朗诵等，能展现大家的才艺和个性。 2. 节目经过充分排练，能够自信地呈现在舞台上。 3. 节目之间过渡流畅，整体节奏顺畅，连贯性好。	除满足成功标准所列的3项外，还能做到： 1. 节目中有引人注目的创新元素，如特殊道具、舞台效果等； 2. 节目能够触动观众的情感，引发共鸣，使观众在活动中产生深刻的情感体验。	至少达到满足成功标准所列的第1、2项要求。

评价项目	满足成功标准	超出成功标准	接近成功标准
宣传组活动	1. 制作宣传海报、展板等宣传材料，确保活动的主题、时间、地点等一目了然。 2. 设计宣传材料时能够使用鲜明的颜色、有趣的图像以及引人注目的标题。 3. 在适当的社交媒体平台（如微信公众号）上发布活动信息，建立有效的沟通，增加宣传的影响力。	除满足成功标准所列的3项外，还能做到： 1. 通过新颖的宣传方式，如校园寻宝、互动小游戏等，吸引更多人参与活动。 2. 宣传材料中设置投票、评论、分享等互动环节，灵活运用反馈，及时调整宣传策略，强化宣传效果。	至少达到满足成功标准所列的第1、2项要求。
后勤组活动	1. 确保活动场地的摆设整齐、美观，根据活动主题进行布置，为整个活动营造良好氛围。 2. 活动结束之后，及时清理并复原场地。 3. 能够提前检查所需设备的工作状态，提前规划应对突发事件的措施。	除满足成功标准所列的3项外，还能做到： 1. 设计互动环节，创造惊喜亮点，让来宾能够更深度、愉悦地参与活动。 2. 为来宾提供贴心服务，如座位引导、活动引导等，提升他们的整体体验。	至少达到满足成功标准所列的第1、2项要求。

2. 终结性评价。

课程结束后，学生对照表格进行自我评价、同伴评价、教师评价。

评价项目	评价标准	自我评价 ★★★★★	同伴评价 ★★★★★	教师评价 ★★★★★
参与态度	积极主动地参与活动环节，认真完成自己的工作。			
完成质量	深入反思并真实地描述自己过去十年的成长经历，撰写的成长故事能够引起共鸣。			

(续　表)

评价项目	评价标准	自我评价 ★★★★★	同伴评价 ★★★★★	教师评价 ★★★★★
完成质量	与团队成员有效沟通,遇到问题时积极提供帮助,确保团队目标得以实现。			
	在活动中提出创新性的想法,能够对已有的活动内容或流程提出优化建议。			
	在活动过程中,能够有效运用所学技能和知识;在遇到困难时,能够灵活运用所学,找到解决方案。			
	能够真诚地分享自己在活动中的体验、感受、收获与成长。			

➡ 三、情境与任务

(一)任务情境

四年级学生学完教材四年级上册第六单元,对于成长有了新的认知,他们即将迎来人生中的重要时刻——十岁生日。这是一个标志着他们从童年走向少年,进入独立思考阶段的重要里程碑。为了纪念这个特殊的日子,学校决定举办一场"十岁成长礼"——由学生自主策划并实施。学生们不仅要确定活动的主题和内容,还要综合考虑如何更好地筹备、如何顺利地举办这场意义非凡的活动。为此,学生们需要联合起来,一起参与其中,整合并运用各学科的知识,充分发挥自己的创意,展现自己的成长。

（二）学习任务

1. 任务框架。

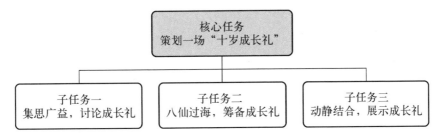

2. 任务说明。

（1）核心任务。

核心任务是让四年级学生自主策划并举办一场"十岁成长礼"活动。这个任务的设计意图是借助这场有意义的成长礼，帮助学生们理解"成长"的真正含义，让他们认识到自己在过去十年中的变化、收获，以及随着年龄增长所需要承担的责任。

在策划过程中，学生们需要充分利用各种信息和资源，不仅需要考虑"十岁成长礼"的具体环节，还要策略性地思考如何有效地组织和实施这些活动。在这个过程中，学生们还将学习如何与小组成员、教师、家人进行有效的合作，以确保活动的顺利进行。

（2）子任务。

子任务一：集思广益，讨论成长礼。

首先，学生们各抒己见，对成长的意义进行深入交流，对即将举行的"十岁成长礼"充满期待。在明确了活动的目标和期待后，正式发布策划和举行"十岁成长礼"的核心任务。接着，学生们分小组进行讨论，探讨成长礼应包含哪些环节，如何才能举办一场有意义的成长礼活动。他们需要考虑庆祝活动的各个方面，如内容、地点、时间、参与者等，通过小组合作，一起形成可行的成长礼方案。然后，小组代表参与班级方案竞选，最终确定班级的庆祝方式与具体流程。

子任务二：八仙过海，筹备成长礼。

子任务二主要是成长礼的具体筹备工作。四年级学生不仅要参与班级内的活动，如向课本中的名家学习，用文字记录自己过去十年的成长经历和感悟，撰写自己的成长故事,还要参加班级外的项目组活动。全年级师生将打乱常规的班级和课程设置,根据不同的项目需求进行重组。学生们可以根据自己的兴趣,自主选择加入不同的项目组——节目组、宣传组、后勤组。节目组同学主要负责"十岁成长礼"的节目表演环节。宣传组同学主要负责活动的宣传,包括制作海报和邀请函、摄影摄像等,并将活动筹备与实施的全程用文字、图片、视频的形式记录下来,借助社交媒体进行推广。后勤组同学主要保障活动的顺利实施,需要负责场地预约、装饰布置、设备调试等,并在活动当天协调各种可能出现的问题。各科老师根据他们的专业知识,为不同的项目组提供指导和帮助,让学生们能更好地完成任务,共同打造一场精彩的"十岁成长礼"。

子任务三:动静结合,展示成长礼。

经过忙碌充实的筹备工作,学生们需要实施他们的策划,真正地举办他们的"十岁成长礼"。"十岁成长礼"上既有静态的展示,也有动态的展示。静态展示包括学生们制作的纪念品、宣传海报、成长故事集等。动态展示则是由学生自编自导自演的成长礼仪式。在活动结束后,学生们将继续复盘反思,用自己喜欢的形式记录、分享他们对庆祝活动的感想和他们从活动中学到的知识、技能以及解决问题的思路和方法。这是他们回顾和深化学习体验的重要环节。

四、活动与建议

(一)活动历程

子任务一　集思广益,讨论成长礼

板块一:理解成长,发布任务

1. 成长是什么。

(1)回顾教材四年级上册第六单元的内容,重温课本中的"成长"。

(2)共读绘本《长大这件事》。

（3）话题讨论：

① 你觉得什么是长大？有哪些事情让你觉得自己长大了？

② 如何理解"成长"？

预设：成长是懂得感恩，成长是愿意帮助别人，成长是学会承担责任……

2. 发布核心任务。

十岁，是一个标志着你们从童年走向少年，进入独立思考阶段的重要里程碑。为了纪念这个特殊的日子，你们将有机会亲自策划并举行一场属于自己的"十岁成长礼"！

板块二：分组讨论，明确方案

1. 集思广益，话题讨论。

（1）一场有意义的"十岁成长礼"包括哪些环节？

（2）如何举办一场有意义的"十岁成长礼"？

学生先独立思考，然后分组讨论，用思维导图记录并梳理关键词。

2. 小组合作，明确方案。

（1）根据梳理的思维导图，小组合作，制订"十岁成长礼"大致活动方案。

（2）班级分享，竞选方案。

小组代表在班级交流后，全班同学投票确定最佳活动方案，以此为基础，优化设计，形成班级的"十岁成长礼"活动方案。

预设成长礼活动内容：才艺表演、制作成长纪念品、发布成长故事集等。

预设人员分组：节目组——负责仪式中各节目；宣传组——负责宣传成长礼活动；后勤组——保障成长礼顺利进行。

子任务二　八仙过海，筹备成长礼

板块一：班级内撰写故事，汇编成集

1. 重温课文，探寻成长奥秘。

预设：《牛和鹅》一文是通过改变对事物的看法获得成长；《一只窝囊的大老虎》记录挫折带来的成长；《陀螺》以童年玩具为线索，讲述反思里的成长。

2. 回忆经历，撰写成长故事。

学生回顾自己的成长经历,学习并借鉴课文中名家记叙成长故事的方法,将自己有深刻体会的事情记录下来,分享成长历程和感悟。

3. 分享修订,汇编班级成长故事集。

完成作品后,小组同学互相欣赏、评价,再根据同学和老师的建议,对自己成长故事中出现的问题进行修改更正,然后工整地誊抄一遍,汇编成班级成长故事集。

板块二:班级外各显神通,分组行动

1. 打通年级,成立项目组。

为了更好地帮助学生策划并实施"十岁成长礼"活动,四年级全体学生根据自己的兴趣,自主选择加入节目组、宣传组、后勤组。全年级学生流动起来,打破班级壁垒,变成三个大组。四年级全体教师根据各自特长,化身成为不同项目组的导师,为项目组里的学生提供指导和帮助。

2. 各司其职,开展项目组活动。

(1)节目组活动。

① 讨论节目内容。

学生观看春节联欢晚会剪辑视频,并结合自己的生活经验,讨论一场活动大致需要哪些节目类型。

预设:语言类节目、歌舞类节目以及其他与活动性质相关的节目。

② 确定节目单,选拔主持人。

各班级参加节目组的学生集思广益,确定班级节目类型。然后,根据自己的才艺报名参加节目表演,确定班级具体节目单以及主持人人选。

③ 排练节目。

确定节目单之后,学生们各自进行排练准备。导师根据个人特长,对学生们给予指导。比如,语文老师指导主持人写串词,音乐老师指导歌舞类节目的表演等。

(2)宣传组活动。

① 制作宣传材料。

宣传组同学在美术老师的带领下,绘制"十岁成长礼"宣传海报,设计邀请函,宣传海报将作为成长礼静态展示区的重要组成部分,邀请函用于邀请学生家长、教师等来宾。

② 采集图像视频。

宣传组同学还要负责整个成长礼筹备过程以及当天的图像与视频采集，并在信息技术老师的指导下，制作成长礼上的成长回顾视频。

③ 运营社交媒体。

在微信朋友圈、公众号、视频号等社交媒体上，发布成长礼活动信息，更新筹备活动的进展、互动话题，与线上受众保持互动，扩大成长礼的活动的影响力。

（3）后勤组活动。

① 布置活动场地。

后勤组同学不仅要布置成长礼当天的静态展示区，在筹备阶段也要负责预约场地、调试设备等工作。

② 准备活动材料。

后勤组同学需要准备、收集、整理活动所需的各种材料，包括装饰用品、节目组道具、同学们的照片、成长故事作品等，并按时送达。

③ 维持活动秩序。

后勤组同学还需要制作指示牌指引观众进出场地，协助处理突发状况，在成长礼筹备过程中和活动结束后负责清理现场，恢复场地原貌，确保活动后场地整洁、有序。

3. 各组沟通反馈，定期复盘。

三个项目组同学每日进行复盘反思，回到各自班级之后，全班再进行班级内每日复盘。要确保每个组与其他组的同学保持沟通，协调好各方面的工作，推动整个活动的顺利进行。

子任务三　动静结合，展示成长礼

板块一：布置静态展示区

1. 主题区。

这里放置能体现本次成长礼活动主题的海报、展板、照片墙等，展示活动的宗旨以及筹备历程。此外，还可以制作图文并茂的时间轴；有条件的话，可以利用多媒体设备放映学生成长图片集或视频，吸引来宾的注意。

2. 作品区。

作品区将有创意地呈现学生在筹备本场成长礼活动过程中形成的作品,如将成长故事布置成画廊的形式,将学生为成长礼设计的纪念品摆成"心"形等。

3. 互动区。

在活动现场还可以设置一些互动元素,如签名墙、留言板等,让来宾能够留下对学生的祝福、对本次活动的感受等。

板块二：正式举办成长礼

节目组同学正式表演,宣传组同学负责节目摄影摄像,后勤组同学负责搬运道具、调试音响设备等。各组同学齐心协力,按照原定计划,一起举办这场自主策划的富有意义的成长礼活动。

板块三：活动复盘,总结反思

1. 回顾学习历程,交流学习感受。

师生一起回顾学习历程,学生结合成功标准进行自我评价、同伴评价,听取教师评价。

2. 记录感受,深化理解。

同学们将筹备并成功举办成长礼的感受用日记、图文、视频等自己喜欢的形式记录下来,全班同学一起交流分享,将这份美好的回忆定格下来,深化自己对"成长"的理解。

3. 宣传推广,扩大影响。

宣传组同学将同学们撰写的文字、录制的视频、拍摄的图片等整理出来,在社交媒体上宣传推广,扩大本次活动的影响。

(二) 活动建议

1. 立足语文学科,有机融合各科。

语文的跨学科学习要始终坚持语文学科本位,在语文实践活动中拓展学生的语言文字运用空间,提升以语文核心素养为本的综合能力。"策划一场'十岁成长礼'"主题的来源之一便是统编教材四年级上册第六单元。学生可以向课本中的名家学习,撰写自己的成长故事,展现自己的成长历程。活动结束之后,学生还需要用自己喜欢的方式表达自己在活动中的收获和感悟。除了这种与语文学科直接相关的活动之外,每个子任务的推进都离不开多维度的语言运用,每一个过程都需要学生学会用语言表达自己的想法,用语言表达内心的情感,用语言解决问题,用语言沟通合作,在实践中真正发展学生的语言文字运用能力。

策划"十岁成长礼"活动还打破班级壁垒,联结课堂内外,有机融合了其他学科,与课标中尝试运用科学、艺术、信息技术等相关知识和技能,富有创意地设计校园活动的要求不谋而合。学生需要综合运用其他学科的知识,如美术(设计展板、海报)、音乐(歌舞节目表演)、信息技术(拍摄宣传图片与制作视频)等,将这些学科的知识融入实践中。"跨学科学习"这一学习任务群的实施,不仅重在跨学科,更要通过不同学科学习内容的整合、学习方法的融合,实现跨学科的综合应用。

2. 聚焦问题探究,提升综合能力。

跨学科学习以真实问题的探究和解决为行动目标,引导学生在实践中掌握问题探究的基本步骤和方法,带动学生积极主动地发展创造力、批判性思维,逐渐具备综合运用各学科知识解决实际问题的能力。在策划"十岁成长礼"的过程中,学生首先需要对"什么是成长""成长礼包括哪些环节""如何策划一场有意义的'十岁成长礼'"等问题进行深入思考,然后在真实的情境中运用所学的知识和技能去解决这些问题。此外,学生的团队合作、沟通交流、时间管理、计划执行等综合能力也会在这一过程中得到锻炼。

3. 基于真实情境,发掘育人价值。

与传统的课堂教学相比,这种真实情境的学习可以更好地激发学生的学习兴趣,帮助他们看到学习的实际价值,并培养他们将理论知识应用于实践的能力,这使得学习更具现实意义。

十岁对于学生来说,是一个人生的重要节点。通过策划和参与成长礼,学生可以更深入地回顾和反思自己的成长历程。他们会对过去的经历感到骄傲,对未来充满期待,同时也能更珍惜与家人、朋友一起的时光。这一过程鼓励学生思考什么是真正的价值,如何去评价自己的生活,如何为自己的未来设定目标。

因此,这一跨学科学习任务评估的重点不仅在于活动的完成度,更在于每个学生的内心体验、感悟和成长。"十岁成长礼"的正式举办是活动的高潮,但前期的筹备工作与活动结束后的复盘反思同样重要,这不仅是一个展示,更是一个学生自我认知和深度反思的过程。

总之，针对"十岁成长礼"活动的评估，教师既要看到学生们的努力与成果，更要深入他们的内心，了解他们的真实感受，对他们给予充分的肯定与鼓励，帮助他们更好地理解自己，珍惜当下，迎接未来，充分发掘活动的育人价值，真正落实立德树人根本任务。

五、资源与运用

自主策划并举办一场"十岁成长礼"，对于四年级学生来说有意思、有意义，同时也很有难度。为了更好地帮助他们实现目标，保护并激发他们的兴趣，在跨学科学习任务实施过程中，教师需要准备丰富的学习资源。这些学习资源包括：

1. 文本资源，主要是推荐一些与童年、成长有关的文章、书籍，供学生撰写成长故事时参考，如《忆儿时》《儿童玩具》《和时间赛跑》《长大这件事》《十岁那年》《总有一天会长大》《城南旧事》等。

2. 物质资源，主要是为学生提供用于制作海报、表演道具以及装饰场地等所需的文具和美术材料，如彩纸、水彩、布料等；若条件允许还可以为学生提供相机、笔记本电脑，用于拍摄活动照片、剪辑视频。

3. 空间资源，如学校的教室、音乐室、美术室、礼堂等。礼堂可以作为举行成长礼的场地，各类教室可以作为学生们准备和练习的地方。

4. 技术资源，为学生推荐常用修图绘图、编辑公众号、剪辑视频的软件。

（编写人：北京亦庄实验小学　朱守芬）

第 15 讲　民间故事汇

➡ 一、主题与内容

　　本次跨学科主题学习引导学生走出教室,在探究式研学的过程中了解民间故事。《义务教育语文课程标准(2022 年版)》中第二学段的"跨学科学习"包括三个方面的学习内容,其中一个是"尝试运用科学、艺术、信息技术等相关知识和技能,富有创意地设计并主动参与朗诵会、故事会、戏剧节等校园活动"。学生在学习民间故事的过程中,一定会去了解相关的传统文化、风俗习惯等文化现象。这一跨学科主题学习会在潜移默化中让学生更加了解中华优秀传统文化,感受传统文化的魅力。

　　本次跨学科主题学习以"民间故事汇"为核心任务,学生走出教室,在探究式研学的过程中了解民间故事,领略民间故事的魅力,认识民间故事的当代价值。《义务教育语文课程标准(2022 年版)》的"跨学科学习"学习任务群部分指出,"本学习任务群旨在引导学生在语文实践活动中,联结课堂内外、学校内外,拓宽语文学习和运用领域"。本次主题学习中,学生在课内学习创意表达民间故事的方法,在整本书阅读的基础上尝试多种表达方式。统编教材五年级上册第三单元的主题是"民间故事",此主题下安排了三篇课文:《猎人海力布》《牛郎织女(一)》《牛郎织女(二)》,《口语交际:讲民间故事》和《快乐读书吧》推荐的阅读内容也是民间故事。

　　整个跨学科学习通过课内与课外相结合、体验与探究相结合的方式,引导学生学习民间故事,拓宽学习外延,在获得信息、经历思考后,呈现、表达自己的成果,提高语言文字运用能力。

(一) 目标设定

本次主题活动聚焦民间故事,引导学生关注已经耳熟能详的民间故事,重新思考民间故事的内核和传播方式,为树立民族文化自信奠定基础。

跨学科主题学习需要"注重语文与生活的结合,注重听说读写的内在联系,追求语言、知识、技能和思想情感、文化修养等多方面、多层次发展的综合效应",在跨学科学习过程中,提高学生的语言文字运用能力。另外,"要引导学生在广阔的学习和生活情境中学语文、用语文,提高交流沟通、团队协作和实践创新能力"。

"民间故事"的跨学科学习需要综合运用语文、道德与法治、科学、美术、音乐、劳动等学科的知识和技能,学习目标定位如下:

1. 学生需知道:

(1) 民间故事是老百姓创作的,以口耳相传的形式传播的,包含着广大人民群众智慧的一种口头文学形式。

(2) 创造性复述要加入自己的创造,让故事的讲述更有代入感和生动性。

2. 学生将理解:

(1) 民间故事具有故事情节突出、细节处理简单、类型化显著的特点。

(2) 口耳相传的民间故事蕴藏着老百姓的智慧,应该予以继承与发扬,需要创造性复述。

(3) 理解民间故事中的典型人物形象。

3. 学生应能够:

(1) 提取主要信息,运用概括、改写、删减等方式缩写故事。

(2) 掌握变换角色、增添情节、变化情节顺序等创造性复述的具体方法。

（3）介绍和尝试传承民间故事。

（二）评价设计

"民间故事"的学习评价，既关注对学习过程进行评价，又注重对学习结果进行评价；不仅注重学科的评价，而且关注学生在整个过程中的合作沟通能力和语言表达能力。

1. 成功标准——过程中评价。

"民间故事"中的活动都设计了成功标准。在活动过程中，学生可以对照成功标准随时进行自我评价、同伴评价、教师评价。这样，学生能具体知道自己要达成什么样的目标，做到心中有数。成功标准既是评价量规，也是学生行为的指引。

评价内容	评价标准		
	最佳传承人	一流传承人	普通传承人
角色塑造	人物形象及其美好品质，能够通过演员的表演淋漓尽致地展现出来。演员能将自己的情感融入角色，使人物鲜活生动，具有感染力。	人物形象及其美好品质，能够通过演员的表演充分展现，具有一定的现场感染力。	人物形象及其美好品质，能够通过演员的表演比较充分地展现出来。
剧情设计	剧情设计合理，尊重故事原型，曲折生动，代入感强。	剧情设计基本合理，尊重故事原型，有一定的波折。	剧情设计基本合理，尊重故事原型。
宣传效果	能够让观众产生情感共鸣，热爱民间故事。	能够使观众有部分情感共鸣，对民间故事产生兴趣。	能够吸引观众观看，对民间故事有一定了解。
团队协作	道具组、编导组、演员组、后勤组等的工作人员能够很好地配合，分工明确，团结友爱。	道具组、编导组、演员组、后勤组等的工作人员基本能够配合，分工基本明确，彼此友善。	道具组、编导组、演员组、后勤组等的工作人员基本能够配合，分工基本明确。

2. 跨学科学习复盘反思——终结性评价。

课程结束后,结合课程目标、单元成功标准,对照表格进行自我评价、同伴评价。这主要涉及两个方面:完成质量和参与态度。完成质量主要针对学科情境,参与态度主要针对人际情境。

对于五年级学生来说,沟通合作能力还在养成阶段,要格外注意引导。复盘反思中,我们针对参与态度进行了专门的评价,就是希望学生有意识提升这方面能力。

评价项目	评价标准	自我评价 ★★★★★	同伴评价 ★★★★★
完成质量	基本理解民间故事的内涵,了解它的模型。		
	阅读民间故事,积累优美词句,并学会阅读不同类型民间故事的方法。		
	能根据民间故事的结构,运用丰富多样的形式,对民间故事进行创意表达。		
参与态度	积极主动地参加系列活动,承担具体工作。		
	在小组合作时有效沟通,能倾听他人想法;遇到困难时主动请教他人,也愿意帮助他人。		

▶ 三、情境与任务

（一）任务情境

依托学科内容,借助文本,在阅读、倾听、观影等多种形式的学习中,感受民间故事蕴含的优良品德和对美好生活的向往,学习创造性复述和缩写的方法。在认识和理解民间故事的基础上,学生自主选择自己喜欢的民间故事,采用团队合作的形式,自己选择表达方式,例如皮影戏、戏剧、电影等多种形式,为周边社区幼儿展演,传播优秀传统文化。

(二) 学习任务

1. 任务框架。

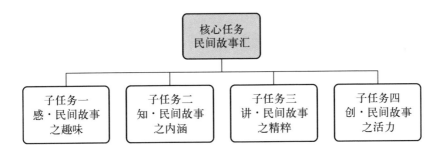

2. 任务说明。

(1) 核心任务。

"民间故事汇"的核心任务符合高年段学生的年龄特征和认知特点,让学生在具体的任务中,综合运用语文、道德与法治、科学、美术、音乐、劳动等学科的知识和技能,认识民间故事,传播中华优秀传统文化。

"民间故事汇"从学生亲近的家乡入手,能充分调动学生的积极性。另外,其中的每一项活动都关注学生语言文字运用能力的提高,从阅读故事到资料整理,再到创意展示,都有成功标准指导学生。同时,注重学生的实践过程,引导学生使用学习支架开展研究,从而走进民间故事,领略民间故事的文化价值。

(2) 子任务。

子任务一:感·民间故事之趣味。

单元的开启,从倾听、阅读和欣赏民间故事艺术作品开始,学生和同学们一起讨论民间故事的定义,谈一谈自己的认知。再查找资料,从不同的角度感受民间故事的表达魅力。在调查、交流中思考"什么是民间故事",产生对民间故事的阅读兴趣。

子任务二:知·民间故事之内涵。

要想对民间故事进行创意表达,必要的知识和方法是不可缺少的。那么,如何创意表达民间故事呢? 我们先学习"民间故事"的文本《猎人海力布》《牛郎织女(一)》《牛郎织女(二)》等,从中找到一些可以借鉴的方法,让学生明白探究可以从多角度、多方面进行。然后,学生根据自己感兴趣的内容成立研究小组,分组阅读《中国民间故事》等推荐书籍。

子任务三：讲·民间故事之精粹。

学习讲解民间故事，在前一阶段《中国民间故事》共读的基础上，运用多种方式讲解民间故事；在习作板块学习缩写民间故事。

子任务四：创·民间故事之活力。

根据对民间故事的理解，分小组进行资料整理。然后，分小组排练，进行班级内部展示。小组根据同伴评价，增删内容，调整形式，依托小组合作学习和项目学习对民间故事进行创造性呈现。

➡ 四、活动与建议

（一）活动历程

子任务一　感·民间故事之趣味

板块一：单元导入，激发趣味

学生观看幻灯片展示的《白蛇传》《牛郎织女》《田螺姑娘》《八仙过海》等中国传统民间故事的图片。

学习要求：尝试使用之前学到的提高阅读速度的方法默读《猎人海力布》《牛郎织女（一）》《牛郎织女（二）》这三篇课文。

学生活动：在限定时间内快速了解故事的主要内容，根据记忆回答问题。

（1）猎人海力布在打猎过程中救了＿＿＿＿＿＿＿＿。

（2）海力布得到的宝物是＿＿＿＿＿＿＿＿。

（3）海力布知道灾难即将来临的原因是＿＿＿＿＿＿＿＿。

（4）海力布因为＿＿＿＿＿＿＿＿而变成了石头。

（5）老牛帮助牛郎娶到美丽的织女是因为＿＿＿＿＿＿＿＿。

（6）织女下凡是因为＿＿＿＿＿＿＿＿。

（7）牛郎和织女最后被＿＿＿＿＿＿＿用＿＿＿＿＿＿＿的方式拆散了。

（8）牛郎和织女以后还能见面吗？怎么见面？

（9）……

板块二：拓宽视野，推荐阅读

教师活动：选取《田螺姑娘》《一千零一夜》《非洲民间故事》中的精彩片段进行展示，激发学生阅读民间故事的兴趣。

阅读民间故事可以帮助我们拓宽视野，更好地感受民间故事的魅力。

布置阅读任务：阅读"快乐读书吧"中推荐的作品，还可以搜集其他的民间故事来阅读。

子任务二　知·民间故事之内涵

板块一：读《猎人海力布》，学习概述故事

1. 默读《猎人海力布》，与同桌交流课文讲了哪几件事。

学生围绕六要素互相补充，梳理出第一件事：从前有一位叫海力布的猎人，他热心帮助别人，总是先把猎物分给大家。有一天，海力布去打猎，看见一只老鹰抓住了一条小白蛇。他把老鹰射伤了，救了小白蛇。小白蛇想报答海力布，帮助海力布得到了能让持有者听懂动物的话的宝石。不过，他不能把动物的话说出去，否则就会变成石头。海力布拥有宝石后，打猎就方便多了，分给大家的猎物也多了。

学生围绕六要素互相补充，梳理出第二件事：这样就过了几年，有一天，海力布在深山打猎，听到了一个可怕的消息，急忙跑回家告诉大家快点儿搬到别处，但是大家都无动于衷。海力布知道再拖下去，灾难就会夺去乡亲们的生命，所以他就把整件事一五一十告诉了大家。刚刚说完，海力布就变成了一块石头。乡亲们都很伤心，含着眼泪搬到很远的地方。最后，乡亲们都逃过一劫。人们世世代代纪念海力布。

教师组织小组合作，从文中寻找依据，思考海力布是一个怎么样的人。

教师组织学生交流，回顾海力布的心理过程。

师生共同得出结论：海力布是一个善良、为他人着想、不贪财、敢于牺牲、舍己为人的人。学生感知海力布由焦急到急得掉眼泪，再到镇静的心理斗争过程。

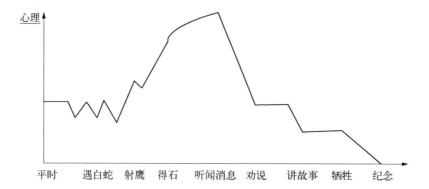

2. 阅读教材第44页对原文第1~4自然段的缩写，并对比原文找发现。

师生共同归纳方法：

（1）不能改变故事的原意。

（2）要厘清故事发展的每一个环节，保留主要情节，并运用叙述性语言把故事讲清楚。

（3）语言要简洁。可以把长句子变成简单句，把几个句子缩写成一句话。

（4）根据需要变换人称。故事里的人物用第一人称说的话有时候需要变成第三人称的叙述性语言。

板块二：多种方式学习《牛郎织女》

学生活动：尝试用分镜头的方式将《猎人海力布》或《牛郎织女》整个故事进行分解（下图以《牛郎织女》为例）。

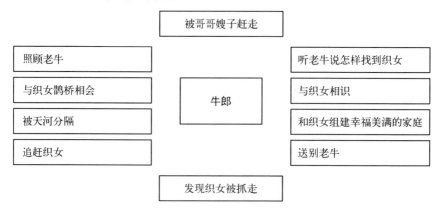

教师引导学生按照事情发展顺序对上述内容进行整合、排列。

小组合作,进一步梳理文本内容,对各个场景进行缩写;根据各个场景想象重要情节的画面,并为每个画面配上文字。

拓展活动:为自己喜欢的民间故事绘制连环画,合作绘图并配上相应的文字。

子任务三 讲·民间故事之精粹

1. 小组排练。

(1) 小组合理分工,确保人人参与,人人都有任务。

(2) 练习代言展示。

2. 回顾讲述民间故事的方法,制订讲述民间故事的评价标准。

师生共同制订民间故事的评价标准:

(1) 能在尊重故事原意的基础上合理发挥想象。

(2) 能把握故事的大概内容,使用口语化的语言表述。

(3) 能通过丰富情节,添加人物对话,模仿人物动作、表情,细致描绘人物形象等方法,把故事讲得更具体。

(4) 能变换角色、视角,深入体会不同人物的内心感受,并尝试运用变换人称的方式叙述,使故事更加生动流畅。

3. 启动民间故事推广活动——民间故事汇。

教师总结单元学习的主要内容,邀请学生以自己喜欢的方式(如画连环画、表演故事、文字记录等)推介自己最喜欢的民间故事。

子任务四 创·民间故事之活力

板块一:分组推荐

教师组织部分学生展示作品并互相投票,选出若干本绘画生动、表述内容具体的民间故事连环画。

【推荐卡】

推荐作品编号：	作品题目：
原创作者姓名：	推荐理由：
页数：	
推荐者姓名：	

部分同学在小组内讲故事，选出优胜者。

部分同学合作制订民间故事展演计划。

【分工卡】

民间故事展演主题	
参与人员	
分工安排	表演组： 道具组： 文字组：
时间表	
奇谈	

部分同学搜集整理当地的民间故事。

【搜集卡】

故事名称	
原讲述者	
故事整理者	
故事	

板块二：小组展演，全员评价

依据记录情况，进行小组评价，分享同学的优秀之处，以供其他小组参考，在评价中大家互相学习。然后，进行成果推广，组织年级巡演。

板块三：反思总结，交流心得

1. 回顾学习历程。

师生一起回顾学习历程，结合成功标准进行自我评价。

2. 鼓励学生自主研究，了解更多的民间故事。

（二）活动建议

1. 以提高学生语言文字运用能力为宗旨。

语文课程的跨学科学习中，语文处于中心地位，最核心的目标是帮助学生提高语言文字运用能力。所以，在整个跨学科学习的过程中，要重视学生语言文字运用能力的培养。"民间故事汇"的任务目标之一就是创造性复述，这与五年级上册第三单元的语文要素相关联，通过复述积累语料和表达，在实践中运用。

"民间故事汇"整个跨学科学习都关注学生"学语文""用语文"的情况，目标的设定也与教材中的语文要素相关联。我们期望通过语言实践活动，切实提升学生语文素养。

2. 以培养学生探究能力为目标。

跨学科学习强调探究能力，学生要知道"如何发现问题""如何解决问题""如何分析问题"，要引导学生掌握问题探究的基本步骤和方法，逐渐具备综合运用多学科知识解决实际问题的能力。在探究过程中，教师要为学生提供一定的工具支持。例如"民间故事"的创造性表达，就为学生提供了支架指导和样例。另外，成功标准一方面是评价量规，另一方面也是指导工具，告诉学生怎么做。

总之，聚焦于"探"的跨学科学习不仅关注学生语文素养的提升，更强调学生在真实复杂的情境中要具备探究能力。也就是说，在这次跨学科学习中学到的方法之后还可以运用。希望通过持续的跨学科学习，让学生掌握一定的探究方法、策略，引导学生成为自主学习者。

3. 以多元多维评价学生素养为指引。

"评价主要以学生在各类探究活动中的表现，以及活动过程中完成的方案、海报、调研报告、视频资料等学习成果为依据。"由此可见，不仅要评价学习过程，也要评价学习成果，针对不同的评价内容，采用多种评价方式。对照评价表中的条目，全班一起讨论复盘。复盘的过程是思考的过程，也是总结的过程，有利于学生总结经验，更好地参加下一次的跨学科活动。

讲民间故事本身也是一种评价。在这一过程中，教师提醒学生不仅要展示"做出了什么"，也要报告"做的过程"，以及经过了怎样的思考和调整。这样的展示也给学生提供了反思的机会。无论哪种评价方式，既要发挥它的检查、诊断和反馈功能，也要给学生充分的鼓励和肯定，让学生在展示中自我思考、提升。

- - - - - - - - - - - - ▶ 五、资源与运用 - - - - - - - - - -

为了激发学生探索民间故事的热情，帮助五年级学生对民间故事有更多的认识，在学习任务实施过程中，教师需要准备丰富的学习资源。这些学习资源包括：

1. 关于民间故事的诗歌、儿歌。

2. 相关视频，如有关其他民间故事的介绍视频。

3. 关于民间故事的绘本、书籍、图片等。

4. 关于民间故事的其他物品，如天坛模型、京剧脸谱等。

以上资料既可以在学生探究前给学生，作为学生的参考；也可以在学生探究遇到难点时再呈现，引导学生进一步思考；还可以在学生思考后再推荐给学生，以引起学生进一步探究的兴趣。

（编写人：北京亦庄实验小学　蒲乐洋）

第16讲　遇见李白

━━━━━━━━━━━━━ ➡ 一、主题与内容 ━━━━━━━━━━━━━

　　古典诗词源远流长,是中华优秀传统文化的一个重要组成部分,展现了我国悠久的历史和璀璨的民族文化。唐代著名诗人李白,因传世诗篇多,人格魅力独特,艺术成就卓越,无疑是古代诗人中耀眼夺目的一颗明星。本次跨学科学习以"遇见李白"为主题,引导学生聚焦诗人李白,感受其诗歌魅力,探究其传奇人生,走近李白,了解李白,致敬李白。五年级学生在课内外已经学习积累了大量的古诗词,之所以选取李白为探究对象,是因为其诗歌广为流传、其生平故事传奇丰富,有助于学生学习如何深入地了解一位诗人,进而感受中华诗词文化的博大精深。

　　学生将从三个方面开展跨学科学习:一是诵读、积累李白诗歌,结合多种艺术形式举办诗歌朗诵会;二是深入了解李白其人、其事、其诗,运用信息技术、道德与法治等方面的知识和技能,从李白与月、李白与酒、李白游历地图、李白的"朋友圈"等多角度展开探究;三是感受李白传奇的一生,通过戏剧、美术、音乐等方式演绎李白的人生故事。

━━━━━━━━━━━━━ ➡ 二、目标与评价 ━━━━━━━━━━━━━

（一）目标设定

　　五年级学生在以往的学习中,已经积累了不少李白的诗作(包含教材中的九篇),在课外了解了一些关于李白的奇闻轶事,初步感受了李白诗歌的魅力,也对李白的传奇人生产生了好奇和兴趣。本次跨学科学习将引导学生多角度探究李白其人、其事、其诗,深入了解一代"诗仙"的传奇一生,进而传承古典诗词,弘扬传统文化。

"遇见李白"的跨学科学习,需要综合运用语文、信息技术、道德与法治、美术、戏剧等学科的知识和技能,学习目标定位如下:

1. 阅读、积累李白诗歌作品,结合艺术形式进行诵读展示,初步感受李白诗歌创作的风格和特点。

2. 搜集、梳理李白赏月、饮酒、旅游、交友等相关资料,初步了解李白的兴趣爱好和性格特点,通过海报、PPT、研究报告等方式展示探究成果。

3. 阅读李白传记,通过戏剧和美术的方式演绎李白的生平故事,初步体会李白的人格魅力。

4. 通过习作书写心目中的李白,抒发真情实感。

(二)评价设计

本次跨学科学习将分别从学生的学习任务和小组活动两方面进行评价。学习任务的成功标准引领学生的学习过程,要在活动开展之前就让学生了解;小组活动的评价量规要与活动同步提供给学生,重点关注小组在组织活动、分工配合、落实计划等方面的表现。

1. 学习任务成功标准。

评价内容	满足成功标准	超出成功标准	接近成功标准
诵读经典诗歌	1. 搜集李白的诗歌,至少20首。 2. 小组合作,朗诵李白诗歌5首,并说明选取的理由。 3. 借助合适的艺术形式进行展示。	除满足成功标准所列的3项外,还做到: 1. 选取朗诵诗歌时有一条核心线索。 2. 采用的艺术形式能展现出诗歌表达的情感。	至少达到满足成功标准所列的两项要求。
探究志趣爱好	1. 能从李白赏月、饮酒、旅游、交友中选择一个主题,搜集资料。 2. 整理资料,能围绕李白的某一个方面进行充分探究。 3. 通过海报、PPT或研究报告的方式进行展示交流。	除满足成功标准所列的3项外,还做到: 1. 能从不同方面对李白的爱好志趣展开探究。 2. 展示形式多样化,能更好地体现小组特色。	至少达到满足成功标准所列的两项要求。

评价内容	满足成功标准	超出成功标准	接近成功标准
演绎传奇人生	1. 能绘制人生时间轴，梳理李白的生平事迹。 2. 能根据阅读材料编写剧本。 3. 能通过戏剧演绎李白某一阶段的人生故事。	除满足成功标准所列的3项外，还做到： 1. 能根据需要设计服装、道具、背景和音乐。 2. 编写剧本时，能将诗歌和故事串联起来，并丰富李白的心路历程。	至少达到满足成功标准所列的两项要求。
以习作致敬李白	1. 能通过习作书写自己心目中的李白。 2. 能在习作中抒发对李白的情感。 3. 能用自己的话说说"诗仙"是怎么炼成的。	除满足成功标准所列的3项外，还做到： 1. 能从不同角度写出对李白的认识。 2. 运用多种方式致敬李白。	至少达到满足成功标准所列的两项要求。

2. 小组活动评价量规。

评价项目	评价标准	自我评价 ★★★★★	同伴评价 ★★★★★
参与讨论	积极参加讨论交流，能主动、清楚地表达自己的观点，也能认真、耐心地倾听别人的发言。		
分工合作	积极主动地参加系列活动，承担具体工作，认真完成自己的任务。		
小组展示	积极参与小组展示，和组员密切配合，态度大方，充满自信。		

➡ 三、情境与任务

（一）任务情境

　　唐诗是中华民族珍贵的文化遗产之一，是中华文化宝库中的一颗明珠。唐代涌现出众多著名诗人，而要说起大唐诗坛第一人，那无疑是享誉千年的"诗仙"

李白了。杜甫称赞李白"笔落惊风雨,诗成泣鬼神"。教师引导学生回顾积累的李白诗歌,说说自己对李白已经有了哪些了解,心目中的李白是一个怎样的人。李白为什么被誉为"诗仙"?他写了哪些惊艳的句子?过着怎样的逍遥的生活?由此,激发学生对进一步深入了解李白产生好奇和兴趣。

结合学生讨论,发布学习任务,开启跨学科主题学习。

(二)学习任务

1. 任务框架。

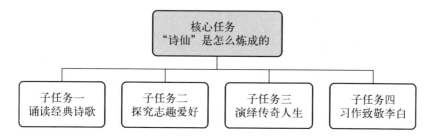

2. 任务说明。

(1)核心任务。

这一核心任务符合五年级学生的年龄特征和认知特点,让学生在具体的任务中,综合运用语文、道德与法治、信息技术、美术、音乐、戏剧等学科的知识和技能,诵读李白经典诗歌,了解李白其人、其事、其诗,在活动中传承中华优秀传统文化,提高语言文字运用能力。

通过核心任务"'诗仙'是怎么炼成的",能激发学生对于探究李白生平事迹的好奇心和兴趣。学生在系列活动中从多维度、多方面了解李白,感受其非凡的艺术成就和独特的人格魅力,最终对李白为什么被誉为"诗仙"形成一个全新的认识。

(2)子任务。

子任务一:诵读经典诗歌。

学生回顾课本中已经学习过的和课外积累的李白诗歌,说说自己最喜欢哪首诗以及为什么喜欢。小组讨论选取哪几首李白的诗歌来朗诵,并说明理由。小组讨论采用什么形式和配乐能够使本组的朗诵更精彩,可通过网络搜索或音乐老师指导进行艺术方面的设计。举办李白经典诗歌朗诵会,学生分组展示,通过朗诵和欣赏,初步感受李白诗歌的创作风格和特点。

子任务二:探究志趣爱好。

在诵读李白经典诗歌的基础上,引导学生交流自己心目中的李白是什么样子的人,猜猜李白有什么志趣爱好。通过学生的分享和资料补充,教师梳理归纳出李白的四大爱好:爱赏月、爱饮酒、爱旅游、爱交友。然后选取一个主题,进行分组探究,搜集与本主题相关的诗歌和故事,通过制作海报、PPT或撰写研究报告等方式呈现探究成果。最后,举办研究成果展,引导学生从多角度、多方面了解、认识李白。

子任务三:演绎传奇人生。

学生阅读李白传记,了解李白的生平事迹,绘制李白人生时间轴。按照"少年时光""辞亲远游""长安入仕""再次远游""壮志未酬",将李白的一生分为五个阶段,分组采用戏剧的方式演绎李白的人生故事,根据需要设计道具、服装、背景和配乐。通过研读文本、改编剧本、戏剧演绎等方式,更深入地体会李白的心路历程和人格魅力。

子任务四:习作致敬李白。

学生以"遇见李白"为题进行创作,书写自己心目中的李白,抒发对李白的真情实感。通过习作分享交流,最终对李白为什么被誉为"诗仙"形成一个全新的认识。

四、活动与建议

(一) 活动历程

子任务一 诵读经典诗歌

板块一:回顾已知,谈谈初步印象

1. 诵读、交流教材中已经学过的和课外积累的李白诗歌。

2. 说说自己最喜欢李白的哪首诗及理由。

3. 用1～2个词谈谈对李白的印象。

板块二：选取诗歌，分组准备展示

1. 发布诗歌朗诵会任务，小组讨论选取哪些诗歌来朗诵，并说明理由。

2. 小组讨论朗诵的形式，即怎样能使本组的朗诵更精彩。

3. 选择合适的配乐，可以现场演奏乐器或播放音乐。

4. 节目排练，展示需包含开场、朗诵展示和诗歌介绍三个环节。

板块三：诗歌朗诵，感受创作风格

1. 分组展示李白诗歌朗诵。

2. 小结李白诗歌朗诵会活动，评选最佳朗诵小组。

3. 交流李白的诗歌有哪些特点，感受其创作风格。

子任务二　探究志趣爱好

板块一：头脑风暴，交流志趣爱好

1. 交流对李白有哪些了解：采用头脑风暴的方式，说一说心目中的李白是个怎样的人。

2. 补充资料，将李白的诗歌进行分类，发现李白的四大爱好：爱赏月、爱饮酒、爱旅游、爱交友。

板块二：选取主题，分组深入探究

1. 发布专题研究任务，小组讨论，选取主题，明确探究内容。

"李白与月亮"组：搜集李白写过的关于月亮的诗歌，探究他笔下的月亮有什么特别之处，以及他为什么对月亮情有独钟。

"李白与饮酒"组：搜集李白写的有关饮酒的诗，探究他为什么被称为"酒仙"以及他与酒有哪些不解之缘。

"李白与旅游"组：搜集李白在游历过程中写下的诗作，探究李白游历过哪些地方，绘制李白的游历地图。

"李白与交友"组：搜集李白写给朋友的诗，探究李白结交了哪些好朋友，他们之间发生了怎样的故事，绘制李白的"朋友圈"。

2. 搜集资料,可通过搜索网络、查阅图书、观看纪录片等方式。

3. 小组交流,分享彼此搜集到的资料。

4. 整理资料,通过制作海报、PPT 或撰写研究报告等方式展示研究成果。

板块三:展示成果,了解性格特点

1. 通过画廊漫步的形式展示研究成果。

2. 展示分享时,小组成员要对研究成果进行讲解,解答观众的疑问,可以设计互动环节。

3. 小结李白专题探究活动,评选最佳探究小组。

4. 交流对李白有了哪些新的认识,感受其性格特点。

子任务三　演绎传奇人生

板块一:阅读传记,梳理人生阶段

1. 阅读李白传记,了解其生平事迹。

2. 梳理李白的人生可以分为几个阶段,绘制李白人生时间轴。

板块二:改编剧本,丰富心路历程

1. 发布戏剧演出任务,小组讨论选取李白人生哪一阶段的哪些事件作为演出内容。

“少年时光”阶段:身世传说、铁杵成针、文武兼修、师从赵蕤。

“辞亲远游”阶段:初露头角、洞庭葬友、江陵幸遇司马承祯、与孟浩然共游黄鹤楼。

“长安入仕”阶段:寻找玉珍公主、《蜀道难》问世、金龟换酒、醉写《和番书》、沉香亭畔醉填《清平调》、月下独酌、赐金放还。

“再次远游”阶段:“诗仙”与“诗圣”的相会、《将进酒》的问世、漫游秋浦、别汪伦。

“壮志未酬”阶段:一心报国上征途、身陷图圄、流放夜郎、大鹏殒身。

2. 根据阅读材料改编剧本,丰富李白的心路历程。

3. 在戏剧老师指导下,选角色、背台词、设计动作。

4. 在美术、音乐老师指导下,根据需要选取合适的服装、道具、背景和音乐。

5. 分组排练。

板块三：戏剧演出，体会人格魅力

1. 戏剧演出，分组演绎李白的传奇人生。

2. 小结戏剧演出活动，评选最佳表演小组。

3. 交流参与和观看演出的感受：对李白有了哪些新的认识，体会到了李白什么样的人格魅力。

子任务四　习作致敬李白

板块一：撰写习作，抒发真情实感

1. 以"遇见李白"为题进行习作，书写自己心目中的李白，抒发对李白的真情实感。

2. 分享交流习作，用自己的话说说"诗仙"是怎么炼成的。

板块二：复盘反思，促进迁移运用

1. 对照学习任务成功标准和小组活动评价量规，进行自我评价和同伴评价。

2. 回顾整个学习历程，分享学习收获，反思不足之处。

3. 总结研究一位诗人的学习方法，鼓励学生自主探究杜甫、苏轼等其他古代著名诗人。

（二）活动建议

1. 多学科合力，提高语言文字运用能力。

本次跨学科学习过程中，学生需要综合运用语文、道德与法治、美术、音乐、戏剧、信息技术等学科的知识和技能，而教师需要始终清晰地意识到这些学科知识的运用是为了共同提高学生的语言文字运用能力。比如，在诵读李白经典诗歌时，选取合适的配乐，需要运用音乐鉴赏能力，而目的是助力学生更好地理解诗歌所表达的情感。在查询资料和展示成果时，需要运用信息技术，目的是提升学生搜集、筛选、整合信息的能力。在绘制李白的游历地图时，需要运用美术技能，目的是让学生更真切地感受到李白的行踪，了解诗歌的创作背景。在排演戏剧时，无论是改编剧本、设计动作，还是制作道具、选择服装等，都需要运用有关戏剧的知识技能，目的是让学生反复研读文本、把握主要内容、体会人物内心。而诵读诗歌、分享研究成果、改编剧本、撰写习作等活动，本身都是聚焦口头表达、书面表达、阅读理解、朗诵等语文能力的训练。因此，在跨学科学习过程中，需要多学科教师协同教学，提供必要的指导与支持，让学生在真实的任务情境中学语文、用语文，提高语言文字运用能力。

2. 注重学法指导，促进迁移运用。

本次跨学科学习，聚焦唐代著名诗人李白，通过诵读诗歌、主题探究、戏剧演绎、撰写习作等方式，深入了解其人、其事、其诗，感受其创作风格、性格特点和人格魅力，进而体会中国诗词文化的博大精深。这一学习方法可迁移运用至研究其他古代诗人。在学习过程中教师要特别注重学习方法的指导，带领学生在每个子任务完成后进行小结，在课程收尾时复盘反思，回顾经历了哪些学习过程、掌握了哪些学习方法，以促进学生的迁移运用能力。

➡ 五、资源与运用

为了帮助五年级学生对李白其人、其事、其诗有更丰富、更全面的认识，在跨学科学习过程中，教师需要准备丰富的学习资源。这些学习资源包括：

1. 李白的经典诗歌。准备 30 首左右的李白经典诗歌作为学习材料，可在子任务一发布后下发，供学生积累诵读，并从中挑选篇目进行小组朗诵展示。诗歌的内容需要涵盖月亮、饮酒、旅游、交友等主题，满足学生在进行子任务二时将诗歌分类的需求。

与月亮有关的诗歌：《静夜思》《古朗月行》《月下独酌》《初月》《关山月》《月夜金陵怀古》《峨眉山月歌》等。

与饮酒有关的诗歌：《将进酒》《客中作》《南陵别儿童入京》《行路难》《宣州谢朓楼饯别校书叔云》《山中与幽人对酌》《赠内》等。

与旅游有关的诗歌：《望庐山瀑布》《游洞庭湖》《登金陵凤凰台》《早发白帝城》《望天门山》《独坐敬亭山》《夜宿山寺》等。

与交友有关的诗歌:《对酒忆贺监二首》《赠汪伦》《黄鹤楼送孟浩然之广陵》《鲁郡东石门送杜二甫》《渡荆门送别》《送友人》《闻王昌龄左迁龙标遥有此寄》。

2. 关于李白的传记。例如,《李白(美绘版)》(李长之著,天天出版社)、《李白——仗剑行侠的诗仙》(罗虎编著,团结出版社)等。可在跨学科课程开启后推荐学生自主阅读,在完成子任务三时借助阅读材料梳理李白的人生阶段,绘制其人生时间轴,并从中选取重要事件改编成剧本,作为戏剧演出的内容。

3. 关于李白的影视资源。例如,电影《长安三万里》,可截取相关片段在开启课上分享交流,用于激发学生深入了解李白的学习兴趣;再如纪录片《李白》《千古风流人物——李白》《跟着唐诗去旅行——李白 仙山》等,可推荐学生课外观看,从多方面了解李白,学生也可从中搜集到子任务二探究活动的相关资料。

（编写人：北京亦庄实验小学　　陈诗涛）

第17讲　我为中国的世界文化遗产代言

本次跨学科主题学习引导学生走出教室,在探究式研学的过程中了解世界文化遗产。《义务教育语文课程标准(2022 年版)》第二学段"跨学科学习"包括三个方面的学习内容,其中之一是"尝试运用科学、艺术、信息技术等相关知识和技能,富有创意地设计并主动参与朗诵会、故事会、戏剧节等校园活动"。学生在学习世界文化遗产的过程中,一定会去了解相关的传统文化、风俗习惯等文化现象。这一跨学科主题学习,会潜移默化地让学生更加了解中华民族文化,了解中国和世界的文化遗产,增强民族自信心和自豪感。

本次跨学科主题学习以"我为中国的世界文化遗产代言"为核心任务,引导学生走出教室,在探究世界文化遗产的过程中,领略世界文化遗产的魅力,了解中国所拥有的世界文化遗产,重新认识中国文化在世界文化中的价值与地位。《义务教育语文课程标准(2022 年版)》在"跨学科学习"中指出,"本学习任务群旨在引导学生在语文实践活动中,联结课堂内外、学校内外,拓宽语文学习和运用领域"。本次主题学习中,学生的课内任务是学习为世界文化遗产代言的方法,在查阅资料、调查研究的基础上尝试多种表达方式。统编教材五年级下册第七单元是"世界文化遗产"主题,此主题下安排了《威尼斯的小艇》《牧场之国》《金字塔》(《金字塔夕照》《不可思议的金字塔》)三篇课文,《口语交际:我是小小讲解员》和《习作:中国的世界文化遗产》。

整个跨学科学习通过课内与课外相结合、体验与探究相结合的方式,引导学生学习世界文化遗产,拓宽学习外延。学生在获得信息、经历思考后,呈现表达自己的成果,从而提高语言文字运用能力。

（一）目标设定

本次主题活动聚焦世界文化遗产，引导学生关注世界文化遗产的内涵以及中国的世界文化遗产，重新思考世界文化遗产的内核和文化价值，为树立民族文化自信奠定基础。

跨学科主题学习需要"注重语文与生活的结合，注重听说读写的内在联系，追求语言、知识、技能和思想情感、文化修养等多方面、多层次发展的综合效应"。在学习过程中，提高学生的语言文字运用能力。另外，"要引导学生在广阔的学习和生活情境中学语文、用语文，提高交流沟通、团队协作和实践创新能力"。

"世界文化遗产"跨学科学习任务，需要综合运用语文、道德与法治、科学、美术、音乐、劳动等学科的知识和技能，学习目标定位如下：

1. 围绕单元"我为中国的世界文化遗产代言"学习主题，积累与运用本单元的生字、词语。

2. 正确、流利、有感情地朗读课文，背诵古诗《乡村四月》。

3. 能体会课文中静态描写和动态描写的表达效果，并进行交流、总结，能仿照例句，选择一个情境写句子，表现出景物的动、静之美。

4. 初步了解非连续性文本的特点，能从中获取所需的信息，并能学以致用。

5. 能搜集资料，列出提纲，完成按一定的顺序、清楚地介绍自己感兴趣的中国的世界文化遗产的文字稿，并讲述，能根据听众的反应，对讲解内容作调整。

（二）评价设计

"世界文化遗产"跨学科学习的评价既关注对学习过程的评价，又注重对学习结果的评价；不仅注重学科的评价，而且关注学生在整个过程中的合作沟通能力和语言表达能力，从而形成一个整体，发挥单元合力。

1. 成功标准——过程中评价。

"世界文化遗产"跨学科学习中的活动都设计了成功标准,在活动过程中,学生可以对照成功标准随时进行自我评价、同伴评价、教师评价。这样,学生能具体知道自己要达成什么样的目标,能做到心中有数。成功标准既是评价量规,也是学生行为的指引。

核心任务评价表

有内容	1. 文物类:制作工艺、外形特点、文化价值…… 2. 建筑类:历史背景、外观、结构、现状…… 3. 遗迹类:地理位置、考古历程、传说故事…… 4. 文化符号:外形、周边特征、价值和意义、体验和感受、独特风情、与人的关系 5. 核心特点及其典型的角度
说清楚	1. 按照一定的顺序:游览顺序、时间顺序、行踪顺序…… 2. 采用一定的结构:总起与分述、分方面介绍、点面结合
讲生动	1. 静态描写与动态描写结合 2. 用熟悉的事物作比 3. 将一个事物当作人来写 4. 把人的活动和景物结合在一起 5. 用上文字、数字、图案、表格等

2. 跨学科学习复盘反思——终结性评价。

课程结束后,结合课程目标、单元成功标准,对照表格进行自我评价、同伴评价。这主要涉及两个方面,即完成质量和参与态度。完成质量主要针对学科情境,参与态度主要针对人际情境。

中国的世界文化遗产习作评价表

评价角度	评价标准	自我评价 ★★★★★	同伴评价 ★★★★★
主题明确	选材来自中国的世界文化遗产,表达了赞美之情。		
条理清楚、富有层次	能按照一定的顺序或从几个方面进行介绍。		

评价角度	评价标准	自我评价 ★★★★★	同伴评价 ★★★★★
重点突出、 多重角度	能恰当使用修辞方法、说明方法，或传说故事等把特点介绍清楚。		
资料应用	资料运用恰当，引用时注明资料来源。		
语言表达	语言通顺自然，表述准确简洁，适当运用动态描写和静态描写。		
书写排版	书写工整，能恰当使用图片、表格等辅助介绍，排版合理。		

　　这是"我为中国的世界文化遗产代言"的评价表，既结合了课文中口语交际的要求，也体现了单元核心任务的特点。

"我为中国的世界文化遗产代言"评价表——我是小小讲解员

	评价标准	星级评定：5★为优秀， 3★和4★为良好
讲解员	声音洪亮，语速适中，自然流畅。	
	内容连贯，条理清楚，结构完整。	
	重点突出，细节生动，具体形象。	
	能与同学自然互动，根据听众的反应及时调整讲解内容。	
	肢体语言恰当，情感饱满，富有感染力。	
听众	能认真倾听讲解员的讲解。	
	能积极、礼貌地与讲解员互动。	

　　值得一提的是，我们把核心任务设置为开放性的，其中一类的评价标准由师生共创（如下表，师生共同创制了关于"文创制作"的评价表）。

"我为中国的世界文化遗产代言"评价表——文创制作

	评价标准	星级评定：5★为优秀，3★和4★为良好
文创制作	主题突出,取材自世界文化遗产。	
	造型美观,细节生动,色彩明快。	
	材料得当,适合推广,便于展示。	
听众	能认真倾听讲解员的讲解。	
	能积极、礼貌地与讲解员互动。	

➡ 三、情境与任务

（一）任务情境

依托学科内容,借助文本,在阅读、倾听、观影等多种形式的学习中,感受世界文化遗产中蕴含的历史、艺术或科学价值,学习为世界文化遗产代言的方法。在认识和理解世界文化遗产的基础上,学生自主选择自己喜欢的世界文化遗产,采用团队合作形式,自主选择表达方式,通过书面、口头等多种形式为世界文化遗产代言。

（二）学习任务

1. 任务框架。

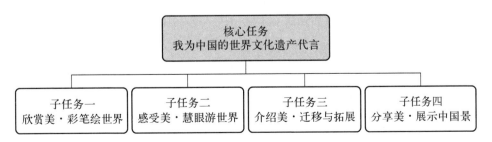

2. 任务说明。

（1）核心任务。

这一核心任务符合五年级学生的年龄特征和认知特点,让学生在具体的任务中,综合运用语文、道德与法治、科学、美术、音乐、劳动等学科的知识和技能,认识世界文化遗产,传播中华优秀传统文化。

"我为中国的世界文化遗产代言"从学生感兴趣的文化遗产入手,能充分调动学生的积极性。其中的每一项活动都关注学生语言文字运用能力的提高,从资料整理到形成认识,再到创意展示,都有成功标准指导学生。同时,注重学生的实践过程,给予学生学习的支架,让学生自己开展研究,从而走近世界文化遗产,领略世界文化遗产的文化价值。

（2）子任务。

子任务一：欣赏美·彩笔绘世界。

单元的开启,从倾听、阅读和欣赏世界文化遗产艺术作品开始,和同学们一起讨论什么是世界文化遗产。请学生谈一谈自己的认知,再查找资料,从不同的角度感受世界文化遗产的表达魅力。学生在调查交流中思考什么是世界文化遗产,自己的阅读感受怎样,以此激发对世界文化遗产的探究兴趣。

子任务二：感受美·慧眼游世界。

要想对世界文化遗产进行创意表达,必要的知识储备和方法掌握是不可缺少的。我们先学习教材中关于世界文化遗产的文本《威尼斯的小艇》《牧场之国》《金字塔》等,从中找到一些可以借鉴的方法。要让学生明白,探究可以从多角度、多方面进行。然后,学生根据自己感兴趣的内容成立研究小组,分组阅读《中国世界文化遗产》等推荐书籍。

子任务三：介绍美·迁移与拓展。

学习讲解世界文化遗产,在前一阶段共读《中国世界文化遗产》的基础上,运用多种方式讲解世界文化遗产;在习作板块学习介绍中国的世界文化遗产。

子任务四：分享美·展示中国景。

根据对世界文化遗产的理解,分小组整理资料。然后,分小组排练,进行班级内部展示。小组根据同伴评价,增删内容,调整形式,依托小组合作学习和项目学习,对世界文化遗产进行创造性呈现。

（一）活动历程

子任务一　欣赏美·彩笔绘世界

板块一：分享见闻，初识"世界文化遗产"

1. 前置学习任务：假期旅游小调查。

师生共同观看视频，聚焦中国，区分旅游景点与世界文化遗产。

2. 发布核心任务。

"我为中国的世界文化遗产代言"不仅能展现中国的独特文化，还能吸引四面八方的游客，促进中国经济的发展，是一件非常有意义的事情。本单元的核心任务就是"我为中国的世界文化遗产代言"。

板块二：走进课文，了解"世界文化遗产"

学生完成对学习任务单中相关问题的思考，并进行小组交流。

单元内容	作者	事物所在国家	我最感兴趣的内容
《威尼斯的小艇》			
《牧场之国》			
《金字塔》			
我是小小讲解员			
中国的世界文化遗产			

总结：跟着课文，我学会了抓住文化遗产的特点，针对不同的方面进行介

绍,就做到了有内容;按照一定的顺序介绍,就做到了讲清楚;运用动态描写和静态描写让介绍形式多样化,就做到了讲生动、吸引人。

子任务二 感受美·慧眼游世界

板块一:读《威尼斯的小艇》,学介绍

学习要点是引导学生掌握抓住城市的标志,从不同方面、不同层次介绍的方法。

1. 熟悉课文,感受景物特点。

默读《威尼斯的小艇》,标注出表现威尼斯特点的语句,并完成学习任务单。

学生活动:默读、标注、完成学习单交流。

学习任务单示例:

课题	描写对象	特点	相关语句
《威尼斯的小艇》	威尼斯的小艇	主要的交通工具,与生活紧密关联	……

2. 品读精读课文,聚焦动态描写、静态描写,体会不同的表达效果。

明确单元目标,体会静态描写和动态描写的表达效果。

完成课后习题三,勾画静态描写、动态描写的语句,说说一静一动的描写好在哪里。

读下面这段话,说说小艇有哪些特点,再体会加点部分的表达效果。

威尼斯的小艇有二三十英尺长,又窄又深,有点儿像独木舟。船头和船艄向上翘起,像挂在天边的新月;行动轻快灵活,仿佛田沟里的水蛇。

学生活动:结合课后习题,完成学习任务单。

	勾画相关语句	表现的特点	想象画面	表达效果
静态描写	船头和船艄向上翘起，像挂在天边的新月。	造型狭长美观，适合作为主要交通工具	……	静态描写表现了小艇的造型特点。
动态描写	行动轻快灵活，仿佛田沟里的水蛇。	行动灵活轻快，适合作为主要交通工具	……	动态描写表现了小艇行动时如同水蛇般灵巧的特点。

3. 学习《威尼斯的小艇》，感受静态、动态之美。

师生品读课文，完成学习单。

表现方法	情境	表现的特点	表达效果	
动态描写	坐船感受	情趣盎然	动态描写表现了小艇带给威尼斯的活力与生趣。	人动艇动，人歇艇歇。
	船夫驾艇	活力无限		
	坐艇出行	生趣盎然		
	散场乘艇	热闹繁华		
静态描写	夜晚静寂安宁	宁静之美	静态描写表现了小艇停歇后威尼斯的宁静之美。	

板块二：读《牧场之国》，学介绍

学习要点是引导学生学习抓住地域的核心特点来介绍的方法。

1. 在学习《威尼斯的小艇》的基础上学习《牧场之国》，体会静态、动态之美。

2. 教师组织学习《牧场之国》，体会静态描写的表达效果，感受荷兰牧场的宁静之美，完成学习任务单。

表现方法	情境	表现的特点	表达效果
静态描写	牛群吃草图	宁静舒适	
以动衬静	骏马飞驰图	自由自在	

表现方法	情境	表现的特点	表达效果
静态描写	畜禽悠闲图	悠然自得	
静态描写	牧场之夜图	静谧和谐	

板块三：读《金字塔》，学介绍

学习要点是引导学生学习运用不同的方式介绍，还可加入图片、图表或数据，以让介绍更具有说服力。

教师引导学生对比阅读，感知非连续性文本的特点。

课文	相同之处	不同之处	
		内容	表达方式
《金字塔夕照》	都介绍了金字塔。	描写夕阳下金字塔的美景和作者的所思所感。	1. 以记叙、描写、抒情为主。 2. 四个段落间有承接关系，结构完整。
《不可思议的金字塔》		介绍金字塔的相关信息。	1. 罗列图例、文字、旁批等简短信息。 2. 段落间没有承接关系。

子任务三　介绍美·迁移与拓展

板块一：代言资料准备

1. 搜集资料，确定习作对象，推进习作目标达成。

学生活动：小组交流讨论，各自选择一处中国的世界文化遗产。

小组内交流搜集到的资料，交流各自选定的中国的世界文化遗产。

2. 习作对象确定：进行资料筛选，完成学习单。

我准备写的中国的世界文化遗产：_____

它的地理位置：_____

它的重要性或外界对它的评价：_____

它最吸引我的一个特点：_____

板块二：筛选资料，确定写作内容及写作框架

学生活动：

1. 对资料进行分类梳理，筛选掉重复的、无关的材料。

2. 确定写作角度，完成学习单。

选取的地方	介绍角度	资料类别（举例说明）	介绍方式（简单说明）

3. 确定写作顺序。

我按照_____顺序安排资料的内容。

我这样安排具体的写作顺序：_____

材料的详略情况：_____

子任务四　分享美·展示中国景

板块一：明确评价量规，小组内练习。

1. 熟悉分享内容，明确量规。

学生活动：自主练习，小组内互相倾听。

小组内根据量规，互相提出修改意见。

2. 班级分享，根据量规评价。

学生活动：学生根据量规进行班级内分享。

学生在同学的评价和教师的总结中不断改进。

板块二：多形式分享，小组内练习。

1. 多形式分享，发挥所长。

鼓励学生用多种形式为中国的世界文化遗产代言。

学生活动：小组内利用多种媒介进行分享展示。

2. 扩大范围展示，博采众长。

学生把自己的展示陈列于学校展示区。

学生活动：以画廊漫步的形式分享交流。

（二）活动建议

1. 以"提高学生语言文字运用能力"为中心目标。

语文课程的跨学科学习中，语文学科处于中心地位，最核心的目标是帮助学生提高语言文字运用能力。在整个跨学科学习的过程中，要重视学生语言文字运用能力的培养。"我为中国的世界文化遗产代言"的任务目标包括"能体会静态描写和动态描写的表达效果""能搜集资料、列出提纲，完成按一定的顺序、清楚地介绍自己感兴趣的中国世界文化遗产的文字稿，并讲述，能根据听众的反应，对讲解内容作调整"。"体会静态描写和动态描写的表达效果"与五年级上册第七单元的语文要素相关，这一单元的语言要素是"体会静态描写和动态描写的表达效果"。本次学习是在"体会"的基础上的进阶，要求在课文阅读中学习表达方法，在资料的搜集、整理中积累语料和表达方法，在实践中迁移运用。

2. 着力培养学生的"探究能力"。

跨学科学习强调"探究"能力，学生要知道"如何发现问题""如何分析问题""如何解决问题"，教师要引导学生掌握问题探究的基本步骤和方法，使学生逐渐具备综合运用各学科知识解决实际问题的能力。

在探究过程中，教师要为学生提供一定的工具支持，例如表格、思维导图等。"我为中国的世界文化遗产代言"任务在资料搜集时就提供了表格，指导学生进行多途径资料搜集。另外，成功标准一方面是评价量规，另一方面也是指导工具，告诉学生怎么做。

总之，聚焦于"探"的跨学科学习不仅关注学生语文能力的提升，更强调学生要在真实复杂的情境中具备探究能力。也就是说，在这次跨学科学习中学到的方法之后还可以运用。我们希望通过持续的跨学科学习,让学生掌握一定的探究方法、策略,引导学生成为自主学习者。

3. 多角度、多方式评价学生学习情况。

"评价主要以学生在各类探究活动中的表现,以及活动过程中完成的方案、海报、调研报告、视频资料等学习成果为依据。"由此可见,不仅要评价学习过程,也要评价学习成果,针对不同的评价内容,采用多种评价方式。对照评价表中的条目,全班一起讨论复盘。复盘的过程是思考的过程,也是总结的过程,有利于学生总结经验,更好地参加下一次的跨学科学习活动。

"我为中国的世界文化遗产代言"的展示本身也是一种评价。在展示过程中,教师应提醒学生,不仅要展示"做出了什么",也要报告"做的过程",即经过了怎样的思考和调整。这样的展示也给学生提供了反思的机会。

无论采用哪种评价方式,既要发挥它的检查、诊断和反馈功能,也要给学生充分的鼓励和肯定,让学生在展示中自我思考、提升。

➡ 五、资源与运用

为了帮助五年级学生加深对世界文化遗产的认识,在学习任务实施过程中,教师需要准备丰富的学习资源。这些学习资源包括:

1. 关于世界文化遗产的文本资料。

2. 关于世界文化遗产的视频资料。

3. 关于世界文化遗产的其他实物资料,如故宫模型等。

以上资料既可以在学生探究前给学生,成为学生学习的参考;也可以在学生探究遇到难题时再呈现,引导学生进一步思考。例如,给不知如何介绍世界文化遗产的学生提供视频参考等。此外,还可以在学生代言活动后,再推荐给学生,引发学生进一步探究的兴趣。

（编写人：北京亦庄实验小学　蒲乐洋）

六年级

第18讲 大地在心——我是低碳环保行动者

→ 一、主题与内容

本课例的学习主题为"大地在心——我是低碳环保行动者"。

环境问题是人类共同关心的问题。日益严重的环境污染极大地威胁着人类的生存，人类生存的环境危机四伏。保护环境更是公民意识和社会责任感的体现。本次跨学科主题学习以"大地在心——我是低碳环保行动者"为核心任务，旨在借助项目式学习的方式，通过实地研学、小组合作探究，让学生发现身边真实的环境问题，运用科学技术和行动力，思考在生活中如何减少碳排放，实现保护资源和环境的目标，从而增强学生的生态文明意识，在真实生活中切实践行低碳环保的具体举措，在培养学生的担当意识和社会责任感的同时，提高学生在真实生活情境中的语言文字运用和表达能力。

统编教材六年级上册第六单元的主题是"人与自然"。编排的四篇课文内容丰富多样，既能反映环境问题的严重性，同时也展现了人们为保护环境所做出的努力。四篇文章在共性上体现的正是人与自然相互依存的关系，号召人们爱护环境，珍爱地球家园。本单元的习作是应用文写作——"学写倡议书"，围绕珍惜资源、保护环境的话题展开，与人文主题相呼应。"人与自然"这一学习主题，既能让学生在阅读和习作中加深对课文内容的思考，同时也可以引导学生关注现实生活中存在的环境问题，提高对环境保护必要性的认识。

一方面，《义务教育语文课程标准（2022年版）》在第三学段"学段要求"的

"梳理与探究"里指出:"感受不同媒介的表达效果,学习跨媒介阅读与运用,初步运用多种方法整理和呈现信息。""初步了解查找资料、运用资料的基本方法。利用图书馆、网络等渠道获取资料,解决与学习和生活相关的问题。尝试写简单的研究报告。""课程内容"的"跨学科学习"学习任务群"学习内容"中,要求第三学段"综合运用语文、道德与法治、科学、劳动等多方面的知识和技能,通过小组研讨、集体策划、设计参观考察活动方案,运用跨媒介形式分享研学成果"。这一跨学科主题学习,需要学生充分关注生活中的环境问题,并在调查研究和实地研学中,寻找改善环境问题的办法,倡导学生运用跨媒介、多样化的形式分享学习成果。

另一方面,在《义务教育课程方案(2022年版)》对培养目标的表述中,对"有担当"的解释里提出"热爱自然,保护环境,爱护动物,珍爱生命,树立公共卫生意识与生态文明观念⋯⋯初步具有国际视野和人类命运共同体意识"。本单元的语文跨学科综合实践活动,正是要将环保教育自然浸润其中,丰富和拓展学生语文教材学习的视角。"大地在心——我是低碳环保行动者"这一跨学科学习任务,联动课内课外,通过实地研学和学生自主探究充分结合的方式,引导学生与生存的地球、真实生活中的环境发生链接,拓宽了语文教材学习的广度。

学生基于单元课文的学习,初步了解了有关地球的知识,真切感受到土地与人们的密切关系。学生在阅读中感受地球守卫者的环保精神,意识到人与自然和谐相处的意义,并让自己进一步关注身边的环境问题,基于真实的环境问题,与身边的同伴共同合作,进行实践调查与探究,为保护环境做出有意义的积极行动。同时,学生能够综合运用多学科知识,通过小组研讨和集体策划解决问题,在综合实践活动中提高语言文字运用能力。

二、目标与评价

(一) 目标设定

通过对道德与法治、语文、科学等多学科相关知识循序渐进的学习,六年级学生已能够初步理解人与自然和谐共生的关系,明确环境保护的重要性;但对于如何通过具体行动进行环境保护这一问题的认识较为模糊,对于如何综合运用学科知识真正改善身边的环境问题更是少有实践机会。项目学习是基于学科又超越学科的综合性学习方式,是与真实世界和实际生活紧密联系的学习方式,是深度学习的过程。跨学科学习正是"要引导学生在广阔的学习和生活情境中学语文、用语文,提高交流沟通、团队协作和实践创新能力"。

进行"大地在心——我是低碳环保行动者"项目式学习活动,需要综合运用语文、道德与法治、科学、数学、劳动、美术等学科的知识和技能,学习目标定位如下:

1. 通过阅读表现人与自然的诗歌、散文,观看纪录片等多种方式,在理解文本主要观点的基础上,真切感受到人与自然休戚与共的关系,体会人与自然和谐相处的意义。

2. 通过查阅资料、调查研究的方式,发现并列举身边的环境问题或资源浪费现象;结合关注的环境问题撰写环保倡议书,根据倡议对象选择合适的地点张贴环保倡议书。

3. 综合运用多学科知识,通过小组研讨、集体策划等形式,分析问题;基于研学实践,学习了解到可以实现节能减碳的科技和措施,并适当运用到小组项目产品中;综合多学科知识,与同伴合作完成有关改善环保行动的策划方案,或制作环保模型产品。

4. 运用多种媒介形式(如 PPT、宣传片、公众号等)分享学习成果,积极呼吁和倡导更多的人积极参与到环保行动中,提升大家的环保责任意识。

(二) 评价设计

目标导向的学习评价是伴随着整个学习任务进程的。每一个子任务下的学习活动,都离不开评价,都需要用评价来促进教与学。下面是针对具体的学习活动和评价证据设计的成功标准和评价量规。成功标准要让学生在活动前提前了解,评价量规要与活动同步给到学生。

1. "我是低碳环保行动者"环保产品方案评价量规。

评价项目	评价标准	自我评价 ★★★★★	同伴评价 ★★★★★
设计理念	研究的问题源自真实存在的环境问题,并对环境问题有深入理解,能体现可持续发展的环保理念。		
完成质量	可行性:环保产品或方案在日常生活中易于落实和操作。		
	实用性:在生活中具有实用价值,能为人们的生产生活提供便利,具有一定的可推广性。		
	创新性:设计中有自己独到的理解,产品或方案富有新意,令人耳目一新。		

2."我是低碳环保行动者"项目学习各项活动的成功标准。

活动一:"文本阅读与整理"的成功标准。

(1)能找到文章关键句,理解文中主要内容。

(2)能围绕文章主要观点,分享自己发现的有价值的信息。

(3)能在阅读中体会人与自然和谐相处的意义,意识到珍惜资源、保护环境的重要性。

活动二:"筛选研究问题"的成功标准。

(1)研究的问题来自校园或社区真实的环境问题。

(2)研究的问题具有现实意义,能切实改善身边的环境或减少资源浪费现象。

(3)研究选题合理,具有可行性和可探究性。

活动三:"绿色企业实地参观"的成功标准。

(1)能在实地参访中了解到可以实现节能减碳的科技和措施。

(2)能感受到新能源企业的社会责任感。

(3)能在研学中受到启发,将思考适当运用到小组项目产品中。

活动四:"调查设计与研究"的成功标准。

(1)环保方案或环保模型实验报告撰写格式规范、内容严谨。

（2）探究过程分工明确，规划有条理。

（3）能按照预估时间如期完成调查研究。

活动五："宣传展示与评估"的成功标准。

（1）作品设计能体现节能环保理念。

（2）作品富有创意，具有实用性。

（3）成果讲述清晰、有条理，能运用多种媒介展示自己的学习成果。

3. 宣传环保行动的成功标准。

（1）倡议书的成功标准。

① 格式规范正确，符合倡议书写作规范。

② 内容清楚，能从关注的问题出发，发出具体倡议，分条叙述。

③ 语言具有感染力和号召力。

④ 张贴地点合适。

（2）公众号图文宣传的成功标准。

① 有受众意识，能够使用宣传对象易于接受的表达方式。

② 图文并茂，或用视频媒体，呈现小组探究学习过程。

③ 观点明晰，语言、体态得体大方。

三、情境与任务

（一）任务情境

"我们是大地的一部分，大地也是我们的一部分。"这是美洲原住民首领西雅图在著名的演讲《这片土地是神圣的》中发出的呼吁。1972 年联合国召开的第一次人类环境会议提出了"只有一个地球"的响亮口号。地球是人类赖以生存的家园，人与自然相互依存，保护环境就是保护我们自己。

创设学习情境，可以结合教材主题单元导语页的引言进入，播放环境问题纪录片，唤醒学生对于环境问题的关注，激发学生对本次跨学科学习任务探究的兴趣，唤醒学生关心发生在大地上、在我们身边的环境问题。

在创设学习情境,激发学习期待的基础上,发布学习任务,开启跨学科主题学习:大地在心——我是低碳环保行动者。

(二) 学习任务

1. 任务框架。

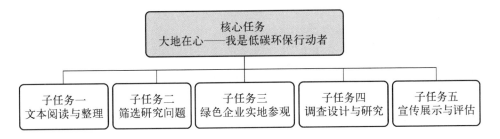

2. 任务说明。

(1) 核心任务。

核心任务为"大地在心——我是低碳环保行动者",按照探究思路,遵循发现问题、分析问题和解决问题的学习过程展开探究。保护环境如何能够真正转化为学生力所能及的事情,从而培育学生的责任感和担当意识? 本次跨学科学习的核心任务,就是引导学生思考,在日常生活中我们怎样做才能为保护环境贡献自己的力量。

这一核心学习任务的设计,遵循六年级学生认知发展规律和身心特点,开展一系列有意义的探究活动,让学生自主参与到跨学科学习活动中。学生在探究过程中,既有实地参观的研学实践体验,同时也综合运用语文、科学、数学、劳动、道德与法治、美术等学科的知识和技能,切实关注身边真实的环境问题或资源浪费现象。学生通过沟通交流、团队合作等方式,在实验探究和方案设计中,呈现自己为改善环境问题所做出的努力。不仅如此,学生在宣传展示学习成果的过程中,既通过多种媒介传递和呈现学习成果,同时也运用语言表达呼吁保护环境,以主人翁的姿态倡议身边的人积极行动来保护自然环境。这一核心任务既提高了学生的语言文字运用能力,同时也发展了学生的核心素养。

(2) 子任务。

子任务一:文本阅读与整理。

借助单元古诗、散文、诗歌等不同作品的阅读,结合关键句,引导学生理解文章的主要内容;基于对文章主要观点的把握,引导学生在阅读中不断思考,不断重新审视我们身边的环境,真切感受到"我们是大地的一部分,大地也是我们的一部分"。在具体的阅读实践中,学生就抓关键句来把握文章主要观点这一阅读策略进行了反复运用,从而落实了对快速准确把握文章主要观点的阅读素养的训练。

子任务二:筛选研究问题。

有了对"人与自然和谐共生"这一观念的认同后,在这个子任务里,我们为学生拓展了文本资源、环保纪录片以及校园生活中资源浪费情况的相关数据,让学生真切感受到身边的环境问题形势严峻,环境保护迫在眉睫。学生也会反思人类给赖以生存的自然环境带来的破坏,给其他生命带来的严重影响。学生需要关注现实生活中存在的环境问题,并列举资源浪费现象和环境问题,从中梳理出值得研究的现实问题。

子任务三:绿色企业实地参观。

这个子任务实现了校企合作。我校位于北京市经济开发区,门口就有在绿色环保领域做出卓越贡献的企业。学生实地参访绿色企业,了解这些绿色企业的环保使命,体验企业是如何运用科学技术实现能量转换、达成减碳环保目标的。有了实地参观的直观学习感受,学生再基于校园或社区中发现的问题,进一步思考用何种方式做出保护环境的行动。

子任务四:调查设计与研究。

子任务四的分组探究主要分为两个方向:环保方案组设计环保活动方案,实践并落实方案中的行动,从而影响他人做出保护环境的行动;环保模型组设计节能产品,进行实验调查,用模型展示自己的环保产品。学生将学习通过调查、实验等研究活动做出判断,提出想法,采取力所能及的行动。学生会亲身经历调查、实验的过程;将运用科学思维来分析事实,得出结论。同时,学生将结合调查、实验等活动得出的结论,提出解决具体环境问题的设想和方案。学生在调查设计与研究的过程中,联动多学科知识解决真实问题,同时也与同学积极合作,共同承担学习任务和活动责任。

子任务五:宣传展示与评估。

子任务五包括展示成果和宣传环保两个实践活动。学生借助 PPT、视频、模型、海报等多种方式,展示自己的调查研究成果。学生、家长、教师和绿色企业联合组成的评委团会基于评价标准,对作品进行多元评估。在展示结束后,学生借助公众号,对本次项目学习成果进行宣传展示,以主人翁的姿态倡议身边的人们要用积极行动来保护自然环境。

四、活动与建议

(一) 活动历程

子任务一　文本阅读与整理

板块一:引入学习主题,发布核心任务

1. 活动预热:观看视频。

欣赏纪录片《绿色中国》。地球是人类赖以生存的家园,人与自然是相互依存的关系,保护环境就是保护我们自己。随着人类活动对地球产生的破坏与日俱增,环境保护已经刻不容缓,但生活中的环境破坏和资源浪费现象依然每天都在上演。作为地球村的一员,我们可以做些什么呢?

学生初步讨论自己关心的环境问题。

预设:校园内的水电浪费现象,垃圾分类问题,社区一次性塑料污染问题等。

2. 明确核心任务。

本次学习的核心任务是:作为新时代少年,我们要运用科学技术和行动力,在生活中减少碳排放,实现节约资源和保护环境的目标。

具体任务描述如下:同学们需要发现身边的环境问题,从节水节电、资源循环利用等方面入手,通过自己对环保和节能问题的探究,形成一份环保行动方案或是一个环保产品模型,发出倡议和宣讲,为学校或是周边社区居民提供在生活中切实可行的环保方案,以提高大家改善环境问题的积极性,并为大家的环保行动提供方向。

3. 规划学习任务流程。

借助流程图,对本次跨学科学习任务的探究过程进行说明,从而让学生对每一个探究环节做到心中有数:

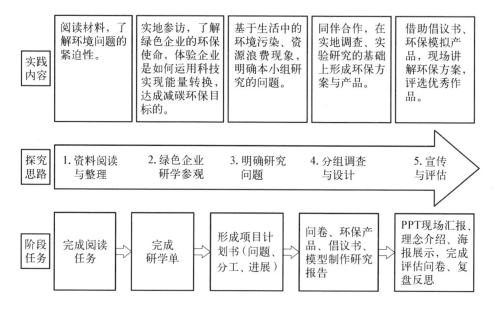

板块二:文本资料阅读与整理

1. 阅读《山西,山西》(节选),分析造成自然环境恶化的原因。

2. 阅读《大瀑布的葬礼》,思考大瀑布逐渐枯竭的原因有哪些。

3. 通过两篇文章的阅读,结合六年级上册第六单元导语页中提及的"我们是大地的一部分,大地也是我们的一部分",谈谈你对人与自然关系的理解和认识,并与同伴交流分享。

预设:

(1) 人与自然是相互依存的关系,保护环境就是在保护我们自己。

(2) 环境保护迫在眉睫,保护环境是每一个新时代少年的责任。

(3) 地球是我们生存的唯一家园,我们必须保护地球母亲。

子任务二 筛选研究问题

板块一：查阅资料，关注校园环境问题

1. 阅读校园生活大数据：据后勤老师反馈，我校 2022 年用电量达 996 042.3 千瓦小时。请了解你家每个月的用电情况，计算一下，这些电可以供你家使用_____年。我校 2022 年用水量达 12 922 立方米。请了解你家每个月的用水情况，计算一下，这些水可以供你家使用_____年。

2. 放眼校园生活，资源浪费和环境污染现象有很多，如浪费纸张、乱扔垃圾等。

留心观察，搜集资料，列举在校园或所生活的社区中发现的资源浪费现象或环境问题，针对最突出的问题设计宣传标语，呼吁大家开展节约资源、保护环境的行动。

校园环境问题之我见

现象1：	产生的原因：
现象2：	产生的原因：
现象3：	产生的原因：

针对上述_____的现象，我想设计如下的宣传标语，呼吁同学们节约资源，推进校园环保行动：

宣传标语成功标准：(1) 语言简洁；(2) 语言具有感染力；(3) 便于记忆，利于传播。

板块二：走访调查，关注社区环境问题

我们所居住的社区也如校园一样，存在各种资源浪费、环境污染问题。请走进社区，留心观察，发现社区中的环境问题。

板块三：班级同学自由组队，完成探究学习小组分组

社区环境问题大发现

我所居住的小区名称：	
现象1：	产生的原因：
现象2：	产生的原因：
现象3：	产生的原因：
针对上述＿＿＿＿＿＿＿＿＿＿的现象，你肯定有一些想法，希望你能够通过落实自己的想法来改善当前的问题，并和同学们一起去行动。请写一份倡议书。例如，号召社区居民节约用水、节约用电、践行垃圾分类、不使用一次性用品等。我们会将倡议书在公众号上发布，呼吁和倡导更多的人进行环保行动。 倡议书成功标准：(1) 格式正确；(2) 内容清楚；(3) 操作性强。	

1. 针对同学们发现的环境污染和资源浪费现象，在班级展开初步交流。

2. 基于关注的主题，班级进行自主分组，确立探究学习小组。

为了便于对同学们组建的探究学习小组进行有针对性的指导和支持，本次跨学科探究学习小组主要分为两个大的类别。

类别一是环保模型组：需要完成的学习任务是环保模型制作、实验报告写作、视频拍摄、PPT宣讲、倡议书写作、宣传海报和评价问卷的设计和制作。

类别二是环保方案组：需要完成的学习任务是环保调查报告写作、环保活动方案设计、视频制作、PPT宣讲、倡议书写作、宣传海报和评价问卷的设计和制作。

3. 初步梳理探究思路，预设需要得到的支持资源、可能会遇到的困难等（完成表格）。

"大地在心——我是低碳环保行动者"跨学科学习探究学习小组计划表

小组组别	成员1姓名：	职责：
	成员2姓名：	职责：

小组组别	成员 3 姓名：	职责：
	成员 4 姓名：	职责：
小组学习任务设计构想	通过查阅资料、搜集数据，本小组关注的环境问题是：	
	我们认为，产生这一环境问题的主要原因是： （分点描述、有理有据）	
	预估产生的结果：初步构想，我们想设计怎样的环保活动或节能产品模型，用以改善我们所发现的环境问题？（行动计划）	
	本次跨学科学习中，我们需要哪些资源（物品、材料、技术、知识），用以支持我们完成本次跨学科学习任务？	
可能遇到的挑战		
我们如何应对这些挑战		

子任务三　绿色企业实地参观

板块一：研学准备

1. 阅读即将进行实地参观的绿色企业的相关简介，对研学地有初步认识与了解。

（1）通过阅读文本资料、查阅相关资料，我们了解到，在当今社会可以通过一些方式实现能源转换，减少碳排放，从而达到节约能源和保护环境的目的。

（2）在接下来的实地研学过程中，我有哪些问题想要寻求答案？

预设 1：污水治理的原理是什么？

预设 2：低碳产业园区的工作原理是怎样的？

2. 基于上述两个问题在班级内组织交流，并形成班级研学问题清单。

3. 教师做好企业联络和学生安全教育，学生进行实地研学物品准备。

板块二：研学实地参观

1. 师生共同进入绿色产业园区和湿地公园开展实地研学，感受新能源产业的社会责任感和使命，在参观中及时进行学习记录。

2. 结合实地参观，思考哪些科学技术可以实现节能减碳、保护生态环境的目标。

子任务四　调查设计与研究

板块一：分组实践，按计划推动学习任务进程，教师协助指导

1. 环保模型组。

明确分工—问卷调研，细化研究问题—设计实验—制作模型—完成环保模型设计单

2. 环保方案组。

明确分工—问卷调研，细化研究问题—完成调研报告—设计方案—完成环保方案设计单

3. 完成探究任务具体过程指导（以设计"减少使用一次性用品"这一探究问题为例）。

（1）前期调查（发现问题并得出初步结论）。

设计调查问卷（调查目前同学们使用一次性用品的基本情况）。

① 你的家中是否有闲置的一次性用品？

② 这些一次性用品是从哪里来的？

③ 你一般会在何种情况下使用一次性用品？

④ 你知道一次性用品有哪些危害吗？

⑤ 对使用过的一次性用品，你一般会如何处理？

（2）讨论交流，分析问题。

① 基于问卷调查（样本大约 100 份），得出初步结论：同学们对于一次性用品带来的危害并不清楚，并且对于多余的一次性用品不知道该如何妥当处理。

② 如何呼吁和倡导学校低、中、高三个不同年级段的同学们减少使用一次

性用品呢？分工合作，形成环保活动方案，可以图文结合的形式。

板块二：学习成果展示准备

1. 撰写倡议书。

倡议书成功标准：（1）格式正确；（2）内容清楚；（3）操作性强。

向一次性用品说"不"

减少使用一次性用品倡议书

亲爱的同学们：

相信大家在生活中经常会用到一次性用品。但是，如今我们面临着许多塑料造成的环境问题，遍地的塑料袋、水瓶，使大量动物误食塑料垃圾而死。一次性用品造成的大规模资源浪费，还有塑料制品的难以降解都是致命问题？你知道吗？在全球海洋中污染最严重的地方，每平方千米就有超过100亿件垃圾，其中接近70%的垃圾都是塑料。每年有至少800万吨塑料会被倾倒入我们的海洋，如果塑料污染继续以当前速度进行，到2050年海洋中或将有9.37亿吨塑料废物，这个数字会比海鱼的总重量还大。联合国环境部门统计的数据显示，全球塑料垃圾已突破49亿吨，而回收且能重复利用的塑料占比不足9%，意味着绝大部分以废弃物的形式被丢弃或处理。这一幕幕都真实地发生在我们身边。为了保护动物和我们生活的地球，我们向同学们发出以下几点倡议：

1. 减少自己使用塑料制品的次数，例如塑料袋、塑料瓶、一次性餐具餐盒等。

2. 提倡多做关于塑料垃圾的公益活动，例如捡取社区中的垃圾，倡导身边的人减少使用一次性物品。

3. 垃圾分类，不随意乱扔塑料垃圾，尽可能让塑料垃圾能够再利用、循环使用。

4. 鼓励使用循环性物品，例如布袋子、再生纸等可循环利用的物品。

只要我们共同努力，减少使用一次性用品，支持循环利用，环境一定可以得到有效改善。我相信，我们不仅是在保护地球环境和动物，也是在保护人类自己。让我们一起行动起来，一起保护环境。让我们的生活更多彩。

六年级10班 循环未来组
2023年5月10日

倡议书

2. 制作环保宣传视频和展示 PPT。

汇报目录如下：

(1) 问题发现与调查；

(2) 校园环保活动方案简介；

(3) 设计亮点与特色；

(4) 思考与收获。

3. 环保方案组绘制宣传海报。

子任务五　宣传展示与评估

板块一：学习成果展示与评价

1. 抽签确定汇报展示顺序，班级内部每个小组逐一进行汇报展示。

2. 基于成功标准，评出班级最佳方案奖和最佳模型奖，推选到年级进行最终评审。

3. 邀请企业工作人员、社区工作人员、老师、家长共同参与评审，颁发奖项。

"大地在心——我是低碳环保行动者"跨学科学习成果展示评委评分表(环保模型)

评价维度	设计理念	科学性	可行性	创新性	语言表达	总分
	研究问题源自真实存在的环境问题，对问题理解深入，能体现可持续发展的环保理念。	合理运用能量转换的科学原理，并通过模型予以体现。	产品在现实生活中易于落实和操作，具有一定的可推广性。	基于已有研究成果，设计中有自己的理解和思考，有创新点。	展示汇报声音洪亮，讲述清晰，逻辑性强，易于理解。	
评分标准：(每个维度)非常符合得 3 分，比较符合得 2 分，一般符合得 1 分，总计 15 分。						
××班						

➤ 评委想说的话：

_____

评委签字：

"大地在心——我是低碳环保行动者"跨学科学习成果展示评委评分表(环保方案)

评价维度	设计理念	可行性	创新性	展示形式	语言表达	总分
	研究问题源自真实存在的环境问题,对问题理解深入,能体现可持续发展的环保理念。	活动方案在现实生活中易于落实和操作,具有一定的可推广性。	基于相关的现有资源,方案设计中有自己的思考,有创新点。	展示过程中综合运用图、文、音视频等各种形式,丰富呈现方案内容。	展示汇报声音洪亮,讲述清晰,逻辑性强,易于理解。	
评分标准:(每个维度)非常符合得 3 分,比较符合得 2 分,一般符合得 1 分,总计 15 分。							
××班						

➤ 评委想说的话:

_____

评委签字:

板块二:发布公众号,进行环保宣传

1. 撰写公众号文稿,确定公众号内容板块。

公众号内容板块主要包括:研究主题,资料搜集与探究的过程,改善环境问题的举措,学习成果(如宣传视频、海报、倡议书等),学习思考。

2. 学习公众号编辑技巧,熟练使用编辑软件。

3. 编辑公众号,发布小组跨学科学习成果。

板块三:复盘反思

师生共同回顾学习历程,结合自我反思量化成功标准和复盘反思关键问题,进行自我评价。

1. 成功标准。

(1)了解环境问题与我们每一个人密切相关,真切感受到人与自然休戚与共的关系,体会人与自然和谐相处的意义。

(2)积极主动参与小组研讨、集体策划等,分析问题;基于研学实践,与小组同伴合作完成有关环保行动的策划方案或制作环保模型产品。

(3)运用多种媒介形式(如 PPT、宣传片、公众号等)分享项目学习成果。

(4)愿意利用课余时间和小组同学一起,积极呼吁和倡导更多的人参与到

环保行动中,提升自己的环保责任意识。

2. 自我复盘反思表。

在汇报展示日,我印象最深刻的环保模型产品及理由:
在汇报展示日,我印象最深刻的环保活动方案及理由:
用文字记录一下参与本次项目学习的感受吧!
本次项目学习中,我最想点赞的同学及理由:
本次项目学习中,我遇到的困难有哪些?我是如何克服的?

(1) 这一周,在新的学习任务进行的前、中、后阶段,我在情感、行为和认知上的变化分别是什么?

	我的情感变化: 我对环境问题的态度	我的行为变化: 我参与保护 环境的行动	我的认知变化: 保护环境与 人类生存的关系
任务进行之前			
任务进行之中			
任务进行之后			

(2) 完成这周的任务后,你有哪三个新想法?

(3) 你可否与本周接受的新信息建立两个新联系?

(4) 能否说出一个你还没有解决的问题?

(二) 活动建议

1. 引导学生在广阔的学习和生活情境中学语文、用语文。

语文课程的跨学科学习,旨在引导学生在综合运用多学科知识发现问题、分析问题、解决问题的过程中，提高语言文字运用能力。"大地在心——我是低碳环保行动者"这一跨学科学习，正是让学生关注身边真实的环境问题，综合运用道德与法治、科学、美术、数学和信息技术等多学科知识，为发现的环境问题提出积极的解决办法，并发出积极的呼吁和倡导。在整个探究过程中，不论是问卷调查、数据搜集，还是分析问题，学生都在不断地使用语言文字，且通过语言文字进行多样化、创造性的表达。例如环保倡议书的撰写、环保方案的拟定、环保宣传视频的拍摄等，都为学生提供了在真实生活情境中学语文、用语文的机会。这正体现了跨学科学习任务以提高学生语言文字运用能力为核心的目标。

2. 着力发展学生的交流沟通、团队协作和实践创新能力。

整个跨学科学习任务探究的学习过程，都是以小组为单位进行的。从小组组建到小组分工，再到小组汇报展示，小组同伴之间需要不断进行有效沟通交流、协作交流。在探究过程中，我们不断引导学生思考问题研究的基本步骤和方法。在复盘反思中，我们更是将团队协作纳入了评价标准，从而在解决真实问题的过程中不断提升学生的交流沟通、团队协作和实践创新能力。从根本上讲，这是为了发展学生解决真实问题的能力和素养。

3. 评价关注学生学习过程和多样化的学习成果。

跨学科学习任务的教学提示中，明确提出"评价主要以学生在各类探究活动中的表现，以及活动过程中完成的方案、海报、调研报告、视频资料等学习成果为依据""邀请相关学科教师、家长、社会人士参与评价"。由此可见，不论是在评价内容还是评价方式上，都要关注评价的导向性和多元性。

在本次跨学科学习过程中，学生在每一个环节完成的学习成果，都是评价的重要内容和依据。在最终的评价展示环节，学生会整体呈现自己的探究思路与过程，以及设计的倡议书、环保宣传视频等学习成果。在评价展示环节中，邀请绿色企业工作人员、家长代表、专业的科学教师等共同作为评委，评价学生们的学习成果，并给予积极的反馈。

为了更好地指导学生完成学习任务,为学生的跨学科学习提供更丰富的学习资源,在跨学科教学实施过程中,教师要准备的拓展资料有:

1. 关于环境问题的书籍和文本资料,如《寂静的春天》《气候经济与人类未来》《这片土地是神圣的》《你不可不知的 50 个地球知识》《山西,山西》《大瀑布的葬礼》等。

2. 关于环境问题的视频资源,如纪录片《绿色中国》《气候变化:事实真相》《难以忽视的真相》等。

3. 关于环保的宣传片资源,如《舌尖上的塑料》《把电留给更需要的人》《快递盒子中的资源浪费》等。

(编写人:北京亦庄实验小学　王文娟)

第 19 讲　京剧大讲堂

➜ 一、主题与内容

本课例的学习主题是"京剧大讲堂"。

《义务教育语文课程标准(2022 年版)》在"课程目标"中,从四个实践领域描述第三学段"学段要求"后,接着指出:"在落实以上要求过程中,注重了解中华优秀传统文化的源远流长、丰富多彩,提升自身中华优秀传统文化修养……"此外,"新课标"在"课程内容"的"跨学科学习"学习任务群的"学习内容"中指出第三学段要"积极参加校园文化社团,参与学校和社区举办的戏曲、书法、篆刻、绘画、刺绣、泥塑、民乐等相关文化活动,体验、感知、传承中华优秀传统文化,运用多种形式分享自己的经验与感受"。

京剧,又称京戏,中国的国粹,是中国影响最大的戏曲剧种。其内容和形式均结合中华传统美德,蕴含丰富的中华优秀传统文化,其中的多种艺术元素被用作中国传统文化的象征符号。京剧起源于清代,作为一种舞台艺术,将表演、唱腔、音乐和脸谱等艺术展现形式充分融合到一起。生、旦、净、丑四大行当,每种行当都有一套表演形式,唱、念、做、打四种艺术手法的技艺也各具特色。它创造舞台形象的艺术手段十分丰富,但用法却十分严格,拥有一套互相制约、相得益彰的格律化和规范化的程式。而且,京剧以历史故事为主要演出内容,内容具有极强的吸引力。历史上很多著名的京剧表演艺术家也对中国产生了深远的影响。作为一种独特的艺术表现形式,京剧在 2010 年被列入了联合国非物质文化遗产名录,值得我们去欣赏和传承。

统编教材六年级上册第七单元以"艺术之美"为主题,编排了略读课文《京剧趣谈》,介绍了京剧的道具"马鞭"和一种表演形式"亮相",并讲述了京剧的艺术特点。对于六年级的大部分学生来说，这些知识还是比较新奇的。由本篇课文入手，在这个单元主题下，我们去探究了解京剧，感受其中的艺术之美，就变得顺理成章了。学生可以通过查阅资料，观看京剧表演、影视视频，参观，访谈等多种方式，从京剧的历史、表演方法、行当分类、舞台道具、京剧流派等不同方面，选择自己喜欢的内容进行合作探究，用多样化的形式呈现自己的探究成果，开展"京剧大讲堂"，从而感受京剧这一传统文化的魅力，初步树立传承意识。

→ 二、目标与评价

（一）目标设定

调查显示，每个班级系统了解过京剧的有 1～2 人，其他人很少接触京剧，对于其中蕴含的传统文化也是知之甚少。少数同学对于梅兰芳等著名的京剧表演艺术家的故事有些了解，但大多数同学对他们也不是很熟悉，大多只知道课本所学，而了解京剧发展历史的同学就更是凤毛麟角了。大部分学生听过一些当下比较流行的，由京剧改编而来的歌曲，但是在现场看过京剧表演的同学却很少，因此他们对于京剧的表演形式、唱腔、舞台道具等知之甚少，所以很难听懂其中所讲的故事，欣赏其中的艺术之美。所以，通过跨学科学习，引导学生在大情境中，通过团队合作，更全面地了解京剧，欣赏其中的美，感受其中的文化魅力，也为京剧文化传承打下基础。

"京剧大讲堂"的跨学科学习，需要综合运用语文、美术、戏剧、道德与法治、科学等学科的知识和技能，学习目标定位如下：

1. 通过观看京剧表演和视频，交流自己已有的相关经验等方式，产生了解和探究京剧的兴趣。

2. 查阅相关资料，小组合作，从京剧历史、文化特点、行当、基本功、舞台道具、京剧流派等方面选择自己要探究的专题，并通过多种方式探究了解，用多样化的方式（小报、视频、研究报告等）呈现小组的探究成果。

3. 小组合作，参与"京剧大讲堂"，完成自己所选京剧专题的讲解，展示本组探究成果,过程中能够团队合作,积极配合,体会到京剧的魅力,产生传承中华优秀传统文化的意识。

(二) 评价设计

目标导向的学习评价是伴随着整个学习任务进程的。每一个子任务下的学习活动,都离不开评价,都需要用评价来促进教与学。下面是针对具体的学习活动和评价证据设计的成功标准和评价量规。成功标准要在活动开展之前就让学生了解,评价量规要与活动同步给到学生。

1. "京剧我了解"的成功标准。

(1) 通过现场和视频观看经典京剧的表演、纪录片,能够初步了解京剧,产生探究兴趣。

(2) 通过原有经验的交流和京剧的观看,能够初步确定自己要研究的方面。

(3) 通过集体互动,能够了解本次跨学科任务,明确成功标准。

2. "京剧我探究"各项活动的成功标准和评价量规。

(1) "京剧我探究"的成功标准

① 通过查阅资料、小组合作等方式,确定本组的京剧研究专题(京剧历史、文化特点、行当、基本功、流派及代表人等),并进行探究。

② 能够用多样的表达方式(小报、视频、研究报告等),展示自己所选专题的研究成果,了解京剧的特点。

③ 能够在完成任务的过程中,尊重和倾听他人的想法,与团队成员友好合作,分工明确。

(2) 京剧相关研究成果的评价量规

评价方面	评价标准	自我评价 ★★★★★	同伴评价 ★★★★★
内容	从京剧的历史、表演形式、行当等方面,选择一个角度,清晰、有条理地整理资料,展现对京剧的了解。		
结构	结构清楚,有一定的逻辑。		

评价方面	评价标准	自我评价 ★★★★★	同伴评价 ★★★★★
审美	作品整洁、清晰、美观。		
表达	表达完整、清晰流畅、格式规范。		
效果	通过相关研究作品及讲解,对京剧有了一定的了解,产生了进一步研究的兴趣。		

3.“京剧我来讲”各项活动的成功标准和评价量规。

(1)“京剧我来讲”的成功标准

① 能够小组合作分工,借助丰富的资源(视频、音频、实物、图片等),用自己喜欢的方式,清晰流畅地在“京剧大讲堂”上向观众讲解本组的探究成果,讲解内容符合京剧的特点。

② 能够在讲解时,通过多种方式吸引观众注意力,让观众对京剧有更多的了解。

③ 能够团队合作,设计海报、视频等宣传本组的“京剧大讲堂”。

④ 能够在完成“京剧大讲堂”的过程中,对京剧产生兴趣,并愿意为京剧传承做出自己的努力。

(2)“京剧大讲堂”评价量规

金牌传承人	银牌传承人	铜牌传承人
1. 讲解清晰、完整,内容充实; 2. 团队配合默契,分工合理; 3. 台风自然、大方,声音洪亮; 4. 借助多种资源,形式和内容吸引力强; 5. 展现了京剧特点,具有现场感染力。	1. 讲解清晰、完整,内容充实; 2. 团队配合基本默契,分工合理; 3. 台风自然、大方; 4. 借助资源,形式和内容有一定的吸引力; 5. 展现了京剧特点,现场有一定感染力。	1. 讲解比较清晰、完整,内容比较充实; 2. 团队配合比较默契,分工比较合理; 3. 台风比较自然、大方; 4. 借助资源,形式和内容有一定的吸引力; 5. 展现了京剧特点。

金牌传承人	银牌传承人	铜牌传承人
我们是： ＿＿＿＿＿＿＿＿＿＿＿传承人（观众评） ＿＿＿＿＿＿＿＿＿＿＿传承人（自评）		

（3）宣传海报评价量规

评价内容	小组评价 ★★★★★	教师评价 ★★★★★
内容简洁完整，语言流畅		
展现所讲专题的特色		
设计美观		
有创意，宣传效果好		

▶ 三、情境与任务

（一）任务情境

京剧，是中国的国粹，自清代产生后，一直传承至今，是中华优秀传统文化中不可或缺的一部分。京剧作为一种独特的艺术形式，蕴含着中国艺术、历史、美德等多种文化精粹，值得我们去探究、学习。但是因为当下很多青少年不了解京剧所特有的唱腔、艺术表现形式等，所以他们对京剧缺乏兴趣，这对于京剧的传承和发展不利。因此，我们需要创造机会，让学生去学习、了解京剧这一优秀传统文化，调动他们的学习兴趣，以初步确立其传承意识。

创设情境，运用略读课文《京剧趣谈》，引导学生讨论交流自己已知的京剧知识，播放纪录片《京剧》，让学生进一步了解京剧。邀请京剧戏班进校演出，学生观看演出,谈一谈自己对京剧新的感受和认识。初步探讨"我们今天还用学习、了解京剧吗? 我们能做些什么?"等问题。

结合前期的交流,发布学习任务,开启跨学科主题学习——京剧大讲堂。

(二) 学习任务

1. 任务框架。

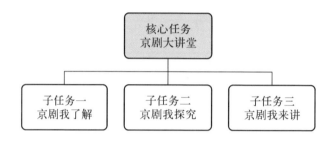

2. 任务说明。

(1) 核心任务。

核心任务"京剧大讲堂"符合六年级学生的年龄特征和认知特点,我们设计了真实的体验环节,让学生先走近京剧,从整体上感知,初步了解京剧,继而依据自己的兴趣确定自己的探究专题(京剧历史、四大行当、基本功、流派及有影响力的人、舞台道具、脸谱等),查阅相关资料,与小组一起进行合作探究,形成自己的研究成果。最后,开展"京剧大讲堂",借助多种资源,利用多样的表现形式,展示小组的探究成果,从而吸引更多的人了解京剧、探究京剧、传承京剧。综合运用语文、音乐、美术、科学、戏剧、道德与法治等学科的知识和技能,让学生全面了解京剧的历史文化、艺术特点、历史名人等,感受京剧的魅力,对京剧文化产生探究兴趣,初步产生传承意识。

核心任务"京剧大讲堂"中,学生首先要通过现有经验、纪录片初步感受京剧,然后观看京剧现场表演或视频,调动学习兴趣,继而通过查阅资料、采访他人等多种方式,对自己选择的京剧相关专题的知识进行深入探究,并运用小报、视频、研究报告等多种形式展现研究成果,然后小组合作,借用多种资源,利用多样的表达方式,开展"京剧大讲堂",向其他同学讲解本组的探究专题,一起了解京剧。

(2) 子任务。

子任务一:京剧我了解。

学习《京剧趣谈》以后,请学生结合自己的已有经验,交流自己对京剧的认识和感受。观看《京剧》纪录片,通过影像资料进一步了解京剧。之后,请戏班进校,现场观看京剧演出,谈一谈自己对京剧新的认识和感受。交流探讨"今天我们还需要学习、了解京剧吗? 我们能做些什么?"等问题。然后,发布跨学科任务,明确成功标准。

子任务二:京剧我探究。

结合子任务一的学习,班级头脑风暴,交流可以进行探究的京剧专题(京剧历史、四大行当、基本功、流派及有影响力的人物、舞台道具、脸谱等)。然后,学生进一步查阅资料,确定自己要探究的京剧专题,根据选择,自主成组。小组合作通过查阅资料、访谈、观看演出等多种方式,梳理本组所选专题的研究资料,并用小报、视频、研究报告、访谈记录等多种方式展现自己的研究成果。

子任务三:京剧我来讲。

结合子任务二的研究,小组分工合作,交流确定本组"京剧大讲堂"的讲解细节(人员选择、互动形式等)和辅助资源种类(视频、音频、实物、图片)等,继而整理讲解文稿,制作PPT,进行讲解练习。根据所选专题,制作宣传海报。班级内先开展"京剧大讲堂",选出最佳的一组,参与校级"京剧大讲堂",根据观众评价和自我评价结果,选出金牌传承人。

"京剧大讲堂"结束后,每个人进行复盘反思,总结本次跨学科学习中自己在团队合作、知识获得、文化传承等方面的感受或收获。

➡ 四、活动与建议

(一) 活动历程

子任务一　京剧我了解

板块一:借助影像,初识京剧

1. 学完《京剧趣谈》,集体交流讨论自己已有的京剧知识。

2. 观看纪录片《京剧》，了解京剧的历史文化。

3. 小组交流：自己对京剧的新认识。

板块二：现场听戏，感知京剧

1. 邀请京剧戏班进校，学生观看现场演出。

2. 小组交流讨论：自己对于京剧新的感受和认识。

3. 思考交流：今天我们还需要学习、了解京剧吗？我们能做些什么？

板块三：发布任务，明确目标

1. 发布"京剧大讲堂"的跨学科任务。

2. 交流讨论，明确本次跨学科任务的成功标准。

子任务二　京 剧 我 探 究

板块一：查阅资料，确定研究方向

1. 结合子任务一，根据在观看纪录片、现场演出及同伴交流中的所得，班级内头脑风暴京剧探究专题。学生进一步查阅资料，根据自己的兴趣，选择一个专题作为自己的研究方向。

2. 研究方向预设：

（1）京剧的历史；

（2）京剧的文化特点；

（3）京剧史上有影响力的人物；

（4）京剧的舞台道具；

（5）京剧的四大行当；

（6）京剧的基本功；

（7）京剧的著名剧目；

（8）京剧的脸谱。

......

板块二：根据方向，成立研究小组

1. 根据所选方向，与志同道合的同学组成研究兴趣小组。

2. 小组讨论确定团队名称。

板块三：小组合作，完成研究作品

1. 小组成员根据所选研究主题，确定本组研究成果的呈现形式。

2. 根据最终的研究成果，小组成员分工。

3. 根据分工制订本组的研究计划。

4. 通过查阅资料，访谈专家，观看演出等方式，搜集资料，再小组分工，梳理思路，整理资料，完成本组的研究作品（如小报、视频、研究报告、访谈记录等）。

5. 班级内展出各组研究成果，完成研究展板设计。评选出最佳研究作品，进行年级宣传展示。

6. 各组根据复盘反思表，完成自我反思。

本次小组合作中，我发挥了什么作用？
完成本次研究的过程中，我遇到的最大困难是什么？最后是如何克服的？
本次小组合作完成研究成果的过程中，我最大的收获（感受）是：
本次学习活动中，我对京剧最新的认识是：

子任务三 京剧我来讲

板块一：团队合作，前期准备

1. 小组分工合作，交流确定本组参加"京剧大讲堂"的讲解细节（人员选择、互动形式等）和辅助资源种类（视频、音频、实物、图片）等。

2. 小组合理分工，完成"京剧大讲堂"的讲稿、PPT 等前期资料。组内进行提前排练。

3. 小组合作，为本组所选京剧专题制作宣传海报。

板块二：班级讲堂，初试身手

1. 班级内组织"京剧大讲堂"，每组进行班级内展示。

2. 观众及教师对各组的讲解进行评价,选出最佳小组,代表班级参与校级"京剧大讲堂"。

3. 教师根据班级各组表现,颁发班内奖励。

板块三:校级讲堂,京剧我来讲

1. 各班的最佳小组进行海报宣传展示,参与校级讲堂。

2. 六年级的其他小组及其他年级想了解京剧的同学当观众,六年级每班出一名观众代表,作为评委。

3. 邀请学校懂京剧的老师或校外的专家老师,作为专业评审。

板块四:多方评价,点评颁奖

1. 观众评委及专家利用评价量规,根据小组讲述,给出相应评价。

2. 展示小组根据自己的呈现情况,利用评价量规完成自评。

3. 请专家为学生的演出作点评。

4. 综合以上评价,为各组颁奖。(奖励尽量照顾到更多的组,因为本次任务的目的在于鼓励学生继续研究和传承京剧,激发其兴趣,而不是为了选拔或者评优。)

板块五:复盘反思,总结提升

师生共同回顾学习历程,结合成功标准和复盘反思表,进行自我评价,以内化学习成果。

1. 根据成功标准,自评本次跨学科学习的完成情况。

评价内容	"京剧大讲堂"活动表现		
评价项目	满足成功标准	超出成功标准	接近成功标准
语言表达	1. 能够清晰、有条理地表达自己对于京剧的认识和感受。 2. 能够运用书面语言流畅完整、有条理地表达出自己的研究成果。 3. 分享研究成果时能够自然、大方、清晰地讲述。	除满足成功标准所列的3项外,还做到: 1. 能够在口语表达的过程中通过适切的语气和动作,吸引听众的兴趣。 2. 能够在研究成果的整理中,展现自己的想法和理解。	至少达到满足成功标准所列的两项要求。

评价内容	"京剧大讲堂"活动表现		
评价项目	满足成功标准	超出成功标准	接近成功标准
查阅资料	1. 能够根据自己的需要查阅相关书籍、影像、音频等资料。 2. 能够清晰、有条理地梳理自己搜集的资料。	除满足成功标准所列的两项外，还做到： 1. 能够按照自己的需要查阅相关资料，并准确提取其中与自己研究专题相关的内容。 2. 能够在相关资料提取后，形成自己的观点和理解。 3. 能够用所查阅的资料来指导自己的讲述。	1. 能够根据自己的需要查阅书籍资料。 2. 能够梳理自己搜集的资料。
审美创造	1. 海报等产品设计能够做到图文并茂，布局合理。 2. 关于京剧的研究作品能够做到简洁、美观。 3. "京剧大讲堂"活动上，能够综合利用多种资源，利用多种讲解形式，呈现一台有吸引力的京剧专题展示。	除满足成功标准所列的3项外，还做到："京剧大讲堂"的准备工作能够展现自己的想法，有创意。	至少达到满足成功标准所列的两项要求。
团队合作	1. 能够在跨学科任务实施的过程中积极与同伴交流想法。 2. 能够在交流中认真倾听他人的想法，并借鉴别人有益的观点。 3. 能够积极主动参与到研究作品、"京剧大讲堂"等活动中，发挥自己在团队中的作用。	除满足成功标准所列的3项外，还做到： 1. 能够在团队其他成员发生矛盾时发挥积极的协调作用，促进团队合作的推进。 2. 能够积极承担团队任务，为成果的达成积极贡献力量。	至少达到满足成功标准所列的两项要求。

评价内容	"京剧大讲堂"活动表现		
评价项目	满足成功标准	超出成功标准	接近成功标准
文化兴趣	1. 对京剧产生了继续学习的兴趣。 2. 有主动宣传京剧文化的意愿。	除满足成功标准所列的两项外，还做到： 1. 能够主动观看和学习京剧，并愿意不断探究。 2. 开始主动跟身边人宣传京剧等中华优秀传统文化。	至少达到满足成功标准所列的一项要求。

2. 自我复盘反思表。

本次跨学科学习中，我运用到了哪些语文学习方法？
本次跨学科学习中，我遇到的最大困难是什么？最后是如何克服的？
本次跨学科学习中，我最大的收获(感受)是：
本次跨学科学习中，我最想点赞的同伴及理由：
本次跨学科学习后，我对京剧产生的新认识有：
本次跨学科学习后，我认为现代社会仍要学习、传承京剧文化的原因是：
我对本次跨学科学习的建议(或产生的新疑惑等)：

（二）活动建议

1. 以提升学生语言文字运用能力为核心。

2022 年版"新课标""课程内容"中的"跨学科学习"任务群部分提出，"围绕学科学习、社会生活中有意义的话题,开展阅读、梳理、探究、交流等活动,在综合运用多学科知识发现问题、分析问题、解决问题的过程中,提高语言文字运用能力"。语文跨学科学习主题任务,无论所"跨"的学科有哪些,核心目标都是促进学生语言文字运用能力的提升。"京剧大讲堂"这一跨学科任务,充分地调动了学生口语交际、查阅资料、书面(口语)表达等多方面的语言运用能力。在完成核心任务的过程中,学生需要通过查阅资料了解京剧文化的特点,感受其艺术之美,并且需要用清晰、有条理的书面语言整理自己的研究成果,并能运用清晰的口语表达来介绍给听众。而在完成整个跨学科任务的过程中,需要学生充分发挥其口语交际能力,达成团队之间的一致。整个过程,充分发展了学生的语言文字应用能力。

2. 以学生为中心开展跨学科学习。

"新课标"有这样的教学提示:"充分发挥跨学科学习的整体育人优势,增强跨学科学习的规划性和目标意识。"规划性和目标意识不仅仅是针对教师而言的,学生作为学习的主体,也要心中有目标,这样才能更有行动的方向性,选择更合适的方法和更适切的资源来开展探究活动。所以在"京剧我了解"这一环节,我们要在学生现有经验的基础上,与学生交流、明确本次跨学科的成功标准。在"京剧我探究"和"京剧我来讲"的过程中,教师要始终以指导者的身份出现,把主动权交给学生,让学生根据自己的研究兴趣来组建研究团队,讨论决定研究成果的展现形式,教师则更多给予资源的支持和方法的指导,以保护学生的探究热情和积极性。同时,教师要充分尊重学生的学情,不可过分拔高。对于京剧的研究,很多学生是初次接触,教师不能把目标定得太高,对于学生的京剧研究成果和最终的呈现,要给予更多的鼓励,重要的是保护学生对于传统文化的学习热情,为后面的探究与传承京剧奠定良好的基础。

3. 多元评价贯穿学习过程始终。

语文课程内容中的跨学科学习,评价主要以学生在各类探究活动中的表现,以及活动过程中完成的研究报告、海报、小报、讲座等学习成果为依据。本次跨学科学习活动中,教师针对"京剧我了解""京剧我探究""京剧我来讲"等各环节形成的作品和学生的行为表现,设计了成功标准和评价量规,学生可以在每个学习任务完成后,对照评价工具,进行自我评价、同伴评价、教师评价,及时校正自己的学习行为,更好地完成任务,实现"教—学—评"一体化。本次跨学科任务完成过程中,教师设计了学生的复盘反思,要及时带领学生进行复盘,以帮助学生将所学进行内化,不断提高跨学科学习的质量。同时,各项评价充分关注了学生综合运用多学科知识思考问题、解决问题的态度和能力,使评价得以贯穿学习的全过程。

五、资源与运用

为了更好地指导学生完成学习任务,以及为学生提供更丰富的学习资源,跨学科学习教学实施过程中,教师需要提供以下资源支持:

1. 纪录片:《京剧》。

2. 京剧研究书籍:《京剧趣谈》(徐城北著,长江文艺出版社),《京剧的故事》(徐城北著,韩伍绘,长江文艺出版社),《太好玩了,京剧!》(张大夏著绘,贵州教育出版社)。

3. 著名京剧作品:《霸王别姬》《贵妃醉酒》《白蛇传》《定军山》《打渔杀家》《穆桂英挂帅》《借东风》《苏三起解》《群英会》《玉堂春》等。

(编写人:北京亦庄实验小学　亓顺芳)

第20讲 鲁迅印象展

本课例的学习主题为"鲁迅印象展"。

《义务教育语文课程标准(2022年版)》对第三学段"学段要求"从四个实践领域进行描述后,接着指出:"在落实以上要求过程中,注重了解中华优秀传统文化的源远流长、丰富多彩,提升自身中华优秀传统文化修养;感受先贤志士的人格魅力,感悟老一辈无产阶级革命家的英雄气概、优良作风和高尚品质,体会捍卫民族尊严、维护国家利益和世界和平的伟大精神。""新课标"的"跨学科学习"学习任务群的"学习内容"中指出,第三学段应"积极参加校园文化社团,参与学校和社区举办的戏曲、书法、篆刻、绘画、刺绣、泥塑、民乐等相关文化活动,体验、感知、传承中华优秀传统文化,运用多种形式分享自己的经验与感受"。

鲁迅是中国伟大的思想家、革命家、文学家,新文化运动的重要参与者,中国现代文学的奠基人之一。他对于五四运动以后的中国社会思想文化发展具有重大影响,蜚声世界文坛。"横眉冷对千夫指,俯首甘为孺子牛",鲁迅是敢于突破封建旧观念束缚的一代先锋。为了中国人民的利益,他敢于与权势斗争,敢于正视生命中的残酷与血腥,敢于面对时弊,敢为天下先。鲁迅精神是铁骨铮铮的民族性,鼓舞着一代又一代的中国人,是我们不能忘记的优秀文化。

鲁迅以笔杆为枪支,创作伟大的作品,如《狂人日记》《故乡》《呐喊》等,用尖锐的笔触,揭露了中国当时的社会状况,剖析了人性的缺点和社会的恶习,像战士一样,唤醒沉睡的中国人,为中国带来新的思想启蒙,鼓励更多志士仁人站起来反抗那个愚昧落后的社会。他作品中的人物——阿Q、闰土、祥林嫂等,不仅仅具有那个时代的印记,在我们现在的社会依旧存在,也时时让我们自省。面对敌人,他满满的犀利与讽刺;而对家人、孩子、朋友、用人甚至陌生人,他总是慈祥体贴,善意满满,他总是"为自己想得少,为别人想得多"。

六年级上册第八单元以"走近鲁迅"为人文主题,这也是统编教材中唯一一个以人物为主题编排的单元,其中编入了两篇精读课文《少年闰土》《好的故事》和两篇略读课文《我的伯父鲁迅先生》《有的人——纪念鲁迅有感》,它们分别是鲁迅的作品和纪念鲁迅的作品。六年级的学生对于鲁迅的名字及其地位是比较熟悉的,但是对他的为人及其作品还知之甚少。所以,我们要想让学生更立体、更全面地了解鲁迅先生及其精神,就需要引导他们接触更多鲁迅相关的材料,如生平资料、作品等,并能够用多元的方式,比如戏剧、绘画、书信等,来展现自己对鲁迅的认知。这就需要我们融合多个学科来完成这一次对人物认知的深化过程和成果展示。

➡ 二、目标与评价

(一)目标设定

六年级的学生对鲁迅大都有比较简单的了解,也有小部分学生读过鲁迅的部分作品。但是,大部分学生对鲁迅先生的了解不够全面,对鲁迅作品的阅读也比较少,所以他们对于鲁迅先生的为人、精神等了解得还比较浅显。同时,有一些学生对鲁迅作品的学习存在畏难情绪,所以我们要通过跨学科学习,引导学生在大情境中,通过解决真实问题,落实真实任务,在团队协作交流中,提升学生对鲁迅为人及作品的研究兴趣,为日后对鲁迅其人、其精神的探究打下基础,也埋下宣扬优秀革命文化的种子。

"鲁迅印象展"的跨学科学习,需要综合运用语文、美术、戏剧等学科的知识和技能,学习目标定位如下:

1. 策划展览,通过查阅资料、小组讨论、欣赏电影等方式,对展厅分区进行整体规划,初步了解鲁迅。

2. 搜集相关资料,阅读、学习鲁迅相关作品,能够了解鲁迅其人、其精神,形成对鲁迅及其作品的整体认知,并用戏剧、人物形象卡、研究报告等多样的表达方式展现出来,与小组成员积极合作,设计相应展品,布置展厅。

3. 积极参与团队合作,制作"鲁迅印象展"宣传海报,用戏剧展演、演讲、讲座介绍等多种方式,介绍展览作品。

4. 课下愿意与同学主动交流对鲁迅的看法,产生进一步阅读鲁迅作品和了解其精神的兴趣,并有向更多人宣传优秀革命文化的意愿。

(二)评价设计

目标导向的学习评价是伴随着整个学习任务进程的。每个子任务下的学习活动,都离不开评价,都需要用评价来促进教与学。下面是针对具体的学习活动和评价证据设计的成功标准和评价量规。成功标准要在活动开展之前就让学生了解,评价量规要与活动同步给到学生。

1."策展"的成功标准。

(1)能够认真阅读和观看相应的材料,结合自己的了解,形成对鲁迅的初步感知。

(2)通过小组合作,能够梳理出"鲁迅印象展"的分区,分区能够尽量全面地展示鲁迅其人、其精神。

(3)通过阅读、交流,产生布置"鲁迅印象展"和探究鲁迅其人、其精神的兴趣。

2."布展"各项活动的成功标准和评价量规。

(1)布展效果的成功标准。

① 能够统一规划,合理布局、分区,展区整洁、清晰、美观。

② 能够全方位地展示鲁迅,从鲁迅的生平、作品到人物评价等多个方面入手,生成相关展品,内容丰富、翔实、准确。

③ 能够做到小组合理分工,团队合作融洽。

(2)"鲁迅印象展"的评价量规。

评价方面	评价标准	自我评价 ★★★★★	同伴评价 ★★★★★
内容	从鲁迅的人物性格、成长经历、主要成就等方面,选择一个或多个角度,清晰、有条理地整理资料,展现对鲁迅的了解。		

评价方面	评价标准	自我评价 ★★★★★	同伴评价 ★★★★★
结构	结构清楚,有一定的逻辑。		
审美	作品整洁、清晰、美观。		
效果	通过整理相关作品,对鲁迅有了初步印象,产生了研究其人、其文的兴趣。		

（3）阅读鲁迅作品,生成相关展品的评价量规。

标准	自我评价 ★★★★★	同伴评价 ★★★★★	教师评价 ★★★★★
介绍了鲁迅作品中的典型故事。			
清楚地展现了鲁迅作品中典型人物的形象。			
表达出了自己对相关作品的思考。			
对鲁迅有了进一步了解。			
作品设计整洁、美观,或表现力强,故事生动。			

（4）鲁迅相关展品的评价量规。

请在你认为已做到的栏目中打钩			
评价内容	自我评价	同伴评价	教师评价
结合了具体的事件。			
写清了鲁迅的特点。			

请在你认为已做到的栏目中打钩			
评价内容	自我评价	同伴评价	教师评价
写出了自己对鲁迅及其作品的理解。			
表达了自己对鲁迅的情感。			

3. "办展"各项活动的成功标准和评价量规。

（1）"办展"宣讲的成功标准。

① 能够运用自己喜欢的方式，如演讲、讲座、戏剧等，积极表达、展现出所做展品的精彩部分，表达自己对鲁迅及其作品的认识。

② 能够激发参观者了解鲁迅、阅读其作品的兴趣。

③ 能够做到团队合作融洽，分工合理。

（2）宣传海报的评价量规。

评价内容	自我评价 ★★★★★	小组评价 ★★★★★
内容简洁完整，语言流畅。		
情节连贯。		
设计美观。		
有创意，宣传效果好。		

➡ 三、情境与任务

（一）任务情境

鲁迅是中国伟大的思想家、革命家、文学家，新文化运动的重要参与者，中国现代文学的奠基人之一。他对于五四运动以后的中国社会思想文化发展具有重大影响,蜚声世界文坛。他的精神影响了一代又一代的中国人。

教师创设情境,运用课文《我的伯父鲁迅先生》和纪录片《百年巨匠·鲁迅》,让学生初步走近鲁迅,了解鲁迅的故事,感受鲁迅的为人,谈一谈自己对鲁迅的初印象,并交流自己还想从哪些方面了解鲁迅。教师组织学生初步探讨"今天,我们为什么还需要读鲁迅",引发学生对于研究鲁迅的兴趣,初步树立宣传优秀革命文化的意识。

结合学生的讨论,发布学习任务,开启跨学科主题学习。

(二)学习任务

1. 任务框架。

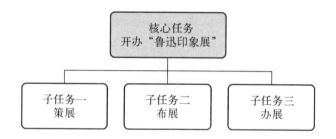

2. 任务说明。

(1)核心任务。

"开办'鲁迅印象展'"的核心学习任务符合六年级学生的年龄特征和认知特点,通过设计实践体验,让学生策划、布置和开办"鲁迅印象展",综合运用语文、戏剧、美术、劳动与技术、道德与法治等学科的知识和技能,全面了解鲁迅及其精神,提升语言文字运用能力,增强对中华优秀革命文化的认知。

核心学习任务"开办'鲁迅印象展'",引导学生阅读鲁迅作品,查阅相关资料,走近鲁迅及其作品,同时借助"他人眼中的鲁迅"来综合认识其人、其精神,利用学习过程中形成的多样成果(鲁迅档案卡、人物形象卡、好书推荐小报、读后感、研究报告、戏剧、墓志铭等),在六年级交流厅中布置"鲁迅印象展",并用演讲、戏剧等多种表达方式,向更多同学介绍自己的展品,拉近与鲁迅及其作品的距离。

(2)子任务。

子任务一：策展。

借助课文《我的伯父鲁迅先生》、纪录片《百年巨匠·鲁迅》和学生的已有经验，通过阅读、观看、交流等活动，初步了解鲁迅，引导学生思考"今天我们为什么还需要读鲁迅？""教材为什么会专门编排一个单元来学习鲁迅？"，激发学生研究学习的兴趣，指导学生根据对鲁迅的初步了解，结合本次任务的成功标准，对"鲁迅印象展"进行划区，并为每个展区取名，如"鲁迅的生平故事""鲁迅的作品""评价鲁迅的作品"等。

子任务二：布展。

在初步了解鲁迅的基础上，学生查阅资料，进一步搜集鲁迅的相关生平故事，了解其背景。阅读和学习鲁迅的作品，了解其中的人物形象、语言风格、思想情感等，进而了解鲁迅的精神。在此基础上，阅读更多名家及亲友写鲁迅的文章，最终形成对鲁迅的整体认识。最后，将在此过程中生成的产品(如鲁迅档案卡、人物形象卡、研究报告、书信等)，按照策展中的规划布置到班级展览中，并选择其中的优秀产品，布置到年级的大展厅。

子任务三：办展。

布展完成后，制作展览宣传海报，组织展览正式向公众开放，运用演讲、讲座汇报、戏剧展演等多种形式，向他人介绍或者展示自己的展品，通过集体交流促进全体同学对鲁迅的认识，形成自己对鲁迅的印象，激发更多同学阅读鲁迅、了解鲁迅的兴趣，为进一步传承鲁迅的优秀革命精神奠定基础。

➡ 四、活动与建议

（一）活动历程

子任务一　策　展

板块一：借助资料，走近鲁迅

1. 结合本单元所学课文《我的伯父鲁迅先生》和自己已有的认识，谈一谈你心目中的鲁迅是一个什么样的人。

2. 观看纪录片《百年巨匠·鲁迅》，交流对鲁迅的新认识。

3. 思考交流：教材为什么会编排专门的单元来学习鲁迅？今天我们为什么还需要读鲁迅？

板块二：发布任务，策划分区

1. 发布任务。

(1) 发布跨学科学习任务——开办"鲁迅印象展"。

(2) 思考交流：我们可以做哪些事情来了解鲁迅为人，领略鲁迅精神？我们如何将自己了解到的内容进行分享、展览？

2. 明确成功标准。

师生共同商量，明确本次跨学科学习任务的成功标准。

3. 策划分区。

(1) 小组合作，根据思考交流的内容，结合自己想要进一步探究的鲁迅相关知识，对"鲁迅印象展"进行分区规划，并为每个展区起名。

(2) 民主选出班级展览的最佳分区策划。

(3) 年级从各班最优方案中投票选出年级交流展厅的分区布置方案。

预设：鲁迅生平档案台、鲁迅作品感悟展区、"我"眼中的鲁迅展区。

子任务二　布　　展

板块一：根据分区，准备展品

下面的分区为预设情况，实际操作中可根据学生的策划情况，灵活调整，但涉及的学习内容基本一致。

1. 鲁迅生平档案台。

(1) 从阅读中产生的真实疑问出发，搜集鲁迅相关资料。

(2) 整理所搜集的资料（例如人物性格、成长经历、主要成就等），做一份内容清晰、有条理的鲁迅生平档案，可以用小报、大事时间轴、档案卡等自己喜欢的形式呈现。

2. 鲁迅作品感悟展区。

（1）人物导入，激发阅读兴趣。

① 结合所学课文《少年闰土》，谈一谈自己对鲁迅笔下人物的认识。

② 交流讨论：你还了解鲁迅创作的哪些经典人物形象？你是从什么作品中读到的？

（2）搭建读书角，拓宽阅读范围。

① 交流讨论：要想更多地了解鲁迅及其作品，你有哪些阅读书目推荐？

② 整理书单：筛选班级讨论的鲁迅书目，整理出班级鲁迅单，年级可根据各班书单整理出年级书单。

预设：《朝花夕拾》《呐喊》《彷徨》《故事新编》《野草》等。

③ 搭建读书角：年级展厅中，根据所选书单搭建年级读书角（如条件允许，各班可搭建本班读书角）。读书角陈列的书籍以学生自带为主，促进已有资源的共享。读书角中设置"读者交流台"，供学生阅读后交流共享自己的读书收获或感悟。

④ 发布共读：除自读推荐外，教师还可组织共读《小学生鲁迅读本》。

（3）自主分组，确定展品内容。

根据研究兴趣自主分组，例如"经典人物研究小组""《朝花夕拾》阅读研究小组""'木偶人'剧组"等，讨论本组的展品形式。

（4）阅读作品，完成展品设计。

借助所学方法，共读《小学生鲁迅读本》（刘发建编著，钱理群审订），自主阅读与本组展品相关的其他书籍资料，选用个性化的方式呈现阅读成果，展示自己对作品中人物形象及作者思想情感的理解。个性化方式推荐：

推荐一：选择感兴趣或印象深刻的鲁迅笔下人物，设计出人物名片或人物形象卡牌等，内容和形式不限，需包含"名字""人物特点""我的思考"等基本信息。

推荐二：选择喜欢的篇目或作品集，做阅读推荐及个性化成果展示（书评、小报、名言录、读后感等）。

推荐三：选择感兴趣或印象深刻的人物和情节创编剧本，并与同伴协作进行戏剧排演。

3."我"眼中的鲁迅展区。

（1）结合相关课文及自己对鲁迅作品的研究，谈一谈自己对鲁迅的新认识。

（2）阅读《小学生鲁迅读本》中的"鲁迅故事"附录中几篇写鲁迅的文章（《踢"鬼"的故事》《一个中学生眼里的鲁迅》《和鲁迅先生相处的日子》），补充阅读萧红的《回忆鲁迅先生》、藤野严九郎的《谨忆周树人君》等名家名篇，推荐阅读许寿裳的《鲁迅传》、周海婴的《直面与正视：鲁迅与我七十年》等人物传记类文本资料，进一步了解鲁迅的为人和精神。

（3）结合前面所有的阅读和学习，经过一系列研究，以个性化的方式综合呈现自己印象中的鲁迅。个性化方式推荐：

推荐一：研究报告。

推荐二：习作《有你，真好》。

推荐三：书信（如：鲁迅，我想对您说）。

推荐四：墓志铭。

板块二：展品评选，完成布展

1. 小组交流，根据量规评选优秀展品，并布置班级相应展区。

2. 班级运用评价量规，民主评选各个展区的优秀展品，完成年级相应展区的布展。

子任务三　办　　展

板块一：制作海报，宣传展览

1. 以小组为单位，为班级"鲁迅印象展"制作宣传海报。海报要表达出对鲁迅的认识，展现出本班"鲁迅印象展"的特色。班级评选出 1～2 幅最佳海报，张贴在班级内，为班级"鲁迅印象展"做宣传。

2. 以班级为单位，为年级"鲁迅印象展"制作宣传海报。海报要表达出对鲁迅的认识，展现年级"鲁迅印象展"的亮点，能起到良好的宣传效果。

3. 年级民主评选出最优海报，张贴在年级走廊内，为"鲁迅印象展"开放日做宣传。

板块二：开放展厅，公开宣讲

1. 年级主展区开放：首先开放年级主展区，让展品的设计者运用演讲、讲座、戏剧展演等形式,向参观者介绍、展示自己的展品。参观者采用画廊漫步的形式,欣赏所有展品。参观过程中,可以根据设计者的宣传介绍,进行互动答疑。最后,参观者运用各展区的评价量规,评选出各展区中自己最喜欢的展品。

2. 班级分展区开放:年级主展区参观完成后,开放班级分展区,班级各展区的展品设计者也通过演讲、戏剧、说书等自己喜欢的形式向参观者介绍不同展区的展品。画廊漫步的过程中,参观者可与设计者交流互动,参观完成后,由各位观众根据不同展区的评价量规,评选出各展区中自己最喜欢的展品。

3. 录制年级及班级展品宣讲的宣传视频,分别在年级和班级公众号发布,扩大鲁迅其人、其精神的影响力,提高学生对鲁迅作品的阅读兴趣。

板块三:复盘反思,总结提升

师生共同回顾学习历程,结合成功标准和复盘反思表,进行自我评价。

1. 根据成功标准,自评本次跨学科学习的完成情况。

评价内容	鲁迅印象展		
评价项目	满足成功标准	超出成功标准	接近成功标准
语言表达	1. 能够清晰、有条理地表达自己的观点和看法。 2. 能够运用书面语言流畅完整、有条理地表达出自己对鲁迅作品及其为人和精神的观点。 3. 宣讲时能够自然、大方、清晰地讲述自己的展品。	除满足成功标准所列的3项外,还做到: 1. 能够在口语表达的过程中通过适切的语气和动作,吸引观众的兴趣。 2. 能够在书面表达中运用修辞、成语等来增加语言的生动性。	至少达到满足成功标准所列的两项要求。
查阅资料	1. 能够根据自己的需要查阅相关书籍资料。 2. 能够清晰、有条理地梳理自己搜集的资料。	除满足成功标准所列的2项外,还做到: 1. 按照自己的需要查阅相关资料,并准确提取其中与自己研究主题相关的内容。 2. 能够在相关资料提取后,形成自己的观点或感悟。	1. 能够根据自己的需要查阅书籍资料。 2. 能够梳理自己搜集的资料。

评价内容	鲁迅印象展		
评价项目	满足成功标准	超出成功标准	接近成功标准
审美创造	1. 能够整洁、美观、合理地布置展馆的各个展区。 2. 能够在设计展品的过程中，做到整洁、有序、美观。 3. 海报等产品设计能够做到图文并茂，布局合理。	除满足成功标准所列的3项外，还做到：展品设计能够展现自己的想法，有创意。	至少达到满足成功标准所列的两项要求。
团队合作	1. 能够在跨学科学习任务实施的过程中积极与同伴交流想法。 2. 能够在交流中认真倾听他人的想法，并借鉴别人有益的观点。 3. 能够积极主动参与到各种展品的设计中，发挥自己在团队中的作用。	除满足成功标准所列的3项外，还做到： 1. 能够在团队其他成员发生矛盾时发挥积极的协调作用，促进团队合作的推进。 2. 能够积极承担团队任务，为成果的达成积极贡献力量。	至少达到满足成功标准所列的两项要求。
文化兴趣	1. 对鲁迅及其作品产生了继续研究的兴趣。 2. 有主动宣传鲁迅文化的意愿。	除满足成功标准所列的2项外，还做到： 1. 能够主动阅读更多鲁迅相关的书籍资料。 2. 开始主动跟身边人宣传鲁迅精神等优秀革命文化。	至少达到满足成功标准所列的一项要求。

2. 自我复盘反思表。

本次跨学科学习中，我运用到了哪些语文学习方法？
本次跨学科学习中，我遇到最大的困难是什么？最后是如何克服的？

本次跨学科学习中,我最大的收获(感受)是:
本次跨学科学习中,我最想点赞的同伴及理由:
本次跨学科学习后,我对鲁迅产生的新认识有:
本次跨学科学习后,我对现代社会仍要学习、研究鲁迅的看法是:
我对本次跨学科学习的建议(或产生的新疑惑等):

(二) 活动建议

1. 以提高学生的语言文字运用能力为核心。

2022年版"新课标"课程内容中的跨学科学习部分提出"围绕学科学习、社会生活中有意义的话题,开展阅读、梳理、探究、交流等活动,在综合运用多学科知识发现问题、分析问题、解决问题的过程中,提高语言文字运用能力"。语文跨学科学习主题任务,无论所"跨"的学科有哪些,核心目标都是促进学生语言文字运用能力的提高。"鲁迅印象展"这一跨学科学习任务,从"策展"到"布展"再到"办展",要充分调动学生运用查阅资料、阅读整本书、把握文本主要内容、体会作品情感、表达交流等多方面的核心素养能力。同时,要发挥鲁迅文化对于学生增强文化自信、开阔文化视野的重要作用,而且整个策划和布置的过程中也要有意识地帮助学生提升审美能力。

2. 以学生为中心开展跨学科学习。

2022年版"新课标"在跨学科任务学习中有这样的教学提示:"充分发挥跨学科学习的整体育人优势,增强跨学科学习的计划性和目标意识。"计划性和目标意识不仅仅是针对教师而言的,学生作为学习的主体,也要心中有目标,这样才能更有行动的方向性,选择更合适的方法和更适切的资源来开展探究活动。所以在"策展"这一环节,我们要与学生共同明确本次跨学科的成功标准,在学生策划方案的基础上一起来优化布展方案,给学生思考的空间。在"布展"和"办展"的过程中,教师要始终以指导者的身份出现,成果展示方式的选择权要交给学生,以保护学生的探究热情和积极性。同时,我们要充分尊重学生的学情,不可过分拔高,对于鲁迅的学习和研究是伴随学生整个学习过程的。所以,学生如果不能全面深刻地挖掘鲁迅作品中的精神、文化,我们也要理解、尊重学生当下的思维能力水平,帮助他们在最近发展区达到对鲁迅相对全面的了解即可,更重要的是要保护学生对于革命文化的学习热情和对鲁迅作品阅读的兴趣,为后面的探究与传承奠定良好的基础。

3. 多元评价贯穿学习过程始终。

跨学科学习要多元评价学生综合运用多学科知识思考问题、解决问题的态度和能力,同时要着重关注语文学科素养落地,比如本单元的语文要素是"借助相关资料,理解课文主要内容""通过事情写一个人,表达出自己的情感",这就需要我们在跨学科任务评价中特别关注这些能力。评价既要关注学生完成学习任务的过程,又要关注学生在每个学习任务中完成的成果(例如:海报、研究报告、书信、戏剧展演等),多元评价,以鼓励为主,不要打击学生探究的兴趣,毕竟鲁迅文化是有一定难度的。同时,在完成每个学习任务的过程中,要给学生提供评价工具,以终为始,通过评价来带动学生更好地完成任务,实现"教—学—评"一体化。跨学科学习任务完成后,要带领学生复盘反思,以不断提高跨学科学习的质量。

---------------- ➡ 五、资源与运用 ----------------

为了更好地指导学生完成学习任务,以及为学生提供更丰富的学习资源,在跨学科教学实施过程中,教师要准备的资源有:

1. 导入纪录片:《百年巨匠·鲁迅》。

2. 共读书目:《小学生鲁迅读本》(刘发建编著,钱理群审订)。

3. 鲁迅作品推荐(用于阅读角搭建及阅读交流):

《朝花夕拾》《呐喊》《彷徨》《故事新编》《野草》等。

4. 帮助学生了解鲁迅及其故事的相关作品推荐：

许寿裳的《鲁迅传》、周海婴的《直面与正视：鲁迅与我七十年》、萧红的《回忆鲁迅先生》、藤野严九郎的《谨忆周树人君》。

（编写人：北京亦庄实验小学　亓顺芳）

第 21 讲　制作一部"风俗纪录片"

　　本次跨学科主题学习以"制作一部'风俗纪录片'"为核心任务,引导学生走出教室,在探究式研学的过程中了解中华传统节日,以及不同地域的风俗习惯,在体验中深入理解"百里不同风,千里不同俗"的含义,进而了解中华传统文化的源远流长、丰富多彩,提升自身中华优秀传统文化修养,落实《义务教育语文课程标准(2022 年版)》的课程目标要求。

　　统编教材六年级下册第一单元围绕"民风民俗"主题,选编了《北京的春节》《腊八粥》《古诗三首》《藏戏》四篇课文,这些课文体裁和题材不同,但都充满了浓郁的民俗风情,有着深厚的文化内涵,能让学生充分体会中华传统文化的丰富多彩,激发学生对中华传统文化的热爱。本单元的习作主题是"家乡的风俗",传统节日的形成与宗教崇拜、神话传奇、纪念杰出人物等社会风俗和历史文化密切相关,不同地域、不同民族的风俗习惯和历史文化各有差异,庆祝相同传统节日的方式方法各有不同。基于此,学生课内通过自主学习、合作探究的方式,学习名家名篇中介绍不同地区风俗习惯的表达方法;课外通过查阅资料、询问长辈等途径,深入了解家乡风俗,运用 PPT、视频等方式记录和分享自己对于家乡风俗活动的认识和体验,以及自己参与家乡民俗活动的故事,表达对家乡风俗的喜爱之情。

　　《义务教育语文课程标准(2022 年版)》第三学段"跨学科学习"学习任务群包括三个方面的学习内容,其中一个是"综合运用语文、道德与法治、科学、劳动等多方面的知识和技能,通过小组研讨、集体策划、设计参观考察活动方案,运用跨媒介形式分享研学成果"。学生在了解家乡风俗过程中,不但对传统节日有了更深刻的认识,而且对不同地区、不同民族的风俗习惯有了更丰富的了解,学生在这一跨学科主题的学习中,会潜移默化地了解中华传统文化的丰富多彩,感受中华传统文化的博大精深。整个跨学科学习通过课内与课外相结合、体验与探究相结合的方式,引导学生深入体验家乡的风俗,延展了学习的内涵和外延。学生在获取信息、经历思考后,运用跨媒介形式呈现、分享自己的学习成果,有助于提高他们的语言文字运用能力。

➡ 二、目标与评价

(一) 目标设定

六年级学生在家庭、社区和学校生活中,已经亲身体验过诸多传统节日的风俗活动,如春节放爆竹、元宵节猜灯谜、中秋节吃月饼等,也积累了许多与传统节日风俗习惯有关的诗文,如《元日》《清明》《北京的春节》《腊八粥》等,对传统节日的风俗习惯已经有了丰富的感性认识,对传统节日的风俗活动充满了向往和热情,也对了解和体验更丰富的传统节日风俗活动充满了期待。

"制作一部'风俗纪录片'"的跨学科学习,需要综合运用语文、道德与法治、科学、美术、音乐、劳动等学科的知识和技能,学习目标定位如下:

1. 了解不同地区、不同民族过相同传统节日时独特的风俗习惯,知道家乡的风俗。

2. 阅读关于传统节日民俗习惯的诗文,积累优美词句,并学习介绍家乡风俗的方法。

3. 通过查阅资料、访问调查、实地考察等方法,搜集关于家乡风俗的资料,了解家乡风俗习惯的来历、寓意、文化内涵等方面的信息。

4. 能围绕一个方面,试着用上积累的词语,抓住家乡风俗的特点,运用跨媒介形式,清楚、生动地向别人介绍家乡风俗。

5. 能进行恰当的小组分工,明确自己在小组中的角色,认真完成自己的任务。

6. 能进行有效沟通,倾听他人想法,遇到困难主动请教他人,也愿意帮助他人。

（二）评价设计

"制作一部'风俗纪录片'"兼顾了学习过程与学习结果的评价，不仅注重学科的评价，而且关注学生在整个过程中的合作沟通能力。

1. 成功标准——过程中评价。

"制作一部'风俗纪录片'"中的活动都设计了"成功标准"，在活动过程中，学生可以对照成功标准随时进行自我评价、同伴评价、教师评价。这样，学生能对具体要达到什么样的目标做到心中有数，并在过程中随时校正自己的学习行为。"成功标准"既是评价量规，也是学生行为的指引。

活动名称	成功标准
家乡风俗调查	关于"什么是风俗"能形成自己的观点。 了解不同地区、不同民族的风俗是各不相同的。 能用合适的语气进行提问，问题清晰明了。
风俗资料搜集	小组分工明确，从多个方面搜集资料，避免交叉重合。 能运用多种方法搜集信息。 能对搜集到的资料进行筛选整理，与研学主题高度契合。
纪录片制作	积极主动参与纪录片的制作。 纪录片主题突出，特点鲜明。 纪录片声音、画质清晰，配有合适的文字解说。
介绍家乡风俗	特点突出，能抓住家乡风俗的重点，详细地介绍给大家。 表达清楚，能按照所学的方法，条理清晰地介绍家乡风俗的特点。 讲解生动，能用上优美的词句介绍家乡风俗，激发大家对家乡风俗的热爱。

2. 跨学科学习复盘反思——终结性评价。

课程结束后，结合课程目标、单元成功标准，对照表格进行自我评价、同伴评价。这主要涉及两个方面：参与态度和完成质量。参与态度主要针对人际情境，完成质量主要针对学科情境。

六年级学生的沟通合作能力已经逐渐养成，但还需要提醒他们注意说话分寸，以及照顾他人的感受。因此，在复盘反思时，我们针对参与态度设置了专门的评价,旨在希望学生在合作过程中能心中有他人,真正实现有效沟通。

评价项目	评价标准	自我评价 ★★★★★	同伴评价 ★★★★★
参与态度	在小组活动中积极主动地承担具体工作。		
	在小组合作时有效沟通,能倾听他人想法;遇到困难时主动请教他人,也愿意帮助他人。		
完成质量	知道不同地区、不同民族过相同的传统节日时风俗习惯各异,知道家乡的风俗。		
	阅读有关民俗习惯的诗文,积累优美词句,并学习介绍家乡风俗的方法。		
	能通过查阅资料、访问调查、实地考察等方法,搜集有关家乡风俗的资料,了解家乡风俗习惯的来历、寓意、文化内涵等方面的信息。		
	能围绕一个方面,试着用上积累的词语,抓住家乡风俗的特点,清晰生动地向他人介绍。		

三、情境与任务

(一) 任务情境

传统节日是中华文化的重要载体,代表着中华文化的特质和精神。传统节日作为载体,寄托着深沉的民族情感。不同地域、不同民族的人们在庆祝相同传统节日的过程中,呈现出各具特色的风俗习惯,体现了关于民族情感、人文情怀的殊途同归。

创设任务情境,以六年级下册第一单元的习作主题"家乡的风俗"为契机,师生交流什么是风俗,不同地区、不同民族的风俗习惯有哪些不一样的地方,家乡又有哪些独特的风俗活动,等等。随着交流热情的高涨,教师顺势发布核心任务——制作一部"风俗纪录片"。学生对传统节日有着热烈的期盼,对家乡有着天然的热爱,搜集有关家乡风俗的资料,用自己喜欢的形式向他人介绍家乡的风俗,这样的任务能充分调动学生的积极性和主动性。

(二) 学习任务

1. 任务框架。

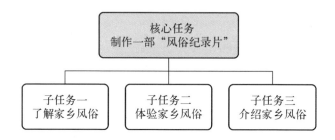

2. 任务说明。

（1）核心任务

"制作一部'风俗纪录片'"的核心学习任务以符合六年级学生的年龄特征和认知特点的方式,设计实践体验,让学生参与到具体的民俗活动中,综合运用语文、道德与法治、科学、美术、音乐、劳动等学科的知识和技能,多维度了解和感受传统节日习俗文化,在丰富多彩的活动中受到中华文化的熏陶,增强对中华文化的认同感。

核心学习任务"制作一部'风俗纪录片'"要求学生从亲近的家乡习俗入手,策划"纪录片"拍摄方案,撰写"纪录片"解说词,向观众介绍一种家乡的风俗,并分享自己亲身参与风俗活动的体验和见闻,制作一个时长约六分钟的"风俗纪录片"。("纪录片"可以是用视频形式拍摄真实的画面情境,也可以是用 PPT 来完成。)

（2）子任务

子任务一：了解家乡风俗

以单元习作主题"家乡的风俗"为契机,借助有关传统节日风俗习惯的文章和学生已有经验,通过阅读、交流等活动,激发学生对制作一部家乡"风俗纪录片"的兴趣,然后引导学生从不同维度(包括风俗的来源、传说、典故、寓意等),通过阅读、访问等方式了解有关家乡风俗的更多知识。每个维度可以先让学生说一说,再鼓励学生通过不同渠道,利用生活资源了解更多,选择一个维度进行梳理,与大家分享。教师要提前准备相关资源(以文本和视频为主),随时为学生提供必要的支撑,帮助学生了解更多中华传统习俗文化。

子任务二:体验家乡风俗

在了解家乡风俗文化的基础上,鼓励学生设想和讨论家乡风俗"纪录片"需要包括哪些方面的内容,设计开展校内外研学活动。活动包括:参与风俗活动、发现家乡风俗美、分享活动体验等。参与风俗活动是让学生亲自参与到家乡风俗活动中,实际体验和切身感受家乡风俗的特点。发现家乡风俗美是让学生在参与活动的过程中,发现家乡风俗中所蕴含的人情美和文化美。分享活动体验是让学生运用积累的优美词句,以及学到的表达方法,与别人分享自己参与活动中的体验和见闻。

子任务三:介绍家乡风俗

这个子任务里包括制作、展示纪录片和复盘反思三个环节。学生综合运用语文、道德与法治、美术、音乐、信息技术等学科的知识和技能制作"纪录片"。"纪录片"展示既可以是PPT结合演讲的方式,也可以是短视频解说的方式。展示"纪录片"的过程中,学生可以制作邀请函,邀请其他学科教师作为评委,结合成功标准,对展示作品进行点评,师生共同评选出"最佳创意纪录片""最受欢迎纪录片""最富底蕴纪录片"等。在复盘反思过程中,学生根据单元成功标准,对照表格进行自我评价、同伴评价。

➡ **四、活动与建议**

- -

(一)活动历程

子任务一　了解家乡风俗

板块一:诗文中的风俗

1. 春节习俗知多少。

(1)阅读《北京的春节》《除夕》,诵读古诗《元日》(王安石),补充诵读古诗

《甲午元旦》(孔尚任)，引发学生交流。

甲 午 元 旦

〔清〕孔尚任

萧疏白发不盈颠，守岁围炉竟废眠。

剪烛催乾消夜酒，倾囊分遍买春钱。

听烧爆竹童心在，看换桃符老兴偏。

鼓角梅花添一部，五更欢笑拜新年。

（2）话题交流：春节有哪些习俗？自己的家乡过年时又有哪些独特的风俗？

春节是中华民族最重视的一个传统节日，也是中国所有节日中最隆重、最热烈，庆祝时间最长的节日。我国地域辽阔，南北跨度大，呈现出"百里不同风，千里不同俗"的特点，各地过春节的内容和形式可能会有不同。因此，借助有关春节风俗习惯的诗文，引导学生提炼一般性的春节元素，如贴春联、放爆竹、拜年等，在此基础上，聚焦自己家乡的春节活动，发现家乡独特的春节风俗习惯。

2. 节日风俗知多少。

（1）诵读《寒食》《迢迢牵牛星》《十五夜望月寄杜郎中》，说一说这三首古诗分别与哪些传统节日有关？还有一些古诗也写到了传统节日和习俗，查阅资料，了解一下。

节日名称	相关古诗词	风俗
寒食节	雨中禁火空斋冷，江上流莺独坐听。 ——〔唐〕韦应物《寒食寄京师诸弟》 烟水初销见万家，东风吹柳万条斜。 ——〔唐〕窦巩《襄阳寒食寄宇文籍》	禁火、冷食、插柳
七夕节	天阶夜色凉如水，卧看牵牛织女星。 ——〔唐〕杜牧《秋夕》 烟霄微月澹长空，银汉秋期万古同。 ——〔唐〕白居易《七夕》	乞巧、拜织女、拜魁星、种生、吃巧果
中秋节	海上生明月，天涯共此时。 ——〔唐〕张九龄《望月怀远》 但愿人长久，千里共婵娟。 ——〔宋〕苏轼《水调歌头·明月几时有》	祭月、赏月、吃月饼

（2）交流汇报：寒食节、七夕节、中秋节等传统节日的风俗。

结合上述表格内容，选择一个自己最感兴趣的传统节日，运用信息技术课上学到的制作PPT的知识和技能，制作一个主题为"传统节日风俗介绍"的PPT并进行汇报展示。

板块二：家乡风俗调查

1. 搜集节日风俗资料。

（1）阅读《中国人的传统节日》，在此基础上查阅更多资料，深入了解节日风俗习惯的来源、传说、典故、寓意等方面的知识，把搜集到的资料进行筛选整理，运用表格进行梳理，与大家交流分享。

节日风俗	来源、传说、典故、寓意
贴春联	源于古代民间挂桃符的习俗。秦汉时期，过年时，家家户户都要在大门左右悬挂桃符，用于驱邪镇鬼。到了五代十国时期，后蜀末代君主孟昶在桃符上写下了联语："新年纳余庆，嘉节号长春。"这是中国最早的一副对联。

（2）教师提前准备相关资源（以文本和视频为主），随时为学生提供必要的支撑，帮助学生了解更多中华传统习俗文化。

2. 家乡节日风俗小调查。

（1）访谈调查：围绕"家乡的节日风俗"话题，设计2～3个访谈问题，如"我们家乡是如何过端午节的？端午节当天都有哪些风俗活动？参与其中的感受如何？"等。根据访谈内容，可以设计相应的表格，把关键信息填写在表格里。

访问对象	节日名称	风俗活动	见闻感受

（2）话题交流：师生展开"百里不同风，千里不同俗"的话题交流。调查相同节日风俗的学生组成一组，交流分享自己家乡的节日风俗特点，感受"百里不同

风，千里不同俗"的真正含义。

子任务二 体验家乡风俗

板块一：参与家乡风俗活动

1. 提前布置任务。

（1）将这次活动任务前置到寒假实践活动中，引导学生在过年期间亲身参与家乡的风俗活动，如吃团圆饭、祭祖、放鞭炮等，并用短视频的方式记录活动。

（2）运用点面结合的写作方法，记录自己参加风俗活动的亲身经历，重点描写活动现场的情况和自身的感受。

学生范文片段：

除夕过后的第二晚，不论大人小孩都会在前院放鞭炮。一些老人家则坐在一旁看着。若是碰上邻家也在放，小孩子们也会一起放。

放的鞭炮有很多种：小小孩们只能放一支一支的仙女棒；大孩子们寻求刺激，会在空地上放竹筒，这种鞭炮需在点燃后立马跑到远处，捂好耳朵静静等待。

那鞭炮先是一蹿老高，伴随着震耳欲聋的声音升上云霄。有些鞭炮会一直响个不停，连绵不断的爆炸声一传能传好远，火星子一直迸发出来，掉在地上却全部都会神奇地消失。虽说是小炮，但发出来的火花可一点儿也不小。

大人们则喜欢更高、更亮、更响的鞭炮。有的像是一条长龙，点燃便立刻开始顺着一一炸开，放完还会留下一长条红色的鞭炮纸。还有一种鞭炮是与竹筒差不多的，但一点着会先等一会儿，然后随着一声"嘭——啪"的巨响在黑夜中绽放出一朵发亮的花朵，分外好看。

——北京亦庄实验小学 六年级8班 许敬懿

2. 发布情境任务。

（1）真实任务发布：我们的祖国幅员辽阔，民族众多，每个地方都有自己的风俗习惯。你的家乡有哪些风俗习惯？请你制作一部六分钟左右的家乡"风俗纪录片"，介绍一种风俗。

（2）话题讨论：家乡"风俗纪录片"中需要包括哪几个方面的内容？引导学生主要从风俗的由来、内容或活动形式、寓意、人们对这种风俗的看法等方面来介绍一种家乡的风俗习惯,还可以谈谈自己参与其中的感受和见闻,以及自己对这一风俗习惯的看法。

板块二:发现家乡风俗美

1. 发现名家笔下的风俗美。

(1)阅读《北京的春节》,发现节日风俗的文化美。

学生阅读文章,关注"它(腊八粥)倒是农业社会一种自傲的表现……这不是粥,而是小型的农业产品展览会""在老年间,这天晚上家家祭灶王,从一擦黑儿,鞭炮就响起来,人们随着鞭炮声把灶王的纸像焚化,美其名曰送灶王上天"等语句,引导学生发现这样写的目的是突出节日风俗的历史底蕴和文化内涵,体会节日风俗中蕴含的文化美。

(2)阅读《腊八粥》,发现节日风俗的人情美。

阅读文章,关注人物对话的句子,如:"妈,妈,等一下我要吃三碗!我们只准大哥吃一碗。大哥同爹都吃不得甜的,我们俩光吃甜的也行……妈,妈,你吃三碗我也吃三碗,大哥同爹只准各吃一碗,一共八碗,是吗?""是啊!孥孥说得对。"感受作者是如何将甜蜜温馨、其乐融融的家庭生活场景和浓郁的生活气息一并浓缩进有关腊八粥的风俗画面中的,体会节日风俗中蕴含的人情美。

2. 学习表达风俗美的方法。

(1)交流讨论表达方法。

围绕话题"名家是如何介绍一种节日风俗的",教师组织学生交流讨论,引导学生结合具体文本交流自己从中学到的表达方法。例如,《北京的春节》是通过介绍"腊八、腊月二十三、除夕、初一、元宵节"这几个春节期间的重要日子的活动来介绍北京的春节的,在这几个节日中,作者又抓住了这些日子里最具特色的一两个风俗活动来介绍。

(2)梳理总结表达方法。

选择"介绍一种风俗",如果主要目的是想让大家了解这种风俗,就可以重点介绍这种风俗的内容或活动形式;如果主要目的是突出这种风俗的历史底蕴,就可以重点介绍它的由来;如果主要目的是让大家对这种风俗有更深入的认识,就可以重点介绍风俗的文化内涵,揭示其背后的意义价值及自己的思考。无论哪种目的,在介绍的过程中,适当地写出自己对这种风俗的真实体验,会让介绍更具有生命力。

　　3. 分享风俗活动体验。

　　（1）发布成功标准。

评价内容	记录自己参加风俗活动的亲身经历		
评价项目	满足成功标准	超出成功标准	接近成功标准
表达出真情实感	1. 选材是自己最感兴趣的风俗活动。 2. 思路清晰，条理清楚，内容完整。 3. 详写的是活动现场的情况和自身的感受。 4. 详写内容里能自然地穿插风俗活动的特点或来历。	除满足成功标准所列的4项外，还做到： 1. 能够选择运用合适的修辞手法来突出情感，如排比、比喻等。 2. 能够熟练地运用"点面结合"的表达方法。	至少达到满足成功标准所列的 3 项要求。

　　（2）小组交流分享。

　　教师组织介绍相同风俗或是分享内容相似的同学组成小组，根据成功标准进行交流评改，互相启发。

　　（3）小组推荐展示。

　　小组内推荐最受欢迎的作品，在全班展示交流。

子任务三　　介绍家乡风俗

板块一：制作"风俗纪录片"

　　1. 成立风俗小组。

　　（1）学生根据个人兴趣加入小组，选定组长，为制作"风俗纪录片"做好准备。如果有学生不愿加入小组，也可以独立制作，教师要尊重学生个人意愿。

　　（2）小组明确家乡"风俗纪录片"的组成内容，如风俗的由来、内容或活动形式、寓意、人们对这种风俗的看法，以及自己参与其中的真实体验和自身感受等。

2. 制作"风俗纪录片"。

（1）小组内明确分工，如，梳理之前搜集到的家乡风俗资料，根据纪录片内容，提取有用信息，合并相似信息；整理之前拍摄的有关参与家乡活动的场景画面，剪辑合并成与纪录片主题高度相关的视频内容。

使用视频软件制作短视频通常包括以下几个步骤：

① 写脚本文案：首先需要有一个脚本，包含了视频的内容，比如想传达的信息、场景、对话等。

② 拍摄素材：根据脚本的内容，拍摄对应的素材。

③ 剪辑：将拍摄的素材进行剪辑。

④ 字幕：如果需要添加字幕，可以在剪辑过程中一起完成。

⑤ 配乐：音乐可以改善视频的质量，增加氛围。应当选择适合视频风格的音乐场景。

⑥ 调色：调整视频的颜色，使其更符合主题和风格。

以上就是制作短视频的基本步骤。当然，这只是一个大致的过程，具体还需要根据视频内容和风格进行调整。

（2）小组合作交流，根据纪录片的画面内容，结合之前自己记录的参与风俗活动的亲身经历，撰写解说词，录制视频，并配上解说字幕。

板块二：展示"风俗纪录片"

1. 制作、发布邀请函。

（1）制作邀请函。

明确邀请函形式（纸质版或电子版），写清楚活动主题、时间、地点等重要信息，绘制与活动主题相对应的彩绘插图等。

（2）发布邀请函。

明确邀请对象，如校长、学科教师、学生代表等，通过微信群或者面对面的方式，发布邀请函。

2. 班级活动展示。

（1）出示成功标准。

评价内容	成功标准
纪录片制作	纪录片主题突出,特点鲜明。 纪录片声音、画质清晰,配有合适的文字解说。
介绍家乡风俗	特点突出,能抓住家乡风俗的重点,详细地介绍给大家。 表达清楚,能按照所学的方法,条理清晰地介绍家乡风俗的特点。 讲解生动,能用上优美的词句介绍家乡风俗,激发大家对家乡风俗的热爱。

（2）小组或个人展示。

小组或个人展示纪录片,展示可以是演讲配合 PPT 展示的方式,也可以是播放视频的方式,在展示之前说一说制作纪录片的大致经过。

（3）基于标准进行评价。

评委和观众根据成功标准中的评价内容,对展示作品进行评价,评出"最佳创意纪录片""最受欢迎纪录片""最富底蕴纪录片"等奖项。

3. 复盘反思。

（1）回顾学习历程。

师生一起回顾学习历程,结合成功标准进行自我评价、同伴评价。

评价项目	评价标准	自我评价 ★★★★★	同伴评价 ★★★★★
参与态度	在小组活动中积极主动地承担具体工作。		
	在小组合作时有效沟通,能倾听他人想法;遇到困难时主动请教他人,也愿意帮助他人。		
完成质量	知道不同地区、不同民族过相同的传统节日时风俗习惯各异,知道家乡风俗。		
	阅读有关民俗习惯的诗文,积累优美词句,并学习到介绍家乡风俗的方法。		
	能通过查阅资料、访问调查、实地考察等方法,搜集有关家乡风俗的资料,了解家乡风俗习惯的来历、寓意、文化内涵等方面的信息。		

评价项目	评价标准	自我评价 ★★★★★	同伴评价 ★★★★★
完成质量	能围绕一个方面,试着用上积累的词语,抓住家乡风俗的特点,清晰生动地向他人介绍。		

（2）课外拓展学习。

中国传统风俗习惯还有很多,如祭祖、嫁娶、丧葬中的风俗习惯,小孩子满月抓周的做法,盖新房上梁的仪式等,大家课后可以自行阅读《中国人的传统节日》《古诗词中的传统节日》《中国民俗故事》《中国老故事》等,更多地了解中国传统风俗习惯,更好地感受中华传统文化的博大精深。

（二）活动建议

1. 以提高语言文字运用能力为核心目标。

语文课程的跨学科学习中,语文处于中心地位,最核心的目标是帮助学生提高语言文字运用能力。本次跨学科学习活动中,"制作一部'风俗纪录片'"的核心任务目标之一是"能围绕一个方面,试着用上积累的词语,抓住家乡风俗的特点,运用跨媒介形式,清楚、生动地向别人介绍"。其中"运用跨媒介形式"意在引导学生运用信息技术学科的知识和技能,通过制作短视频的方式,或者制作PPT的方式向别人介绍一种家乡风俗。需要强调的是,无论哪种方式都只是学习成果的一种载体,其核心目标之一仍然是"能围绕一个方面,试着用上积累的词语,抓住家乡风俗的特点,清楚、生动地向别人介绍"。这样的目标描述,既与单元语文要素紧密联系,也以语言文字运用能力的提高为指向。

2. 以任务引领拓宽语文学习和运用领域。

语文课程内容中的跨学科学习,旨在引导学生在语文实践活动中,联结课堂内外、学校内外,拓宽语文学习和运用领域。本次跨学科学习活动中,"制作一部'风俗纪录片'"的核心任务目标之一是"能通过查阅资料、访问调查、实地考察等方法,搜集有关家乡风俗的资料,了解家乡风俗习惯的来历、寓意、文化内涵等方面的信息"。其中,"查阅资料""访问调查""实地考察"等方式,意在引导学生充分利用图书馆、互联网、文化场馆等,深入探究学习内容,在真实具体的学习和生活情境中,综合运用多学科的知识和技能解决实际问题。在探究过程中,教师要为学生提供一定的工具支持,如表格、思维导图等。

　　3. 以评价量规多维度、全过程评价学习情况。

　　语文课程内容中的跨学科学习,其评价主要以学生在各类探究活动中的表现,以及活动过程中完成的方案、海报、调研报告、视频资料等学习成果为依据。本次跨学科学习活动中,教师针对"家乡风俗调查""风俗资料搜集""纪录片制作""介绍家乡风俗"等主要学习环节和内容设计了评价量规,学生可以在活动过程中,对照评价量规随时进行自我评价、同伴评价、教师评价,及时校正自己的学习行为。与此同时,本次跨学科学习活动中,还邀请了道德与法治、劳动、美术、音乐、信息技术等学科的教师参与评价,不同学科教师从自身专业学科视角出发,使得评价角度更多维,评价内容更全面。不仅如此,本次评价还关注学生综合运用多学科知识思考问题、解决问题的态度和能力,使评价得以贯穿学习的全过程。

➡ 五、资源与运用

　　为了激发学生探究家乡风俗的热情,帮助六年级学生对家乡风俗有更多的认识,在学习任务实施过程中,教师需要准备丰富的学习资源。这些学习资源包括:

　　1. 关于中国传统节日风俗的古诗词,如《元日》《甲午元旦》《寒食》《迢迢牵牛星》《十五夜望月寄杜郎中》等。

　　2. 关于节日风俗习惯的视频。

　　3. 关于中国传统风俗习惯的书籍,如《中国人的传统节日》《古诗词中的传统节日》《中国民俗故事》《中国老故事》等。

　　4. 关于家乡风俗习惯的物件,如年画、抓周物品等。

(编写人：北京亦庄实验小学　杨瑞霞)

第22讲 未来教室设计师

➡ 一、主题与内容

本课例的学习主题为"未来教室设计师"。

在《义务教育语文课程标准（2022年版）》中，"跨学科学习"学习任务群的"学习内容"对第三学段明确提出了以下要求："选取衣食住行、学校、地球、太空等某个方面，设计人工智能时代的未来生活，运用多样形式丰富自己的语言表达，呈现与分享奇思妙想。"同时，在"教学提示"中指出："要引导学生在广阔的学习和生活情境中学语文、用语文，提高交流沟通、团队协作和实践创新能力。"

教室是学生在学校学习和生活的重要空间，同时也是师生从事教育活动，进行文化浸润的精神场域。儿童眼中的未来教室是怎样的呢？一间儿童向往的教室，一定亲近儿童，贴合儿童的校园生活方式，同时也能关注到不同儿童的学习和生活需要。理想的教室空间一定是在学生、教育和美学之间达成了一种平衡。同时，科技发展日新月异，人工智能已经和当下生活密不可分。未来的教室空间可以融入哪些科学技术，使教室更加充满现代感、科技感，更符合和贴近儿童的需求呢？学生眼中未来学习的教室空间应该如何呈现呢？

带着这一系列思考，本次跨学科主题学习以"未来教室设计师"为核心任务，引导学生关注真实的教室空间，综合数据搜集、问卷调查，发现目前教室空间中存在的问题，在分析问题和解决问题的探究学习过程中，综合资料查阅、科技馆实地研学等多种学习方式的体验，在同伴合作和深入探究中大胆想象未来教室的样态和功能，形成自己的设计方案，撰写研究报告，并借助多媒体等多样化的形式表达自己的奇思妙想。不仅如此，"未来教室设计师"这一跨学科学习，还需要综合运用语文、科学、数学、美术等多学科的知识和技能，给予了学生在生活中，在真实情境中学语文、用语文的契机。

整个跨学科学习联动课内课外，体验与学习探究相互结合，引导学生关注真实校园生活中的教室空间，关注现代科学技术发展与人类衣食住行的密切关联。这一方面可以提高学生的交流沟通、团队协作和实践创新能力，另一方面引导着学生在广阔的学习和生活情境中学语文、用语文。

➡ 二、目标与评价

（一）目标设定

通过对道德与法治、语文、科学等多学科相关知识循序渐进的学习，六年级学生已初步了解了科学技术发展的历史，了解了现代科学技术与人类衣食住行有着密不可分的关系。此外，学生也基本掌握了如何设计调查问卷、如何撰写调研报告。但是，对于科学技术在教室空间中的运用，以及如何运用科学技术来改善和设计教室空间这一系列问题，还未进行过深入探究。"未来教室设计师"这一跨学科学习任务，基于学科知识，又超越了学科界限，使得学生的学习内容与真实生活情境紧密相连。"未来教室设计师"这一学习主题，既赋予了学生学习的真实角色，同时又能给学生带来职业教育和理想教育的启蒙。

进行"未来教室设计师"跨学科学习活动，需要综合运用语文、道德与法治、科学、数学、美术等多学科的知识和技能，学习目标定位如下：

1. 阅读文本资源，了解教室在不同时代的空间样态，感受教室空间中的时代印记。

2. 通过资料搜集、问卷调查和调查访问等方法，搜集目前教室中存在的现实问题，并用可视化的图示进行问题梳理，从中选取自己要重点解决的问题。

3. 在科技馆的实地研学体验中，找寻可以帮助我们改进和解决教室空间问题的科学技术,在团队合作与有效沟通交流中完成未来教室设计研究报告。

4. 在合作中分工明确,明确自己在小组中的角色,承担并做好自己在小组中的工作,按计划推进自己的学习任务探究。能够有效沟通,遇到问题沟通解决,或寻求他人帮助。

5. 能围绕核心理念有条理地进行介绍,运用多种媒介形式(例如 PPT、模型图、视频等)分享学习成果,设计具有创新性、合理性和科学性。在学习中能够不断反思,用纸笔记录自己的收获和思考。

(二) 评价设计

目标导向的学习评价是伴随着整个学习任务进程的。每个子任务下的学习活动都离不开评价,都需要用评价来促进教与学。下面是针对具体的学习活动和评价项目设计的成功标准和评价量规。成功标准让学生在活动前提前了解,在学习探究过程中给予学生积极的心理暗示;评价量规要与活动同步给到学生,从而发挥评价的导向功能,做到"教—学—评"一致。

1. "未来教室设计师"设计方案评价量规

评价项目	评价标准	自我评价 ★★★★★	同伴评价 ★★★★★
设计理念	研究问题源自教室中真实存在的现实问题,并对现实问题进行深入分析,核心设计理念能够充分体现科学性与想象力。		
完成质量	创新性:未来教室设计方案富有新意,能够从功能、布局等多个角度体现设计方案的亮点。		
	完整性:方案结构完整,能够清楚有条理地介绍未来教室的用途、样子、布局以及区域的功能。		
	可行性:设计方案具有使用价值,能切实满足师生在教室中的多样化需求。		
	丰富性:能够运用模型、平面图等多种可视化方式呈现未来教室的设计方案。		

2. "未来教室设计师"跨学科学习各项任务的成功标准

(1) 任务一：明确研究问题

① 研究问题以对真实生活在教室中的师生进行的问卷调查和访谈为基础。

② 研究问题具有现实意义,能切实改善教室生活环境。

③ 选题内容合理,具有可行性和可探究性。

(2) 任务二：科技馆实地研学

① 能够在实地研学中,通过交互体验、观察、记录信息等学习方式,感受科学技术的魅力。

② 能够在实地研学中受到启发,思考哪些科学技术可以适当运用到教室环境的改造之中。

③ 研学过程安静有序,能够认真完成研学记录单。

(3) 任务三：合作探究与设计

① 探究过程分工明确,规划有条理。

② 能够按照预估时间如期完成设计探究,初步形成设计方案。

③ 基于同伴交流和教师指导意见不断优化设计方案。

(4) 任务四：撰写设计方案

① 格式正确规范,符合研究报告的格式要求。

② 内容完整,能够清楚有条理地介绍未来教室的设计理念、用途、样子、布局及功能。

③ 图文并茂,运用多学科语言(如文字、数学图形等)表达和呈现设计方案。

(5) 任务五：展示设计方案

① 语言表达清晰有条理;语言表达有感染力;体态大方、自然。

② 能够借助多媒体形式,展示未来教室设计理念与内容,富有创意性。

③ 全员参与,能够呈现探究过程、团队分工和学习反思。

（一）任务情境

提起本次跨学科学习的主题"教室"，同学们都非常熟悉。师生本就是教室使用的主体，恰逢我校师生面临着一个真实的困境：随着学校的不断扩招，我校学生人数众多，教室空间拥挤，需要通过二期加建和对现有教学楼进行全新升级与改造，解决学校教室空间拥挤的问题。现有教室空间还存在哪些问题呢？这就自然给学生创设了真实的学习情境。

在"未来教室设计师"跨学科学习任务中，学生拥有了真实的学习情境，这是可遇不可求的学习机会。不仅如此，学生在参与、探究和设计未来教室的过程中，会自然流露出主人翁意识和青少年的责任感，能够通过真实的学习探究，为喜爱的校园添砖加瓦。与此同时，这一学习任务还能联动多学科知识，真正让学生实现运用多学科知识解决真实情境中的实际问题，全面体现了"新课标"中语文学习的真实性、综合性和情境性。

（二）学习任务

1. 任务框架。

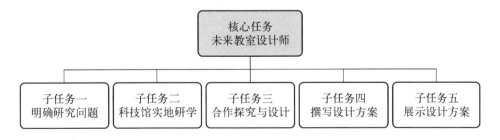

2. 任务说明。

（1）核心任务。

"未来教室设计师"这一核心任务很容易让学生进入角色，以教室设计师的身份进入到本次跨学科学习任务中。学生在"发现问题—分析问题—解决问题"的学习过程中展开探究。学生能够在探究中掌握问题探究的基本步骤和方法,不断提炼、改进和呈现自己的学习成果。"未来教室可能会是什么样子?""我如何解决目前教室中存在的现实问题?""我提出的解决方案能否真正满足师生的学习生活需求?"对这一系列问题的探究,既能让学生发挥创造力和想象力,同时又能发展和提升学生的问题解决能力。

这一核心学习任务的设计遵循六年级学生的认知发展规律和身心特点,能够让学生自主参与到跨学科学习活动中。学生在探究过程中,既有实地参观的研学实践体验,又会综合运用语文、科学、数学、劳动、道德与法治、美术等学科的知识和技能,能够切实关注到真实的校园教室空间中存在的"痛点"。学生通过沟通交流、团队合作等方式,在深入探究中创造性地呈现自己的设计方案,同时运用多种媒介形式展示自己的学习成果,以主人翁的姿态参与到校园建设中,增进对校园的热爱,并把热爱转化成具体行动。这一核心任务既提升了学生的语言文字运用能力,同时也发展了学生的核心素养,培养了学生的实践创新能力、责任感和使命感。

(2)子任务。

子任务一:明确研究问题。

首先发布学习任务,让学生了解本次跨学科学习任务产生的现实背景。通过问卷调查、交流访谈、资料搜集,学生初步了解了目前学习生活的教室存在哪些问题。基于这些问题,与小组伙伴共同商定本小组要重点解决的一个问题,形成本次跨学科学习任务的研究问题。

子任务二:科技馆实地研学。

在科技馆的实地研学中,学生一方面能够通过馆内的诸多交互体验,直观感受到科学技术发展的日新月异,体会到科学技术的魅力,同时开阔视野和眼界,感受博物教育的精彩;同时,结合研学探究单的相关内容,不断思考哪些科学元素能够迁移运用到未来教室改造或设计的过程之中,用以解决现有教室空间中的现实痛点。带着问题的实地研学,更具有方向性和目的性。当然,学生选取的科学元素,一定结合了自己的个人兴趣和需求,这就使得本次跨学科学习任务的探究呈现出多样性和丰富性。

子任务三：合作探究与设计。

小组头脑风暴，大胆想象，同时思考如何运用科学技术解决教室空间中的现实问题，形成未来教室设计的初步思路。再进一步明确分工，通过沟通交流与团队协作，按照探究进程表完成设计框架。本组同学和班级内其他小组同学进行初步交流，及时记录交流内容与反思内容，用以调整和完善本小组的未来教室设计方案。

子任务四：撰写设计方案。

确定方案内容后，分工完成本小组的未来教室设计方案，可以从文字、模型、媒体等角度进行分工。最后借助 PPT、图示、思维导图等形式呈现，进行设计方案展示汇报的相关准备工作。

子任务五：展示设计方案。

学生借助 PPT、视频讲解、模型展示、海报等多种形式，展示小组跨学科学习成果，呈现未来教室设计方案。学生、家长、教师联动组成的评委团会基于评价标准，对作品进行多元评估。基于评价标准，评选"最佳设计奖""最具创意奖""最具人气奖"等奖项，给予学生多元化的评价，并在班级组织本次跨学科学习任务的复盘反思，由每位同学分享自己的学习体会，形成探究学习的完整闭环。

> **四、活动与建议**

（一）活动历程

子任务一　明确研究问题

板块一：引入学习主题，发布核心任务

1. 阅读邀请函。

亲爱的六年级孩子们：

　　随着我校学生人数的不断增加，我校决定进行二期加建和教室空间改造，为同学们创设更加舒适的学习空间，满足未来10~15年的教育需求。

　　你心目中理想的教室空间是什么样子的呢？请你大胆发挥想象，做一次教室空间设计师，设计一间你心目中的理想教室吧！欢迎你为学校教室改造建言献策，期待你的创意设计。

北京亦庄实验小学

2. 欣赏相关科学技术在日常生活中运用的视频资料。

讨论交流1：在我们的教室中，已经运用了哪些高科技设备？（大屏、投影、电脑等）

讨论交流2：大胆想象，未来的科学技术发展可能会有哪些方向或成就？（人工智能、ChatGPT 等）。

3. 发布核心任务。

本次跨学科学习的核心任务是：请你以未来教室设计师的身份，调查目前教室中存在的现实问题，并尝试运用科学技术手段改善教室环境。大胆想象，与小组同学在深入探究中，合作完成一份未来教室设计方案，呈现你们的学习成果。

板块二：规划学习流程

借助流程图，对本次跨学科学习任务的探究过程进行说明，从而让学生对每一个探究环节做到心中有数。

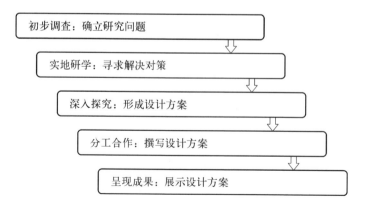

板块三：问卷调查与数据搜集

北京亦庄实验小学教学楼改造需求及建议调查

亲爱的老师们：

　　随着二期加建，学校也将准备对现有教学楼进行全新设计与改造，希望能满足未来10~15年的教育需求。现有的教学环境中哪些已经不能满足您的需求？您理想的教学环境又是什么样子呢？为了拥有舒适的教学环境，快将您认真思考后的诉求告诉设计团队吧，我们一定会认真分析您的每一条诉求或建议。本调查为匿名问卷，请放心填写。

第一部分　基本信息

1.请问您属于下列哪一类老师？

☐包班老师（包含主班、副班和助班）　　　☐科任老师

第二部分　关于教室的需求及改造建议
(此次教室改造，希望能满足未来10~15年的教育需求)

2. 在大教室中，您一般如何利用地毯活动区？

☐上课时，提前完成任务的学生去自主学习
☐课间休息，学生可在地毯上阅读或游戏
☐午餐后，学生可在地毯上休息、阅读或游戏
☐室内体育课，在地毯上活动
☐基本不用地毯，建议回收地毯
☐建议地毯活动区直接改造成学生自主学习区
☐其他需求或建议＿＿＿＿＿＿＿＿＿＿＿＿＿

3.您所教的课程在几年级时需要使用教室后面的学生电脑？请在横线上填写课程名称。

☐一年级　☐二年级　☐三年级　☐四年级　☐五年级　☐六年级　☐不需要使用

4.根据您所教的课程，您希望教室哪些地方作出改变？

☐将老师办公区改造成隔音办公区
☐老师办公区与学生学习区保持适当距离
☐增加嵌入式衣柜或更换质量好的衣架
☐更换便于小组合作的轻便型学生桌椅
☐学生书包柜/收纳柜与实际学生人数一致
☐增加学生安静角
☐教室重新分区（请描述如何划分）＿＿＿＿＿＿＿＿＿＿
☐其他需求或建议＿＿＿＿＿＿＿＿＿＿＿＿

5.学校现有的信息技术设备中，哪些不能满足您的需求？
如果更换新设备，请在横线上填写您希望具备的新功能。

☐讲台触摸屏、讲台电脑　　☐讲台黑板、白板　　☐实物展台、投影仪
☐办公电脑　　　　　　　　☐录播系统　　　　　☐监控系统
☐教室广播　　　　　　　　☐打印机　　　　　　☐有线网络、无线网络
☐电子班牌　　　　　　　　☐增加多屏技术　　　☐其他需求与建议＿＿＿＿＿

6.对于打造一间满足未来10~15年教育需要的理想教室，您还有什么诉求或建议？

第三部分　关于年级教研室的需求现状及其建议
(学校将为英语老师们另设立1间英语办公室兼教研室，此处只讨论6间年级教研室哦。)

7.您认为年级教研室需要具备哪些功能？

☐教学研究（需投影设备）
☐临时储物（需规划收纳空间）

□小型会议（师师、师生、家长约谈）
□休息休闲（沙发、茶歇吧等）
□其他需求或建议＿＿＿＿＿＿＿＿＿＿＿＿

8. 请描述一下您理想的教研室？＿＿＿＿＿＿＿＿＿＿＿＿＿＿＿＿＿＿＿＿＿

第四部分 关于共享空间的构想

（共享空间是指师生共同使用的开放式空间，集多种功能为一体，共享空间的基本功能是满足人们对环境的不同要求，并促进人们彼此之间更多地交往.）

9.您希望共享空间具备什么功能？
□交流研讨　□水吧　□展览　□讲座　□游戏　□阅读区　□休息　□其他＿＿＿

10.您最希望共享空间具备的功能是（此功能所占面积最大）
□交流研讨　□水吧　□展览　□讲座　□游戏　□阅读区　□休息　□其他＿＿＿

11.请您对共享交流探讨需要的座位数量类型按照从需求量大到需求量小的顺序排序。
A.大（7~10人）　B.中（4~6人）　C.小（1~3人）
□ABC　□ACB　□BAC　□BCA　□CAB　□CBA

12.您对共享空间有什么建议与期待？
＿＿＿＿＿＿＿＿＿＿＿＿＿＿＿＿＿＿＿＿＿＿＿＿＿＿＿＿＿＿＿＿＿＿＿＿＿

第五部分 关于活动空间的构想
（活动空间指的是休闲厅）
13.请问您对教室旁的活动空间有什么建议？
＿＿＿＿＿＿＿＿＿＿＿＿＿＿＿＿＿＿＿＿＿＿＿＿＿＿＿＿＿＿＿＿＿＿＿＿＿

14.如果您对改造教学楼有一些想法或建议，并且愿意接受设计团队的深入访谈，请您留下名字哦。
＿＿＿＿＿＿＿＿＿＿＿＿＿＿＿＿＿＿＿＿＿＿＿＿＿＿＿＿＿＿＿＿＿＿＿＿＿

1. 参考调查问卷设计模板，结合关心的问题设计调查问卷。

2. 发放问卷，罗列问题提纲，进行走访调查。

3. 记录数据信息，并运用图示、表格等进行调查数据信息统计。

板块四：筛选并明确研究问题

1. 罗列数据中呈现的教室空间的现实问题。

2. 小组讨论交流，结合组员兴趣和研究优势，明确本小组的研究问题。
（如，教室功能分区的智能化管理、教室空间的艺术布局等。）

子任务二　科技馆实地研学

板块一：研学准备

1. 教师讲解科技馆的基本信息，学生了解科技馆的基本情况，初步了解科技馆的区域划分。

2. 明确科技馆游览路线。

3. 教师做好与科技馆的联络,做好学生安全教育,学生进行实地研学物品准备。

板块二:科技馆实地参观

1. 师生有序游览科技馆,感受各场馆中的交互体验项目,了解展示的各类科学技术。

2. 在实地参观过程中及时填写研学记录单。

3. 结合实地参观,思考哪些科学技术可以运用到未来教室的设计之中,及时记录思考。

子任务三　合作探究与设计

1. 阅读文本材料《教室历史变迁与影响未来教室发展的因素》,思考未来教室空间中哪些元素是不变的,哪些可能融合未来科学技术元素。

2. 确立布局:

(1) 保留现有教室空间中哪些已有布局(课桌、黑板等)。

(2) 为解决哪一类现实问题,运用了何种科学技术元素融入未来教室空间?

(3) 播放视频资料《未来教室》,直观感受未来教室的空间样态。头脑风暴,大胆想象,增加创意设计。

(4) 整体布局,形成初步的未来教室空间布局理念。

(5) 和班级其他小组成员进行互相交流,基于其他小组的设计理念,对自己的设计进行修改完善。(可使用画廊漫步的交流方式进行分享交流,及时完成下表)

画廊漫步三步交流法		
展示的内容	反馈信息	总结

(6) 绘制空间平面图,或制作未来教室模型图。

子任务四　撰写设计方案

板块一：明确设计方案主要板块

未来教室设计方案主要包括以下板块:

(1) 问题的提出。

(2) 资料查阅与整理。

(3) 设计理念。

(4) 未来教室布局及示意图。

(5) 设计创新点。

(6) 探究过程记录及反思。

板块二：小组分工,合作完成设计方案

依据小组成员个人优势和自主意愿,经沟通交流,可分为文字组、美化组和技术组。文字组的同学负责进行设计方案的文字梳理;美化组基于文字进行平面图绘制或模型制作,并形成展示海报;技术组进行学习成果展示的 PPT 制作。

子任务五　展示设计方案

板块一：展示未来教室设计方案

1. 小组成员进行汇报展示准备工作,明确分工,全员参与。

2. 抽签确定汇报展示顺序,每个小组轮流进行汇报展示。

3. 基于成功标准,评选班级"最佳设计奖"和"最具创意奖",推选至年级进行最终展示。

4. 邀请家长、学校相关领域人员、教师共同参与展示评估,并颁发奖项。

板块二：复盘反思

师生共同回顾学习历程,结合本次跨学科学习任务成功标准和自我反思评价表,进行自我评估。

1. 成功标准。

（1）我能够阅读文本资源，了解教室在不同时代的空间样态，感受教室空间中的时代印记。

（2）我能够通过资料搜集、问卷调查等方法，搜集目前教室中存在的现实问题，并用可视化的图示进行问题梳理，从中选取自己要重点解决的问题。

（3）在科技馆的实地研学体验中，我能够找到可以帮助改进和解决教室空间困境的科学技术，在团队合作与有效沟通交流中完成未来教室设计研究报告。

（4）在合作中，我能够明确自己在小组中的分工，承担并做好自己在小组中的工作，按计划推进自己的学习探究任务。能够在遇到问题后及时沟通解决，或寻求他人帮助。

（5）我能围绕核心理念有条理地进行介绍，运用多种媒介形式（例如 PPT、模型图、视频等）分享学习成果，设计具有创新性、合理性和科学性；能够在学习中不断反思，用纸笔记录自己的收获和思考。

2. 填写自我反思评价表，与小组成员分享交流。

未来教室设计师跨学科学习自我评价表	
在本次探究学习中，我通过哪些方式为小组做出了贡献？	
我在学习过程中遇到了哪些困难或挑战？请列举1~3个。	
我是如何解决这些困难的？	
在这次跨学科学习探究中，我最大的收获是什么？	
通过这次跨学科学习探究，我对我的同伴有了哪些新发现？	
我对自己有了哪些新发现？	

（二）活动建议

1. 注重拓展学习资源，拓宽语文学习和运用的领域。

"跨学科学习"学习任务群旨在引导学生在语文实践活动中，联结课程内外、学校内外，拓宽语文学习和运用领域。在"未来教室设计师"这一跨学科学习任务中，学生为了达成完成未来教室设计方案这一核心任务，需要综合运用多学科知识。不仅如此,在本次跨学科学习任务的探究过程中,学生走出学校,充分利用首都北京丰富的资源,通过亲身实践和体验,感受科学技术与日常生活的紧密联系,并进一步思考如何将现代科学技术运用到未来教室空间中,从而让教室空间的设计和布局更加贴近师生的实际需要。在拓宽学生语文学习和运用领域的同时,始终指向提高学生语言文字运用的能力。

2. 引导学生掌握问题探究的基本步骤和方法。

进行语文课程中的跨学科学习时,要注意引导学生掌握问题探究的基本步骤和方法,在探究过程中学会提炼、改进、呈现学习成果,着重培养学生综合运用多学科知识解决实际问题的能力。"未来教室设计师"这一跨学科学习的探究过程中,学生经历的正是发现问题、分析问题和解决问题的探究步骤。在这一步骤中,小组同学分工合作,团队沟通交流,从而形成了小组的最终设计方案。在这一过程中,学生不仅可以在广阔的生活情境中学语文、用语文,还能够发展和提升自己的发现探究、交流沟通、团队协作和实践创新能力。

3. 关注评价中学生的自我反思。

"跨学科学习"学习任务群的"教学提示"中,明确提出评价要关注学生综合运用多学科知识思考问题、解决问题的态度和能力。评价以鼓励为主,既要充分肯定学生的发现和创造,又要引导学生进行自我反思和提升。自我反思是学生进行自我诊断、自我调节、自我完善和自我成长的过程。学生对自己的学习经历进行评价和反思,是很好的成长机会。在自我反思中,学生可以提升自己的元认知能力,更加全面地认识自己,更可以通过自我反思不断培养成长型思维。因此,在"未来教室设计师"跨学科学习中,反思要伴随着学习的每个阶段和过程,学生在反思中不断调整学习进程,完善设计方案;在反思中不断重新认识自我,发展元认知和成长思维。

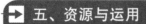

五、资源与运用

为了更好地指导学生完成学习任务,为学生的跨学科学习任务提供更丰富

的学习资源,在跨学科学习实施过程中,教师要准备的拓展阅读资料有:

1. 关于教室空间的书籍和文本资料,如《打造最美的教室》《理想的教室》《重新设计学习和教学空间》《教室历史变迁与影响未来教室发展的因素》。

2. 关于未来科学技术发展的视频资源,如纪录片《智能中国》《科学的力量》《智能时代》等。

3. 关于未来教室的视频资源,如短片《未来教室》等。

(编写人:北京亦庄实验小学　王文娟)

第23讲　制作一本毕业纪念册

本次跨学科主题学习以"制作一本毕业纪念册"为核心任务,让学生在策划简单的校园活动的过程中,重温校园生活的美好,珍藏童年岁月的纯真,表达同伴之间的情感。

《义务教育语文课程标准(2022年版)》在第三学段"学段要求"的"梳理与探究"部分指出:"策划简单的校园活动和社会活动,对所策划的主题进行讨论和分析,学写活动计划和活动总结。"此外,"新课标"在"跨学科学习"学习任务群的第三学段"学习内容"中指出:"综合运用语文、道德与法治、科学、劳动等多方面的知识和技能,通过小组研讨,集体策划、设计参观考察活动方案,运用跨媒介形式分享研学成果。"

统编教材六年级下册第六单元的主题是"难忘小学生活",围绕这一主题编排了"回忆往事"和"依依惜别"两个活动板块。两个板块紧密关联,"回忆往事"板块的活动唤起了学生对往事的回忆,往事的重现又激发了惜别之情,从而使学生在开展"依依惜别"板块的活动时有了更深的感情基础。本单元以任务驱动的方式带动整个单元的学习,每个板块都编排了"活动建议"和"阅读材料",其中"活动建议"是跨学科学习活动的主体,提供了具体的活动任务、活动内容和活动方法。"阅读材料"属于活动资源参考,可以根据活动的需要选择使用。

本次跨学科主题学习与学生的生活联系紧密。此时,学生即将告别生活六年的小学校园,开始新的学习生活。六年来,学生从天真烂漫的儿童成长为意气风发的少年,这既是学生自己努力的结果,也凝聚着学校、老师的心血。这六年,发生过许多或令人激动、喜悦,或令人伤心、遗憾的事;这六年,是学生在人生道路上永远难忘的岁月。在即将毕业的时候,开展一系列有意义的活动,可以让学生在珍藏记忆、表达情感、祝福未来的同时,通过跨学科学习的语文实践活动,联结课堂内外、学校内外,综合运用语文和其他学科的知识和技能,提高语言文字运用能力。

虽然这个单元是教材的最后一个单元,但是其学习绝不是待第五单元结束后才开始的,而是应该从刚开学的第一、二周就开始,甚至可以从六年级下学期开学前的那个寒假就提前准备,如搜集与集体学习生活有关的成长照片,搜集习作、书法、美术等各类作品,搜集集体、个人的各种荣誉资料,有音乐专长的学生可以提前为班级创作毕业歌曲等。

➡ 二、目标与评价

(一)目标设定

六年级学生即将告别美丽的校园,告别朝夕相处的老师、同学,带着依依不舍的深情,跨入新的学校,开始新的学习生活。临近毕业,学生自然而然流露出的对小学校园生活以及老师、同学的依依惜别之情,为本次跨学科学习活动提供了情感依托。

跨学科学习主题需要"注重语文与生活的结合,注重听说读写的内在联系,追求语言、知识、技能和思想情感、文化修养等多方面、多层次发展的综合效应",在进行过程中,提高学生的语言文字运用能力。另外,"要引导学生在广阔的学习和生活情境中学语文、用语文,提高交流沟通、团队协作和实践创新能力"。

"制作一本毕业纪念册"的跨学科学习任务,需要综合运用语文、道德与法治、科学、美术、音乐、劳动等学科的知识和技能,学习目标定位如下:

1. 明确毕业纪念册的内容,了解其作用和价值。

2. 阅读关于表达真情实感的诗文,积累优美词句,并学会表达真情实感的方法。

3. 运用学过的方法,搜集有关校园生活的资料,了解校园生活的丰富多彩。

4. 通过小组合作的方式,根据需要给搜集的资料分类,合理安排课内外时间,共同完成毕业纪念册的设计与制作。

5. 能进行恰当的小组分工,明确自己在小组中的角色,认真完成自己的任务。

6. 能进行有效沟通,倾听他人的想法;遇到困难时主动请教他人,也愿意帮助他人。

(二) 评价设计

"制作一本毕业纪念册"这一跨学科学习任务的评价既关注对学习过程进行评价,又注重对学习结果进行评价;不仅注重学科的评价,而且关注学生在整个过程中的合作沟通能力。

1. 成功标准——过程性评价。

"制作一本毕业纪念册"中的活动都设计了"成功标准"。在活动过程中,学生可以对照成功标准随时进行自我评价、同伴评价、教师评价。这样,学生能对具体要达到什么样的目标做到心中有数,并在此过程中随时校正自己的学习行为。"成功标准"既是评价量规,也是学生学习行为的指引。

活动名称	成功标准
栏目板块调查	对于毕业纪念册的作用和价值能形成自己的观点。 了解编年体、栏目式等呈现方式的特点及优势。 明确毕业纪念册的呈现方式及包含的栏目或板块。
校园资料搜集	小组分工明确,从多个方面搜集资料,避免交叉重合。 能运用多种方式搜集、筛选资料。 搜集、筛选的资料是为珍藏校园生活记忆服务的。
编排设计内容	突出珍藏小学记忆的主题,体现真挚的情感。 内容丰富,资料整理得条理清晰。 图文并茂,美观大方,体现出个性和创意。
展示毕业纪念册	能条理清晰地说明设计意图、亮点或特点等。 能借助具体图文内容,运用优美词句,表达自己的真实情感。 能互相授予奖项,并说明颁奖理由。

2. 跨学科学习复盘反思——终结性评价。

课程结束后,结合课程目标、单元成功标准,对照表格进行自我评价、同伴评价。评价主要涉及两个方面:参与态度和完成质量,参与态度主要针对人际情境,完成质量主要针对学科情境。

六年级学生的沟通合作能力已经逐渐养成,但还需要提醒他们注意说话分寸,以及照顾他人的感受。因此,在复盘反思时,我们针对参与态度设置了专门的评价,旨在希望学生在合作过程中能心中有他人,真正实现有效沟通。

评价项目	评价标准	自我评价 ★★★★★	同伴评价 ★★★★★
参与态度	在小组活动中积极主动地承担具体工作。		
	在小组合作时有效沟通,能倾听他人想法;遇到困难时主动请教他人,也愿意帮助他人。		
完成质量	明确纪念册的基本要素、基本制作步骤、呈现形式等。		
	明确搜集、筛选资料是为珍藏校园生活记忆服务的,在资料整理的方法上有收获。		
	合作制作纪念册时,能互相帮助,优势互补,合理安排时间。		
	能围绕设计主题,条理清晰地说明设计意图、亮点或特点等。		

▶ 三、情境与任务

(一) 任务情境

"童年呵!是梦中的真,是真中的梦,是回忆时含泪的微笑。"这是冰心在《繁星》中对美好童真的呼唤。童年,是人生中最纯洁无瑕的时光;小学,是人生中最无忧无虑的阶段。这一阶段难忘的记忆值得我们一生珍藏。

根据实际的课时进度,学习这个单元时应该在五月上旬,学生即将告别生活六年的小学校园,开始新的学习生活。在即将毕业的时候,开展一系列有意义的活动,向师友、向母校表达自己的真情实感,这是最真实自然的学习情境。

(二) 学习任务

1. 任务框架。

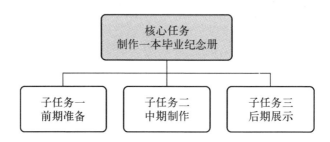

2. 任务说明。

(1) 核心任务。

"制作一本毕业纪念册"的核心学习任务以符合六年级学生年龄特征和认知特点的方式,开展一系列有意义的活动,让学生参与到具体活动中,综合运用语文、科学、数学、劳动、美术、道德与法治等学科的知识和技能,在真实学习情境下,通过沟通交流、团队合作等方法完成活动,呈现真实的任务成果,让学生感受到小学生活的多姿多彩,提高他们的语言文字运用能力,发展语文核心素养。

"制作一本毕业纪念册"从学生感兴趣的话题入手,能充分调动学生积极性。另外,其中的每一项活动都关注学生语言文字能力的提高,从搜集整理资料到给资料分类,再到制作毕业纪念册,都有成功标准指导学生。同时,注重学生的实践过程,给学生提供学习支架,让学生自主研究,在实践活动中再次亲近校园、亲近师友,重温小学校园生活的美好记忆。

(2) 子任务。

子任务一: 前期准备

组织阅读教材"回忆往事"的"活动建议",绘制校园时间轴,借助时间轴回忆六年的小学生活,记录值得我们细细品味的点点滴滴。可以把印象最深的人或事填写在对应的时间节点上,还可以把照片贴在旁边。组织阅读《老师领进门》

《作文上的红双圈》两篇阅读材料，运用学到的表达方式，选取时间轴上有代表性的内容与同学分享。

子任务二：中期制作

基于校园时间轴，搜集整理与校园生活相关的图片、文字或视频资料。引导学生利用课内时间阅读教材中的《如何制作成长纪念册》，交流讨论如何借鉴其中的方法来制作毕业纪念册，明确纪念册的基本要素、基本制作步骤、呈现形式等，并形成关于纪念册的评价标准，引领实践。引导学生利用课外时间自主完成毕业纪念册的设计与制作，教师随时关注学生的活动进程，验收阶段性成果。

子任务三：后期展示

以"难忘的小学时光"为主题，开展一次毕业纪念册展示交流活动。教师可围绕毕业纪念册的评价标准设立一些奖项，如"最佳封面奖""最佳目录奖""图文结合奖""最佳创意奖"等，请学生给上台交流的同学颁发奖项，并说一说颁奖理由。在活动结束之际，师生对整个活动进行复盘反思。

--- ➡ 四、活动与建议 ---

（一）活动历程

子任务一　前　期　准　备

板块一：绘制校园时间轴

1. 回忆校园往事。

（1）利用寒假实践活动，搜集与六年校园生活有关的资料，如与校园学习生活有关的成长照片、视频，与校园生活相关的日记、周记等文字资料，集体或个人的荣誉奖状等。

（2）自行整理搜集到的资料，选择自己喜欢的方式呈现，如制作PPT、绘制时间轴等。

2. 重温美好回忆。

(1) 开学第一周反馈寒假实践活动成果。

以小组为单位,展示自己搜集的与六年校园生活相关的资料,互相交流六年来大家共同经历了哪些事情。

(2) 小组推荐代表,全班展示交流。

在小组内充分交流分享的基础上,推荐代表在全班进行展示交流,可以借助一些实物、图片,或者其他创新的方式。

板块二:分享难忘回忆

1. 发布学习任务。

(1) 开启第三单元的学习时,教师由习作主题"让真情自然流露"引导学生过渡到校园生活。

师:在校园生活中,师生之间、同学之间每时每刻都有自然而然流露的真情——老师对自己的谆谆教诲,同学对自己的安慰和鼓励,自己对于校园生活的喜爱,这些情感都是真实、自然的,都是源于日常生活的,而用文字自然而然地表达真情实感,对我们而言是一项挑战。

(2) 真实任务发布:临近毕业之际,我们会制作一本毕业纪念册,"留住"校园生活的美好记忆。第三单元我们将以"校园生活的真情时刻"为主题,迁移运用所学方法,为毕业纪念册撰写序言。

2. 完成学习任务。

(1) 在第三单元课文学习和写作实践过程中,梳理总结"情以物迁,辞以情发"的表达方法,迁移运用所学方法,完成"撰写序言"的学习任务。

(2) 根据成功标准,先以小组的形式交流分享,组员之间相互点评、修改。小组再推荐代表,在全班展示分享,收集整理优秀作品作为毕业纪念册序言备选。

3. 重温真情时刻。

(1) 回顾习作内容。

学生第三单元习作由教师统一保管。开启本次跨学科学习时,教师将习作分发给每位学生,引导学生回顾习作内容。

(2) 分享难忘回忆。

组织学生从自制的校园时间轴上筛选令人难忘的回忆,运用学到的表达真情实感的方法,分享各自的回忆。

子任务二 中期制作

板块一:收集校园资料

1. 交流时间轴,记录难忘回忆。

(1)优化校园时间轴设计。

通过对自制时间轴的前期交流,引导学生利用美术学科所学的知识和技能,对校园时间轴的设计进行优化和升级,并条理清晰地表述设计理念。

(2)记叙难忘的记忆。

在分享难忘回忆的基础上,迁移运用所学方法,记叙难忘的记忆,并收集整理与之相关的照片、视频等,形成图文并茂的文字资料。

2. 思维碰撞,丰富资料维度。

(1)组织交流,确定集体的校园时间轴。

每位学生在介绍自己设计的校园时间轴时,引导他们选出五六件事作为班级大事件,收集整理每位学生从个人视角出发对事件的描述和情感表达。

(2)明确呈现形式,绘制集体的校园时间轴。

选出最受欢迎或者创意最佳的校园时间轴,收集整理班级大事件,以及不同学生对事件的见闻和感受,并配上与之相关的照片、图片等,形成集体校园时间轴,作为毕业纪念册的备选内容。

板块二:编排设计内容

1. 明确纪念册设计细节。

(1)交流讨论,明确纪念册的基本要素、呈现方式。

组织学生交流讨论,明确毕业纪念册的基本要素,如封面、封底、目录、序言、正文等。以小组为单位,确定呈现形式——编年体或栏目式,并说明选择的理由。

(2)交流讨论,明确纪念册的基本制作步骤、重要时间节点。

确定纪念册名称,设计个性化封面,确定目录内容,选择序言内容,编排正文内容,确定呈现形式。

① 确定纪念册名称。

小组内征集纪念册名称，收集整理待选名称，陈述待选名称寓意，组员共同协商，确定纪念册名称。

② 设计个性化封面。

小组内安排有美术特长的学生设计纪念册的封面和封底，主动与组员交流分享自己的设计理念，能听取别人的建议和意见，对封面和封底进行修改完善。

③ 确定目录内容。

小组内通过讨论明确目录形式。了解"编年体"强调资料的时间顺序，在编目上要标明资料的时间段；"栏目式"强调资料的内容特质，在编目上要体现出资料的大致内容。

④ 选择序言内容。

收集整理"为毕业纪念册撰写序言"学习任务中的优秀作品作为序言内容，也可以再进行一次征稿活动，给更多学生撰写序言的机会。

⑤ 编排正文内容。

正文内容按照一定顺序编排，呈现的方式多种多样。例如，从集体校园时间轴上选取具有代表性的内容，附上照片，每张照片配以简短、有趣的文字介绍，每个部分加一个合适的小标题。之前撰写的"难忘的回忆"的文本资料，有的文章篇幅较长，可以从中节选一段最有价值的，也可以稍作修改，将字数控制在合适的范围内。

⑥ 确定呈现形式。

在开始制作毕业纪念册之前，要明确毕业纪念册的呈现形式，如是纸质版还是电子版等。如果是纸质版，需要提前联系印刷公司，明确单页印刷、彩色印刷等的价格，做好预算控制。如果是电子版，需要提前确定是否需要存入优盘。

2. 明确纪念册评价标准。

（1）交流讨论，明确成功标准。

引导学生了解制作毕业纪念册需要达到的成功标准。例如，主题鲜明，能突出珍藏小学记忆的主题，体现真挚的情感；内容丰富，能条理清晰地整理资料，按一定顺序编排内容；图文并茂，美观大方，体现出个性和创意。

（2）根据成功标准，出示评价量表。

评价内容	设计制作毕业纪念册		
评价项目	满足成功标准	超出成功标准	接近成功标准
突出珍藏小学记忆的主题,体现真挚的情感。	1. 所选内容是自己小学阶段情感体验深刻的成长故事。 2. 资料丰富,条理清楚,内容编排合理。 3. 纪念册图文并茂,美观大方。	除满足成功标准所列的三项外,还做到:纪念册的设计新颖,个性鲜明。	至少达到满足成功标准所列的两项要求。

子任务三　后期展示

板块一：展示交流

1. 创设情境,开展交流活动。

(1) 回顾标准,明确任务。

回顾本单元成功标准,明确需要做到突出珍藏的小学记忆的主题,体现真挚的情感。引导学生一边倾听,一边对照成功标准,为同伴展示作出评价。

(2) 组内代表,展示交流。

小组推荐代表,在全班展示小组学习成果,并围绕设计主题,条理清晰地说明设计意图、亮点或特点。

(3) 互相评价,授予奖项。

根据评价量表,互相评价,教师围绕毕业纪念册评价标准设立一些奖项,如"最佳封面奖""最佳目录奖""图文结合奖""最佳创意奖""最佳参与奖"等,请学生给上台交流的同学颁发奖项,并说一说颁奖理由。

2. 回顾过程,梳理活动收获。

(1) 话题引领,分享收获。

回顾这一板块的活动过程,给予话题支撑,如"你在资料整理的方法上有哪些收获? 你喜欢你们小组制作的毕业纪念册吗? 为什么?"等,让学生梳理自己的活动收获。

(2) 组织交流,畅谈收获。

组织学生交流,畅谈自己的活动收获,并对这一板块的活动进行阶段性小结。

板块二：复盘反思

1. 回顾学习历程。

师生一起回顾整个学习历程,结合终结性评价标准进行自我评价、同伴评价。学生依据评价总结自己的亮点与不足,同伴之间提出建设性的意见或建议。

2. 自主研究更多学习成果。

鼓励学生利用课外时间,自愿组成小组,共同创作毕业留念的其他学习成果,如文创产品、校园歌曲等。

(二) 活动建议

1. 以提高语言文字运用能力为核心目标。

语文课程的跨学科学习中,语文处于中心地位,最核心的目标是帮助学生提高语言文字运用能力。本次跨学科学习活动"制作一本毕业纪念册"活动中,在"中期制作"子任务下,要求学生运用美术学科所学的知识和技能,对校园时间轴进行创意设计,并能够条理清晰地说明设计理念或想法。开展活动时,教师要为学生提供充足的交流表达时间,提供相应的平台支持。在学生完成创意设计的基础上,先组织小组交流分享,为每一位学生提供交流表达的机会,再组织小组根据每位学生的表现,相互点评鉴赏,推选出小组代表,参加全班交流展示。在开展班级交流展示活动中,鼓励学生利用信息技术课学到的知识和技能,运用跨媒介形式分享展示成果,从而达到提高学生语言文字运用能力的目标。

2. 联结课堂内外以拓宽语文学习领域。

语文课程中的跨学科学习,旨在引导学生在语文实践活动中,联结课堂内外、学校内外,拓宽语文学习和运用领域。本次跨学科学习活动中,"制作一本毕业纪念册"的核心任务目标之一是"通过小组合作的方式,根据需要给搜集的资料分类,合理安排课内外时间,共同完成毕业纪念册的设计与制作",其中"通过小组合作""合理安排课内外时间"意在引导学生在广阔的学习和生活情境中学语文,提高同伴之间交流沟通、团队协作的能力。在实践过程中,教师要随时关注学生的活动进程,把握教学时机,可以根据学生制作毕业纪念册时遇到的问题或形成的阶段性成果,适时地在课上作点拨或组织学生交流。与此同时,要与家长或其他学科教师提前沟通,当学生想要向他们求助时,请他们悉心指导,帮助学生解决问题。

3. 时间跨度长是本次跨学科学习的独特之处。

本次跨学科学习活动中的学习成果——毕业纪念册,承载着学生六年校园生活的美好记忆。既然毕业纪念册的意义和价值如此重要,那么教师就应该有意识、有计划、有目的地从学生刚入学开始,按照一定顺序收集整理学生校园生活中的成长记忆。随着现代科学技术的发展,"留住"这些记忆的方法多种多样,如拍摄照片、录制视频等。教师还可以借助班级 QQ 群、微信群等平台创建相册,从一年级开始,将学生的校园学习生活资料,分门别类地收集整理,为制作毕业纪念册做充足的准备。此外,虽然与本次跨学科学习主题相契合的教材内容是第六单元(最后一个单元),但是本次跨学科学习的开启以及任务的发布应该是在开学第一二周,这样才能确保学生在毕业之前能有条不紊地完成阶段性任务。

→ **五、资源与运用**

为了激发学生制作毕业纪念册的热情,学习任务实施过程中,教师需要准备丰富的学习资源。这些资源包括:

1. 班级 QQ 群、微信群中的学生成长相册、视频资料等。

2. 形式多样的时间轴线索图。

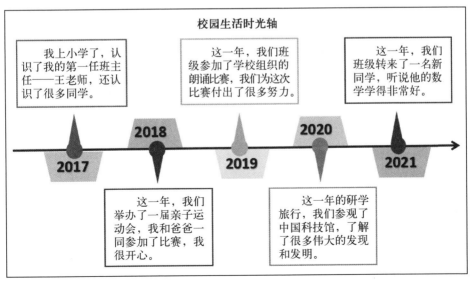

校园生活时光轴

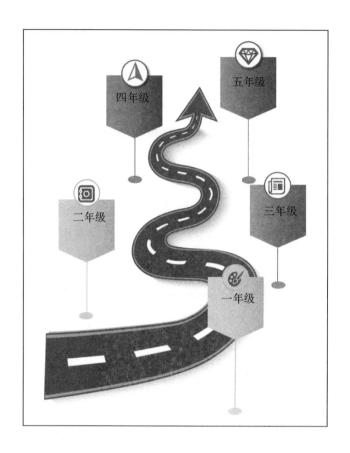

（编写人：北京亦庄实验小学　杨瑞霞）

后　记

　　当初欣然接受主编《跨学科学习》这本书的任务,我是有着一份自信的。《义务教育语文课程标准(2022年版)》提出以学习任务群的方式组织和呈现课程内容,"跨学科学习"是六大学习任务群之一。学习任务群虽是"新生事物",但对于北京亦庄实验小学的老师们来说,跨学科学习却是一入职就接触且一定会参与设计和实践的教学内容。

　　虽然在"新课标"颁布之前,我们进行跨学科学习或者项目化学习,并不是以某一具体学科为中心的,但是课程目标的核心追求是一致的——帮助学生突破学科壁垒,以联系性和整体性眼光看待世界,综合运用多方面的知识和技能来解决现实问题,发展新时代需要的关键能力。

　　任何学科都不可能独立解决真实世界中的复杂问题。语文学科重视跨学科学习,是因为语文课程是一门学习国家通用语言文字运用的综合性、实践性课程。语言文字存在于人类社会的各个领域,语文学科所涉及的内容一定是跨学科的;语言文字的运用价值,也在跨学科情境中得到充分彰显。几乎可以说,在所有学科的跨学科学习中,语文跨学科学习是最自然的选择和样态。

　　我们在充分研读"新课标"的基础上,结合多年的跨学科学习设计和实践经验,精心选择了23个跨学科学习主题,进行反复研讨,编写出一个个目标定位科学、操作性强的教学案例。这些案例从目标定位到任务设计再到活动安排,都遵循了语文中心原则、多学科联动原则和协同思考原则,学习任务力求做到兼具整合力、驱动力和发展力,为学生跨学科学习能力和语文核心素养发展积极助力。

　　这些跨学科学习主题案例中,大多数来自团队成员的原创设计,也有一些借鉴了北京亦庄实验小学曾经开展的跨学科主题学习项目。其中,"建立班级迷你图书馆"案例创意源自北京亦庄实验小学2021级一年级团队;"童话盒子剧场"案例创意源自北京亦庄实验小学2020级三年级语文教师团队;"鲁迅印象展"和"大地在心——我是低碳环保行动者"案例创意源自北京亦庄实验小学2017级六年级团队;"未来教室设计师"案例创意源自北京亦庄实验小学2018级三年级团队。我们真诚地感谢原团队成员，他们为我们的案例设计提供了原创性的课程智慧。

我们要感谢吴忠豪教授。在案例设计过程中，吴忠豪教授给予了精心的指导，让我们的定位更加科学，思路更加清晰，案例的课程实施价值得到了保障。

我们要感谢薛法根老师、杨文华主编、李航编辑等，他们为这本书的出版，或在学术上把关指导，或在组稿上提供建议，或在文字审校上付出了大量的努力和时间。

这本书是实践智慧的结晶，同时也是践行"新课标"背景下的探索之作，不足之处在所难免，希望广大读者朋友提出宝贵建议，让我们在语文跨学科学习课程的探索和实践中共同进步。

本册主编　李竹平

2023 年 12 月 1 日

图书在版编目（CIP）数据

跨学科学习 / 吴忠豪，薛法根主编. — 上海：上海教育出版社，2023.11
（小学语文学习任务群课例设计丛书）
ISBN 978-7-5720-2395-8

Ⅰ.①跨… Ⅱ.①吴… ②薛… Ⅲ.①小学语文课 – 教案(教育) Ⅳ.①G623.202

中国国家版本馆CIP数据核字(2023)第225158号

责任编辑　李　航　殷有为
封面设计　陆　弦

小学语文学习任务群课例设计丛书
跨学科学习
吴忠豪　薛法根　主编

出版发行　上海教育出版社有限公司
官　　网　www.seph.com.cn
地　　址　上海市闵行区号景路159弄C座
邮　　编　201101
印　　刷　启东市人民印刷有限公司
开　　本　700×1000　1/16　印张 20.25
字　　数　320 千字
版　　次　2024年1月第1版
印　　次　2025年3月第4次印刷
书　　号　ISBN 978-7-5720-2395-8/G·2123
定　　价　68.00 元

如发现质量问题，读者可向本社调换　电话：021-64373213